国家文化公园画传系列

長城畫傳

长城画传

BIOGRAPHY OF THE GREAT WALL

全国政协文化文史和学习委员会 主编
中国文化遗产研究院 承编

江苏凤凰科学技术出版社　江苏人民出版社·南京

图书在版编目（CIP）数据

长城画传 / 全国政协文化文史和学习委员会主编
. — 南京：江苏凤凰科学技术出版社，2023.1（2023.5 重印）
（国家文化公园画传系列）
ISBN 978-7-5713-3046-0

Ⅰ.①长… Ⅱ.①全… Ⅲ.①长城—画册 Ⅳ.
① K928.77-64

中国版本图书馆 CIP 数据核字（2022）第 184552 号

审图号：GS（2023）121 号

国家文化公园画传系列

长城画传

主　　编	全国政协文化文史和学习委员会	
承　　编	中国文化遗产研究院	

封 面 题 字　孙晓云
责 任 编 辑　王　崇　李　纯　刘葶葶
责 任 校 对　仲　敏
责 任 监 制　刘文洋
特 邀 审 核　刘仁军
出 版 发 行　江苏凤凰科学技术出版社
　　　　　　江苏人民出版社
出版社地址　南京市湖南路1号A楼，邮编：210009
出版社网址　http://www.pspress.cn
照　　　排　江苏凤凰制版有限公司
印　　　刷　江苏凤凰新华印务集团有限公司
开　　　本　787mm×1 092mm　1/16
印　　　张　34.5
插　　　页　4
字　　　数　600 000
版　　　次　2023年1月第1版
印　　　次　2023年5月第2次印刷
标 准 书 号　ISBN 978-7-5713-3046-0
定　　　价　180.00元

图书如有印装质量问题，可随时向我社印务部调换。

《长城画传》
编委会

主任

刘奇葆　刘新成

常务副主任

宋大涵　刘玉珠　刘佳义

副主任

丁　伟　王世明　刘福连　孙庆聚　陈际瓦
阎晓宏　胡纪源　刘晓冰　吴尚之　宋新潮

编委（按姓氏笔画排序）

丁元竹　马丰胜　马玉萍　王　宁　王亚民
王丽梅　王佩杰　王重道　王爱琴　王　磊
支建华　牛克成　田　凯　史瑞杰　吕章申
刘万鸣　刘向阳　刘　军　刘宽忍　刘曙光
许　宁　牟科发　李六三　连玉明　吴为山
吴洪亮　张古江　张立方　张自成　张克宇
张震宇　陈　力　陈　来　陈　青　陈洪武
陈惠丰　范迪安　林　阳　郁宝平　罗文利
金旭东　周存云　孟祥武　段青英　侯汉敏
侯全亮　姚建军　贺云翱　柴晓明　徐江善
徐　里　徐　海　曹　军　曹建恩　盛春寿
阎晶明　舒小峰　童　刚　谢山青　谭　跃
　　　　樊　明　魏　军

执行主编

刘曙光

撰稿

张依萌

美术总设计

刘万鸣

美术设计

苏国强　刘葶葶

本 书 列 入

2020 年国家社科基金特别委托项目
2022 年主题出版重点出版物

篆刻释文 : 千里江山　　篆刻作者 : 骆芃芃

逶迤长城 何世尧摄
1962年9月，人民画报社摄影记者何世尧拍摄了
《逶迤长城》，这一作品被织成挂毯，1974年作
为我国国礼赠送联合国总部

前 言

2020年10月，党的十九届五中全会提出建设长城、大运河、长征、黄河等国家文化公园；2021年12月，党中央启动建设长江国家文化公园。建设国家文化公园，是以习近平同志为核心的党中央作出的重大决策部署，是推动新时代文化繁荣发展、建设社会主义文化强国的重大工程。

奔腾的黄河是中华民族的母亲河，哺育了中华文明五千年丰硕成果；浩荡的长江造就了从青藏高原到东海之滨的多样文化，见证着中华文明发展延续的悠久历史；壮美的长城凝聚了中华民族自强不息的奋斗精神和众志成城、坚韧不屈的爱国情怀；流动的大运河千百年来滋养着两岸城市和人民，凝结着我国劳动人民的伟大智慧和勇气；红军长征是一部壮丽的史诗，是中华民族伟大复兴历史进程中的巍峨丰碑。它们蕴含着中华民族生生不息的历史基因、承载着我们最深层文化记忆，是中华民族的代表性符号。黄河、长江、长城、大运河、长征国家文化公园，集中打造中华文化重要标志，深入挖掘文物和文化资源精神内涵，生动呈现中华文化的独特创造、价值理念和鲜明特色，充分彰显了中华优秀传统文化持久影响力、社会主义先进文化强大生命力。

国家文化公园当然首先是宏大的空间系统，但同样也在细微处蕴含着丰富多彩的质感。它们既是抽象的符号和标识，更是从神州大地上绵延生长的知识和情感，是描绘家国情怀的案卷与画面，是勾连磅礴历史与现实世界的万缕千丝。黄河、长江、长城、大运河、长征的故事，就是这些知识与情感、案卷与画面、历史和生活的交织与表达。当人们徜徉其中，感受的是伟大祖国、灿烂文化和辉煌历史。讲述它们的故事，就是讲述一组美好中国的故事，呈现一个更有故事的美好中国。

党的二十大报告指出，要建好用好国家文化公园。全国政协文化文史和学习委员会历来重视文史资料工作和文化遗产保护传承。组织编辑出版《黄河画传》《长江画传》《长城画传》《大运河画传》《长征画传》，是学习贯彻习近平总书记关于文物保护工作重要论述精神，立足人民政协人才荟萃优势、广泛凝聚实现民族复兴中国梦正能量的积极实践。我们希望呈现给广大读者的几部《画传》，让故事的主角从概念和符号中走出，在坚持历史真实性的前提下，避免呆板、干涩叙述，力求有血有肉有精神，以鲜活的生命姿态走进时代、走近读者，给阅读者思接千载、视通万里的驰骋空间，向社会大众特别是年轻一代传播黄河、长江、长城、大运河、长征等大型历史文化体系的价值，探索其在当下活化保护利用的路径，更广泛地普及历史、文化和自然知识，满足人民群众对美好生活的品读和追求。

《画传》力求以生动的笔法、优美的图画为基本，以文字为线，以图画为珠，以线串画、以画映线，图文并茂、相得益彰，用一个个生动细微的故事串起这些历史遗迹全部的生命历程，将其涉及的中华文脉和生态文明，还有事件、人物、技术、精神一一呈现。每一部《画传》，既单独成卷，讲述中国故事的某个面向；又互为依衬，共同串联起中华文明从古至今的主线情节，充分展现中华民族伟大创造精神、伟大奋斗精神、伟大团结精神、伟大梦想精神。

如果说人类文明是一座舞台，上演着一幕幕不同文化和族群的故事剧，那么中国故事一定是场次最多、角色最多、赢得观众欢笑和泪水最多的那一个。在这个舞台上，黄河、长江、长城、大运河和长征，穿越时空、生生不息，有着说不尽的精彩故事，它们向世界生动讲述了中国人民勤劳勇敢、自强不息的奋斗精神，展现了中华民族海纳百川、开放包容的博大胸襟，是全人类精神文化财富宝库中的明珠。在《画传》的故事里，黄河、长江、长城、大运河、长征从遥远的历史深处走来，带着文明的记忆汇聚到国家文化公园。讲好它们的故事，进一步坚定文化自信，让黄河、长江、长城、大运河、长征文化精神，在新时代放射出更加夺目的光彩，让中华儿女在新征程中不断凝聚奋进力量。

这，就是我们编撰这套《画传》的初衷和本心。

《画传》编委会

2023年1月

目 录

绪 言

长城筑国魂

邢王是野戈 东周吴 故宫博物院藏

　　华夏风云起，大国筑金汤。

　　在春秋战国的大争之世，一座巍巍巨塞在齐国的古济水之滨诞生。它向东绵延千余里，直通于海。这就是中国最早的长城。

　　黄河与长江的儿女在几千年交流碰撞和与大自然的搏斗中不断凝聚，逐渐形成了文化和政治共同体，并产生了集体安全需求，完成了实施大型防御工程所需要的组织与技术准备。到公元前5世纪，东周列国争霸进入决胜阶段，大一统王朝呼之欲出，激烈的兼并战争促使各国大规模建筑边界防御工程。以齐国为始，燕、赵、秦、楚、魏、中山等国从不晚于公元前441年开始，在二个世纪的时间里陆续建起自己的边疆防御工事，中国古史上的长城时代就此来临。

公元前221年，一统中华的理想由秦人实现。秦始皇将秦、赵、燕等诸侯国北方的长城首尾相连，东起辽东，西迄临洮（今甘肃岷县），中国第一次出现了万里长城，诸侯国之间的防线，变成了中原王朝针对北方游牧民族的大防。西汉又将长城从临洮向西延伸到河西走廊和西域。此后明代的兴建高潮，长城经不断增修、改进、完善，最终形成了一条东起鸭绿江畔，辗转辽东，临渤海之滨，踞崇山峻岭，越茫茫草原、沙漠戈壁直抵神州西境的巨龙。

长城行经中国北方所有的地理单元。它因地形险要而建，是中原王朝的边防线，却从来不是中国的边界，从秦汉到明清，历代中原王朝都控制着长城外的大片疆土。在万里长城诞生之后的500多年间，中原王朝与北方游牧民族政权时战时和，和平的岁月远多于战争年代。在和平时期，总会有大批中原人民到长城外去耕耘和生活。北方的游牧民族也经历了频繁的更替，恶劣的生存环境和游牧民族粗犷、尚武的文化让他们不能完全放弃南下抢掠，而农耕文明也从未改变对修筑长城的执着。中原的统治者也曾尝试以更加积极的方法来应对北方的威胁，但历史经验不断证明，修筑长城有着主动出击所无可比拟的社会、经济和政治成本优势。汉高祖遇白登之围，险些成为匈奴的俘虏；汉武帝决战漠北虽取得惨胜，但数十年积累的国家财富消耗殆尽。战争让中原王朝付出沉重代价，却无法从根本上肃清草原飘忽不定的强敌；15世纪中叶，土木之变后，京畿一带仅存的明军残兵弱旅凭借长城层层阻击，让消灭了明军精锐的蒙古铁骑在回师途中狼狈不堪。长城的高城深池，给了中原的军队以逸待劳的优势，甚至有可能实现不战而屈人之兵的战略。长城让很多蠢蠢欲动的强盗望而却步，本来可能发生的血雨腥风，就这样消散于无形之中。

长城是古代战争中的利器。在近现代，它虽然已失去了国防功能，但仍然是国家利益所系，这并非危言耸听。在20世纪的现代化战争中，日本侵略者的钢铁军团仍然会选择从长城要隘突破南下；当代外交场上，敌对势力也曾以"长城边界说"作为要挟中国的政治筹码。因此，我们不能弃长城如敝履，需要对它进行深入的研究和解读。在未来的军事和政治斗争中，长城仍有可能发挥巨大的作用。

长城是古代中国的安全屏障，也是举世无双的工程奇迹。6 000年的积淀，2 000多年的修筑，中国长城成为世界上规模最大、长度最长、修建时间最久的军事防御工程体系，集中体现了古代中国科技水平与国家治理经验。

中华民族的聪明才智在长城修建过程中体现得淋漓尽致。他们用最常见、最简单的土、石等材料，建成了最复杂、最完备的军事防御工程。人工建筑和当地的地理景观融为一体，高山长河、大漠戈壁，既是长城的依托，也是长城的一部分。

失去长城防线的宋朝，在边疆地区修整水道、挖掘壕堑来阻挡契丹骑兵。当蒙古军威胁金国西北之际，面对无险可守的茫茫草原，金国人开挖了数千千米的界壕来阻挡蒙古铁骑。10—13世纪，"长城"的主要形式不再是墙，而是壕。

14世纪后半叶兴起的明王朝继承了历代中原政权的传统，开始了新的也是最后一个兴建长城的高潮。明长城是万里长城中的精品，我们今天所熟知的山海关、八达岭、居庸关、嘉峪关，都是明朝的杰作。明长城的选址更加科学，精妙的设施层出不穷，烽火预警系统更加完备和高效；精心烧制的青砖开始用于长城建筑，配合热兵器使用而创设的空心敌台成为坚强的长城战斗堡垒，令草原骑兵胆寒。拥山抱水、堑原塞谷、与时俱进的长城体现了中国古人顺应自然、改造自然的高超技巧和强大的工程组织能力。

长城是华夏民族的脊梁与灵魂，与中国的命运紧密相连。

张家口明长城大境门匾额 "大好河山"

　　王朝更迭，战甲常新。长城既经历了无数恐惧和绝望，也记录了最壮丽的史诗。那是骠骑将军霍去病封狼居胥的豪迈，是十三将士归玉门不为大汉耻的气节，是大漠孤烟直、长河落日圆的雄浑，是夜不收深入敌后绝境奋争的勇气与坚守，是雁门关、娘子关前全民抗战、救亡图存的号角。长城见证了中国从分裂走向统一，从衰弱走向复兴，它与中华民族共同成长、成熟，促进了中华民族共同文化心理的形成。长城防线曾被突破，入主中原的游牧民族却用修长城的方式表达了对中华文化的认同。公元4—5世纪，鲜卑族大举南下，最终统一了黄河中下游地区，随后便开始兴建长城，以防御更北方的柔然和突厥。这是北方游牧民族第一次大规模修筑长城，也是他们全面汉化、融入中华民族大家庭的明证。到了公元10世纪的北宋，虽然其国界远在长城以南，但宋人却最早在舆图上绘制了长城。那时的长城，已经印在了中国人的心里。

　　长城是身份的标识，也成为不同文明的桥梁和纽带。它是连接游牧、农耕民

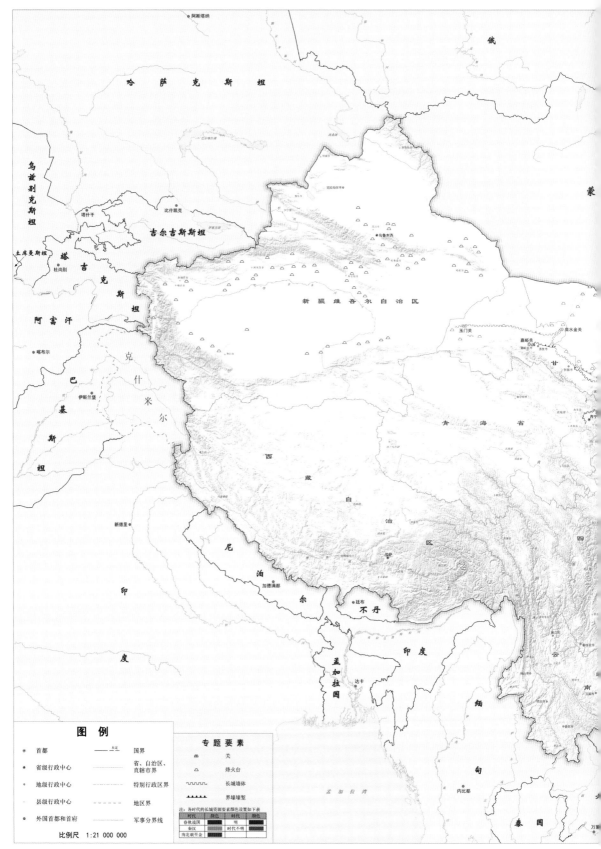

历代长城全图 国家基础地理信息中心提供
中国历代长城全长 21 196.18 千米，分布于中国北方 15 个省（自治区、直辖市）的 404 个县域。

南海诸岛
1:42 000 000

族的双面胶和身份认同的过滤器。在长城内外，你会见到草原上的牧民品着汉人的茶叶，北来的骏马载着中原的将士；全国各地的军士携家带口奔赴边疆，在那里扎根；昭君出塞，传播和平与爱。在河西走廊和西域，长城用它的臂膀，守护着丝绸之路上过往的使节和商旅。直到今天，沿着长城的遗迹，你仍然能够依稀画出2 000多年前东西方交流的路线，成为这条东西交通大动脉存在的明证，甚至成为它的一部分。

当中国历史迎来了最后一个封建王朝之后，统治者洞悉了"长城自在人心"的道理，不再新修这道防线，而是用更加开明的民族政策处理中原汉地和塞外各部的关系。长城变成了调整国家内部民族关系、维护统治秩序的工具。

综上所述，历史上的长城功能远远不止于军事。也许是因为它的内涵过于丰富和纷繁，人们对长城的认知有时会以幻想代替现实。200多年前，在万里之外的欧陆，长城获得了最不吝辞藻的热情赞美。启蒙思想家出于政治需要，对长城和兴建长城的那个国度着迷、狂热，而在国内，曾几何时，有人视长城为劳民伤财的工程和死亡的诅咒。直至20世纪初，国家存亡的危机改变了东西方对长城的看法。孙中山先生在他的《建国方略》中称长城为"世界独一之奇观"，而在西方看来长城却从历史丰碑变成了保守与孤立的象征。

长城是动人心魄的历史古迹和文化景观。20世纪上半叶，中国营造学社的学人怀着学术报国的拳拳之心，决心整理长城的文明记忆并把它发扬光大，但动荡的时局让他们无从实现这一理想。中华人民共和国成立后，以罗哲文为代表的老一代文物专家筚路蓝缕，不辞辛劳，开始探究长城建筑奥秘，立志"要使长城复旧观"。

1984年，邓小平、习仲勋等党和国家领导人发出"爱我中华　修我长城"的号召，国人燃起了保护长城、修复长城的热情。1987年，长城以其无与伦比的普遍性价值，列入联合国教科文组织《世界遗产名录》，成为人类共同的遗产。

21世纪的第一个10年，中国的文物工作者不辱使命，通过全面的踏查，第一次摸清了长城的"家底"：中国历代长城全长21 196.18千米，分布于中国北方15个省（自治区、直辖市）的404个县域，沿途分布有墙体、界壕/壕堑、单体建筑（敌台、烽火台、马面）、关堡和相关遗存（壕沟、挡马墙、品字窖等）共计

43 721段/座/处。

2019年的盛夏，习近平总书记登临了嘉峪关，他在城楼上强调："当今世界，人们提起中国，就会想起万里长城；提起中华文明，也会想起万里长城。长城、长江、黄河等都是中华民族的重要象征，是中华民族精神的重要标志。我们一定要重视历史文化保护传承，保护好中华民族精神生生不息的根脉。"保护长城文化遗产，是中国对国际社会的郑重承诺，是习近平总书记对我们的热切期望，也是当代中国人不可推卸的历史责任。

在和平与发展的时代潮流中，长城也被赋予全新的内涵。它历经岁月洗礼，造就了独特的历史景观，凝结着中国古代劳动人民的心血和智慧，积淀着中华文明博大精深、灿烂辉煌的文化内涵，体现着中华民族的精神品质和价值追求，已经成为中华民族的精神象征。它是文学艺术的源泉，为古今中外文艺创作贡献永恒题材和不竭灵感；它是军事科技的集成，为当代国防建设和工程管理实践传承思想经验；它是红色文化的摇篮，为中国革命和中华民族解放事业守护不朽记忆；它是历史兴衰的见证，为当代国家治理和国际交往实践提供借鉴参考；它也是华夏文明的标志，是世界人民认识中国的窗口。它蕴含着团结统一、众志成城的爱国精神，坚韧不屈、自强不息的民族精神，守望和平、开放包容的时代精神，历经岁月锤炼，已深深融入中华民族的血脉之中，成为实现中华民族伟大复兴的强大精神力量。

长城的时代并没有结束，它还有更好的明天。在21世纪的世界舞台上，我们递上一张锦绣中华的金色名片。长城的身世和经历便是最好的中国故事，它的价值是中国文化最好的代言。百年来，来自全世界的到访者争睹长城的英姿，以长城为舞台，追逐他们的梦想，展示各自的风采，长城也日益充实着人类的文化和精神世界。曾经的关隘城堡，变成了繁华都市和美丽乡村，亿万人民以长城为家；肃杀的军武战备，化作长城沿线居民日常生活的光影脉动，以人文遗产融入绿色生态，以公共服务惠及民生。

以文明传承家国情怀和坚定文化自信的不朽长城，如同一条从古代走向未来的巨龙，正肩负着中华民族伟大复兴和建设人类命运共同体的夙愿腾云驾雾，飞向下一个辉煌的千年！

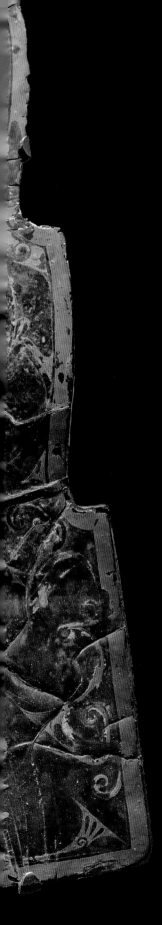

第一章

长城安天下

彩绘龙凤纹漆盾 战国 湖北省博物馆藏

夏家店下层文化彩绘陶鬲
内蒙古自治区敖汉旗大甸子遗址出土

　　长城的出现与华夏文明的形成和发展息息相关。史前时代东亚早期国家的建立，为长城的兴建完成了组织准备。他们为了应对来自自然界和其他人群的威胁而建立城池和防御设施，不断积累技术和经验。春秋战国时代的诸侯争霸，造就了连续的边疆和最早的长城。秦统一中国之后，长城的兴建自秦汉至明朝，历千余年经久不衰，见证了中原王朝与北方民族的互动，成为保卫和平安宁的盾牌，也成为中原王朝威慑外敌、不战而屈人之兵的底气。今天，它仍然守护着我们，为当代国家安全保障提供源源不断的精神力量。

长城时代的孕育和开启

> 人群整合与分野、技术与经验积累、人力资源与组织能力保障，以及足够广袤的疆土，是修筑长城的必要条件。集体安全需求，是修筑长城最直接的原因。

一

公元前1万年，东亚。

试想你在这样一个村庄生老病死：村里只有几十户人家、上百个村民，村外目力所及的范围是一片广袤无人的荒原。距离本村最近的聚居点在山的那一边，你甚至都不知道它的存在，而世界上所有人都有着和你相似的人生。

这不是虚拟现实的游戏，而是我们祖先的真实生活场景。那时居住在现代中国境内的人口不过百万，大多数人仍然没有能力也不需要突破自然地理的障碍，他们龟缩在一个个孤立的聚居区，老死不相往来。

地广人稀并不意味着远古的生活环境有多么安逸。横行的野兽就像现代都市里的汽车，并且不需要遵守交通规则。你一旦外出，就随时可能被它们吃掉。这时，出于安全考虑，你也许会琢磨如何加固自己家的房门或院子，但肯定不会想到去修一道数千千米长的墙。

长城不是从来就有的，它是人类社会发展到一定程度的产物，而社会的复杂化也有一个漫长的过程。几千年间，人口随着生产力的进步而不断增长，资源逐渐变得不那么充足。终于有一天，生存压力驱使着所有人走得更远，与陌生人发生联系，进而抱团取暖，或相互争斗。"我们"的概念从一家人变成无数家庭组成的一群人，为了不被更多的"他们"欺负，唯一的办法就是建立更大的"我们"。在这个过程中，"华夏"的概念诞生了。一条西起祁连山、东至大兴安岭的半月形山地地带框定了华夏文明核心区的北部边缘，黄河、长江流域的文化与这一地带内及其以北地区的文化日益呈现出不同的面貌。

在这个半月形地带以南，根据传说和语焉不详的文献记载，在距今4 700多年前，黄帝成为华夏世界的第一位共主。从考古发现看，尽管那个时候的山东人和陕西人、浙江人和湖北人都还有着相对独立的文化，但共同元素不断积累。

边地半月形文化传播带

20世纪80年代，考古学家童恩正提出，从新石器时代开始，以中国西北的祁连山、贺兰山、阴山、大兴安岭一线为中心，形成一个半月形的文化传播带，其内部的文化面貌具有显著特色，与其南北的面貌均有差异，是华夏文明的边缘地带，也是南北文化的交流地带。

经过尧舜禹和夏商周时代，华夏世界的文化整合先于政治完成。根据《左传》的记载，大禹曾与上万个古国结成联盟，到商朝建立之初，与之有来往的政治实体仍有3 000个之多。他们的活动范围犬牙交错，没有清晰的疆界。《诗经·商颂·玄鸟》这样描述商代的疆域："邦畿千里，维民所止。"意思是商人的领地有千里之广，都是人民居住的地方。这8个字的重点不在于描述商王国的边界在哪一条河或哪一座山，而是强调有商人的地方就是商土。

与此同时，在半月形地带中部以北的内蒙古呼和浩特、赤峰到辽宁一带，这种"以人为疆"的状态正悄然发生着变化。夏王朝建立后约1个世纪，那里的居

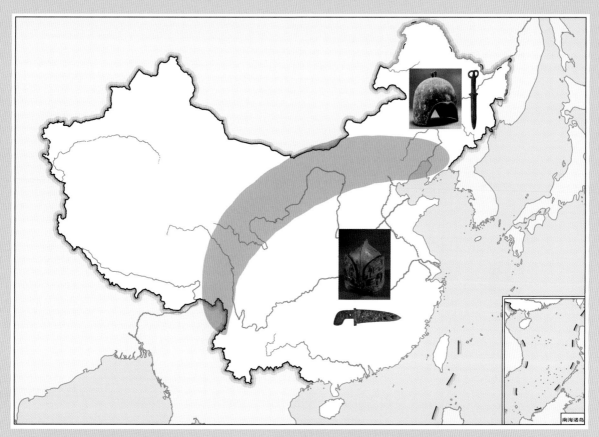

风格迥异的边地半月形文化传播带出土的青铜时代兵甲与中原地区兵甲

民创造出繁荣程度不输中原的"夏家店下层文化"。他们用一种和大禹治水同样气势恢宏的行动，开风气之先。

　　在滦河右岸至辽西一线，夏家店下层人建起了大大小小数十座石城。从这些城址的结构与布局来看，它们具有比较强烈的军事防御色彩，可能还有统一的建设规划。如果把这些石城在地图上标出来，我们还会发现，它们的排列方向与后世的秦汉长城走向几乎一致。著名考古学家苏秉琦先生直接称其为"原始长城"。

　　这些石城的有序分布，一方面意味着夏家店下层文化的创造者已经具有了充足的人力、高度的群体认同与修筑大型防御性工程的组织能力；另一方面也表明他们所要守护的是一片有形的广阔土地。

至此，在华夏北部边缘的半月形地带，长城所需要的技术、资源、组织与空间条件都已经初步具备，接下来只待经验积累和一个合适的时机，一道万里巨塞将在夏家店石城的废墟上兴起。

二

距今约6 000年前，湖南澧县城头山。

中国境内已知最早的城在肆虐的洪水中诞生。从建筑工艺来看，它的城墙是堆筑而不是夯筑的，看起来更像围堤，因此，防洪可能才是修筑者的初衷。当然，围堤也可以防盗匪或者野兽，总之，他们确实需要用防护设施挡住些什么。

城头山遗址的面积约15.2万平方米。对于那个时代的人来说，它是相当宏大的工程，施工条件必是极为艰难。技术的不足，在一定程度上可以通过发挥人的作用来弥补。

在城头山城址建成1 000年后，著名的良渚古城在太湖流域横空出世。考古学家在古城西北部山区发现了几道长长的水坝，那是国际公认世界最早的大型水利工程系统，甚至比传说中的大禹治水还要早1 000年。同时，它也是最早的长线型人工建筑。

古城建在一片泽国，它的"城墙"其实也是堤坝。当时的人可能就居住在这坝上，而那些"城门"更像是码头。

城头山和良渚为我们提出了一个问题，那就是城防与堤坝同源的可能性。

时光飞逝，中国转眼进入战国时代。

在河北省中部，一道鲜为人知的长城自易县沿中易水南岸，经徐水、高阳横穿雄安新区（容城县、安新县、雄县）正中、文安县，东止于黄河故道。这就是由战国七雄之一的燕国于公元前4世纪末在其南境修建的燕南长城，或称易水长城。在长城家族

长城兴起的必要条件
人群分野与交流
安全需求
技术与经验
人力资源
组织能力
相对广袤的疆土

中，燕南长城确实没有什么存在感，它的时代不是最早的，保存状况也很差，现存的少量地面遗迹甚至还不如良渚水坝高大坚固。但独特的地理位置弥补了这道长城本身的平庸，你可以没听说过燕南长城，但一定不会不知道紧靠其墙体南侧的一片广阔水域——白洋淀。白洋淀由100余个大小湖泊构成，它的形成可以追溯至地质时代。根据《尚书·禹贡》《尔雅·释水》的记载，古黄河在山东地区分为9条支流，在河北重新汇合后，注入渤海。传说大禹就是疏浚了这9条河道，才最终使洪水退去。而白洋淀所在的冀中低地，正是黄河故道行经之所，可以说是与大禹治水直接相关的遗迹。

今天的白洋淀，是一片不算太大的水域。但在历史上，它也曾巨浪滔天，危害一方。20世纪80年代以来，考古工作者对白洋淀大堤进行了调查勘探，取得了

骉羌钟
这组被称为"骉羌钟"的青铜编钟于 20 世纪 20 年代出土于河南洛阳，后辗转流到日本，现藏京都泉屋博古馆。它的铭文记载了关于周威烈王二十二年（前 404）韩国将军骉羌率军攻入齐长城的事迹。

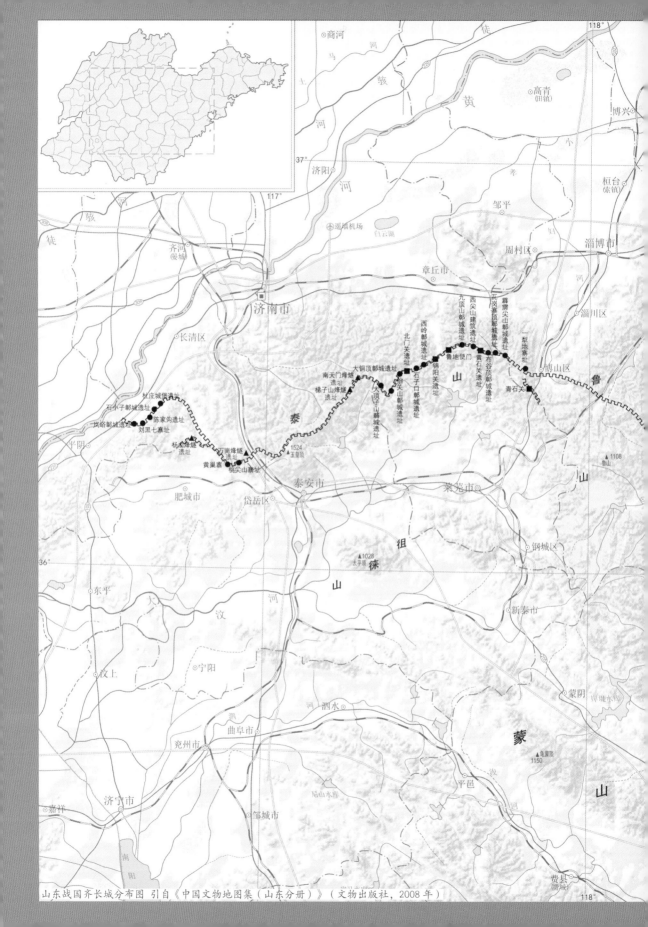

山东战国齐长城分布图 引自《中国文物地图集（山东分册）》（文物出版社，2008年）

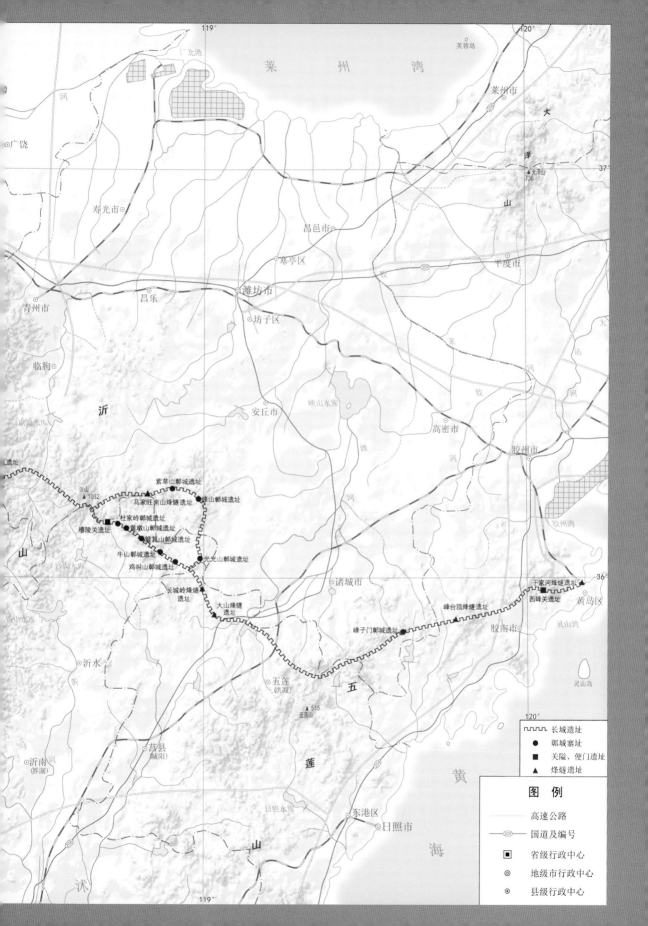

莱　州　湾

广北港

美蓉岛

莱州市

大

广饶

泽

寿光市

昌邑市

平度市

寒亭区

山

胶

潍坊市

青州市

昌乐

坊子区

临朐

沂

峡山水库

安丘市

高密市

潍

胶州市

遗址

胶州湾

沂山
1032

紫草山鄣城遗址

马家旺南山烽燧遗址

峰山鄣城遗址

杜家岭鄣城遗址

穆陵关遗址

黄墩山鄣城遗址

蓼萁山鄣城遗址

山

牛山鄣城遗址

光光山鄣城遗址

鸡叫山鄣城遗址

诸城市

于家河烽燧遗址

黄岛区

长城岭烽燧
遗址

西峰关遗址

大山烽燧
遗址

峰台顶烽燧遗址

峰子门鄣城遗址

胶南市

灵山湾

沂水

五莲
(洪凝)

五

灵山岛

▲515
五莲山

莲

黄

莒县
(城阳)

沂南
(界湖)

日照水库

海

东港区

日照市

山

图　例

⌐⌐⌐	长城遗址
●	鄣城寨址
■	关隘、便门遗址
▲	烽燧遗址

图　例

高速公路

国道及编号

省级行政中心

地级市行政中心

县级行政中心

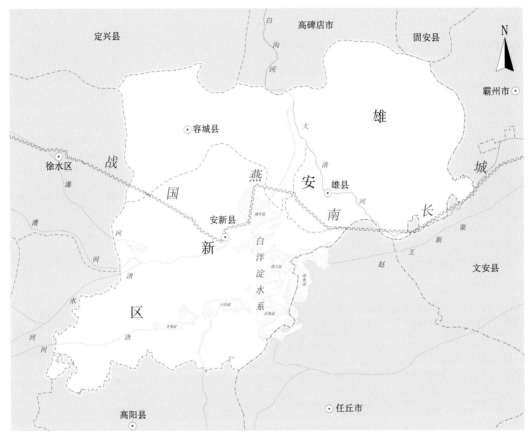

雄安新区燕南长城分布图　国家基础地理信息中心提供
图中可见长城与白洋淀的位置关系。

一些有意思的发现：他们在大坝之下多个地点发现了战国时代的夯土。通过对比文献和地图，发现这些夯土与燕南长城的走向惊人地一致。原来，白洋淀大堤竟然是沿着燕南长城的旧线路修成的！我们无法确定燕南长城的兴建在主观上是否考虑到了防洪，但白洋淀的存在无疑对燕南长城的选址产生了直接影响。

　　无独有偶，在清康熙年间刊印的《林县志》中，位于太行山东麓的战国魏河北长城遗迹被称为"秦王堤"，这是又把长城当成了堤坝的例证。由此看来，早期长城和堤坝至少从外观上很难截然分开。

最早长城之争

　　根据《水经注》的记载，春秋时期，日益强盛的楚国在北境的方城山修筑列城，向中原步步紧逼，企图争霸天下。有人把"列城"解释为一系列的城塞，并认定是长城的鼻祖，这比齐长城早了大约200年。但长期以来，这个说法没有考古证据的支持。相比之下，齐长城始建年代的考古证据更加确凿。除了有明确纪年的考古材料之外，有人还曾做过传世文献的分析，在《国语》《左传》等先秦著作中，各诸侯国修筑的长城往往会冠以国名，唯独齐长城仅以"长城"相称，这恐怕与其作为长城始祖的身份不无关系。尽管如此，支持楚长城最早说法的学者仍在积极寻找新的证据。2010年，河南省的考古工作者在舞钢平岭楚长城遗址中发现了零星的春秋时期遗物和1枚刻有"关玺"字样的印章，这让楚长城最早说的支持者看到了希望。

"关玺"印章 战国 楚长城象河关遗址出土 河南省文物考古研究院提供

修建长城的政治考量和经济成本、社会成本

> 要实惠还是面子？要文治还是武功？要修
> 长城还是打出去？这三个问题的答案评判着历
> 代帝王的心胸和见识，考验着文臣武将的能力
> 与辩才，也决定着国家的命运。

一

男儿宁当格斗死，何能怫郁筑长城！

——〔东汉〕陈琳《饮马长城窟行》

汉高祖六年（前201）冬，平城（今山西大同）。

大汉开国皇帝刘邦和他的军队陷入了绝境。不久前，镇守马邑（今山西朔州）的韩王信起兵造反，并且勾结匈奴准备一同攻打太原。愤怒的刘邦带着诛秦灭楚一统天下的锐气，亲率32万大军讨伐叛军和匈奴，结果轻敌冒进中了埋伏。他所带领的先头部队行进到平城东边的白登山时，被匈奴冒顿（mò dú）单于的40

万铁骑围困了七天七夜，无法突围。后来，刘邦听从了宰相陈平的建议，贿赂了单于宠爱的阏氏（单于之妻），让她说服单于打开包围圈的一角，汉军这才侥幸脱险。

刘邦由此认清了形势，认为凭汉朝当时的国力无法与匈奴抗衡，于是改弦更张，采取和亲策略并重修长城。汉文帝和汉景帝都承袭了刘邦的做法。这期间匈奴仍不时骚扰边境，但汉匈之间没有大规模的战争，总体上维持着相对和平的状态，汉朝获得了休养生息的机会。

文治武功是帝王的理想，沙场建业是统帅的荣耀。热血男儿无不渴望用最直接的方式击退外敌，捍卫尊严。但在真正的疆场上，比拼的不只是勇气，更是双方的实力和战略战术。在此基础上，英明的统帅还要懂得比较敌我的优劣，并以己之长，攻彼之短。

> 夫驰击者彼所长，守险者我所便。弓矢利驰击，火器利守险。舍火器守险，与之驰击于黄沙白草间，大非计。
>
> ——《明史·余子俊传》

中原汉地的军队以步兵为主，机动性差，而北方游牧民族是清一色的轻骑兵，行动灵活迅速。对中原一方来说，寻敌决战是人追马，非但战机难寻，还可能因为行动迟缓，反被飘忽不定、以逸待劳的敌人突袭和歼灭。中原军队装备精良，又能够建造城池，而草原骑兵则缺少攻城设施。固守长城，虽然不那么风光霸气，却可以扬长避短，伺机诱敌深入，凭借重重关隘防守反击，打几场漂亮的歼灭战。当然，实现这样的战略意图需要长时间的准备和大量资源的支持，还要有几个有能力的将军来指挥谋定而后动。

> 山川之险，险与彼共。垣堑之险，险为我专。百人之堡，非千人不能攻，以有垣堑可凭也。
>
> ——《明史·翁万达传》

然而，战时的谋略总是要冒一定的风险，绝佳的战机和伟大的将军也都是可

《九边图》中明清时期的雁门关和马邑城　引自《中国长城志·图志》（江苏凤凰科学技术出版社，2017 年）

陕西省西安市秦始皇陵兵马俑遗址

遇不可求。

汉元光年（前133），汉武帝曾想用伏击的方式一举消灭匈奴主力。他先是令一个叫聂壹的商人假装投降匈奴，唆使单于进攻马邑城，表示自己将在城内接应。单于相信了聂壹的话，率领10万铁骑南下。但由于谋划不周，单于察觉到异常，并主动撤退。此时，王恢率领着3万人马已经出发，原准备袭击匈奴的辎重，但得知匈奴退兵的消息后，心生怯意，不敢出击，主动回师。年轻的汉武帝针对匈奴的第一次反击功败垂成。更严重的是，匈奴与汉朝断绝和亲，并且开始以肆意袭扰边境作为报复。长城沿线，烽火连天。

在李牧战国名将之后的两千年间，中原军队曾无数次与北方游牧民族交战。但他们即使在取得军事胜利之后，还是会选择修长城。他们深知敌人只是一时退

土木之变

明正统十四年（1449），蒙古瓦剌部首领也先命三路大军南下攻明，企图占领北京，恢复元朝在中原的统治。蒙古人迅速撕碎了长城防线，攻陷重镇大同。消息传回北京，年轻气盛的明英宗朱祁镇在大太监王振的怂恿下率25万精锐，号称50万，御驾亲征。大军出居庸关，过八达岭、宣府（今张家口地区），大摇大摆地走了10天才到达大同。蒙古人的哨探早早知悉了明军的动向，但一开始不敢贸然发动进攻，于是出现了一个奇景，蒙古的数万铁骑在明朝的数十万大军后面亦步亦趋。很快，也先就发现明军行动迟缓，外强中干。他佯装败退，引诱明军追逐，而后反戈一击，重挫明军前锋。王振惊慌失措，连忙下令撤退，可是到这个时候他还不忘虚荣，要让大军经过他的家乡蔚州（今张家口市蔚县），来一把"衣锦还乡"。走到一半时，王振又害怕军队踩坏他家田里的庄稼，于是再次回军宣府，这一来一回，耽误了大量时间。当明军撤退至怀来土木堡时，被恰好赶到的蒙古大军围歼。随军出征的六部大员和朝廷重臣，包括王振都死于乱军之中。明英宗本人，则成了蒙古人的阶下囚。

锦衣卫指挥使马顺象牙腰牌 明 首都博物馆藏
马顺是土木之变罪魁祸首王振的死党，明军土木堡惨败的消息传回京城后，愤怒的朝臣将马顺活活打死。

却，而后世子孙能否有自己这样的军事才华，就不好说了。如果领兵之人缺乏军事才能，再好的军队也将无用武之地。

明朝初年，洪武、永乐两代帝王前后十几次远征漠北，取得了重大的军事胜利。蒙古军队虽然元气大伤，却没能被彻底消灭，到正统朝时，他们又杀了回来，最终酿成土木之变，险些推倒了大明江山。

二

凡兴师十万，出征千里，百姓之费，公家之奉，日费千金；内外骚动，怠于道路，不得操事者，七十万家。

——《孙子兵法·用间篇》

"兵马未动，粮草先行"。战争比拼的不仅是战略战术和武器，更是国力和后勤。

孟姜女的故事让每一个中国人都记住了修长城的劳民伤财。但两千年来，长城工程几乎没有停止。因为和打出去比，修长城实在是太划算了。

马邑之战无功而返后，主父偃曾经给汉武帝上疏劝谏，希望他罢兵。他给皇帝算了一笔账：秦时北击匈奴，需要从山东筹措粮草往长城沿线运送，而每输送1石军粮，途中要消耗192石。汉朝的情况大致也是如此。如果是速战速决打赢了还好，一旦陷入僵持，军粮就可能供不应求，甚至引发全国的粮食危机。

除了后勤供应，还要考虑经济成本。

五铢 汉 北京石景山博物馆藏

明朝成化年间，时任右副都御史余子俊在巡抚延绥（今陕北榆林地区）时，根据边疆军事实践经验，也算过一笔账：起初，明朝政府实行"搜套"政策，即派军队征讨河套地区的蒙古部落，但收效甚微。当时驻扎在延绥的军队共有8万人，当地土地贫瘠，人吃马喂主要靠内地。以饲料项为例，每年所需的米豆和草料需要花费154万两白银。如果每人运送米豆6斗、草4束，那么要动用407万人，人头费825万两白银，二者相加，就是979万两白银。

根据著名经济史学家吴承明的研究，明成化十六年（1480）的粮食、布匹、绢、宝钞等各项税收，折合白银大约1 300万两，也就是说仅陕北一地的军费就耗费了国家全年财政收入的近四分之三。长此以往，国家财政必然难以支撑。可是，如果改主动进攻为修筑长城，会怎样呢？根据《明史》的记载，成化十年

明长城全长8 851.8千米，其中人工墙体6 259.6千米，沿途分布有烽火台约8 000座、敌台约7 000座。

（1474）起，余子俊带领陕西军民修建了东北起清水营、西南至花马池1 700多里的长城，沿途建筑城堡11个、大小墩台93个，动用士兵4万人，仅3个月就完工了，他命军队在长城内屯垦，每年还能收获6万石粮食。此后"北虏知不能犯，遂不复入套者二十余年"。关于延绥长城工程的花销，史料比较匮乏。但有人根据嘉靖年间的军民收入进行过估算，工程造价在9万～20万两白银之间，只有"搜套"所需费用的1%～2%。

修长城对于缓解财政压力的作用，在其他地区也有体现。明嘉靖年间，翁万达主持了山西北部和河北西部的长城工程，原先每年为加强秋季防务，从外地调来的军队要耗费军费150多万两白银，之后又追加数十万两白银。但自从修建长城之后，军费减少了一半。

此外，一份明崇祯十年（1637）关于兴修长城的奏疏，对长城当时的造价有十分明确的记载。根据时任兵部左侍郎卢象升的计算：在宣府镇，每新建边墙一丈（约3.1米），工料和粮食消耗共需要白银50两。如果将旧墙修缮节省的部分计算在内，那么每丈大约耗银30两。土筑烽火台，1座需要200金（合白银800两），砖砌敌台600金（合白银2 400两），开挖300里壕堑大约需要十几万两白银。

根据国家文物局2008年公布的最新调查数据，明长城全长8 851.8千米，其中

人工墙体6 259.6千米，沿途分布有烽火台约8 000座、敌台约7 000座。据明末的造价计算，修建整个明长城所需要的经费为近8 600万两白银。但长城工程几乎贯穿明朝始终，如果按照明末的价格将这些银子分摊在明代276年中，则每年修长城所花费的银两仅30多万两。即使将长城的修缮考虑在内，按照全线重建一次计算，那么就是60多万两，和常年维持大军备战、主动出击相比，可以说是相当节省了。

最后，战争成本不仅体现在金钱上。常年用兵，必将导致大量伤亡，多少家庭破碎，田地荒芜。一旦战败，后果不仅是统治者个人的威信受损，更是民生凋敝、社会动荡、国本动摇的代价。

帝王之兵，以全取胜，是以贵谋而贱战。

——《汉书·赵充国传》

汉武帝在元狩四年（前119）倾全国之力发动对匈奴的决战，虽获全胜，但耗尽国库，损兵折将。司马迁在《史记》中隐晦地描述了战况的惨烈。此役，汉军投入战马14万匹，但只有3万匹回到了长城脚下。名将李广也以一种屈辱的方式结束了生命：他的部队在大漠中迷失方向，没能及时与卫青会师，因而获罪。李广羞愧万分，悲愤自杀。两年后，主将霍去病也在24岁的年纪上英年早逝，有人推测他就是在漠北染上了疾病。而匈奴付出的代价更加沉重。他们不但精锐尽没，还失去了河西要地，实力大大削弱，从此再不能与中原王朝抗衡，草原的普通牧民生活也陷入困苦。

失我焉支山，令我妇女无颜色。失我祁连山，使我六畜不蕃息。

——〔汉〕佚名《匈奴歌》

司马迁对汉武帝的穷兵黩武给予无情的批判，说他"有亡秦之失"。在太史公看来，汉朝能够战胜匈奴，并不是因为皇帝有多大的本事，而是因为国家有钱造得起。好在武帝晚年悬崖勒马，停止了征战，并下诏罪己，与民休息。

兵车行（节选）

〔唐〕杜甫

边庭流血成海水，武皇开边意未已。

君不闻汉家山东二百州，千村万落生荆杞。

纵有健妇把锄犁，禾生陇亩无东西。

况复秦兵耐苦战，被驱不异犬与鸡。

长者虽有问，役夫敢申恨？

且如今年冬，未休关西卒

陇西行四首·其二

〔唐〕陈陶

誓扫匈奴不顾身，五千貂锦丧胡尘。

可怜无定河边骨，犹是春闺梦里人！

山丹题壁（节选）

〔明〕杨一清

东风四月初生草，

落日孤城尽闭门。

记取汉兵追寇地，

沙场尤有未招魂。

秦始皇陵兵马俑

历代长城和北方民族

长城的兴建历秦、汉、南北朝、隋、唐、宋、辽、金、明而经久不衰，伴随古代中国兴衰之始终，见证了中原王朝与匈奴、鲜卑、羌、契丹、女真、蒙古等北方民族的交往、冲突与融合。

一

匈奴，其先祖夏后氏之苗裔也，曰淳维。唐虞以上有山戎、猃狁、荤粥，居于北蛮，随畜牧而转移。

——《史记·匈奴列传》

在战国秦汉典籍中，关于匈奴的记录出现得非常突然。根据司马迁的说法，他们也是华夏的后裔，采用“随畜牧而转移”的生产生活方式。大约在公元前3世纪，他们已经活跃在蒙古高原，并对中原构成了严重的威胁。战国时期的燕、赵两

（左页）长城图（局部） 清康熙 梵蒂冈人类学博物馆藏 引自《中国长城志·图志》（江苏凤凰科学技术出版社，2017年）

国为应对匈奴的军事压力，修建了长城，这是古代中国最早针对草原游牧民族修建的长城，也是万里长城的雏形。

　　秦已并天下，乃使蒙恬将三十万众北逐戎狄，收河南。筑长城，因地形，用制险塞，起临洮，至辽东，延袤万余里。

——《史记·蒙恬列传》

　　秦始皇二十六年（前221），秦王政统一了六国，战国时期各诸侯国修建的长城大都失去了存在的价值，北方草原上的敌人则成了秦王朝最大的威胁。长城

骊山下的秦始皇陵　秦始皇帝陵博物院提供　张天柱摄

乐章也迎来第一个高潮。秦始皇命大将蒙恬兴建新的长城，将燕、赵、秦三国北方的长城首尾相连，形成了西起临洮、东至辽东的边塞，长度超过一万里，这就是最早的万里长城。

　　汉朝代秦而兴，却几乎继承了秦朝的一切，包括这条万里长城。汉武帝太初三年（前102），边将徐自为在赵、秦修建的黄河河套北部阴山长城以北的数百里处新建了两道平行的外长城，长度超过1 300千米。在西部，长城在武帝年间从临洮沿河西走廊北缘向西延伸到了玉门关，汉长城的总长度达到11 500余里（约4 770千米）。目前，考古调查中发现秦汉新筑长城遗迹约3 500千米，其余部分很可能是利用战国燕赵旧长城改造而成的。

在玉门关外，沿着西域塔克拉玛干沙漠南北两缘、肩水金关到居延泽之间的弱水沿岸交通要道和辽东地区，也分布着大量汉代烽火台。汉长城于是成为中国历史上跨越经度最多的长城。

北边自敦煌至辽东万一千五百余里，乘塞列燧有吏卒数千人，虏数大众攻之而不能害。

——《汉书·赵充国传》

卢水胡、吐京胡与畿上塞围

卢水胡和吐京胡是匈奴后裔，北魏时期分别聚居于陕北和晋南。太平真君年间，卢水胡和吐京胡曾发动了声势浩大的起义，对北魏都城平城（今大同）构成了威胁。

太平真君七年（446），为了防范卢水胡和吐京胡的侵扰，北魏曾兴筑过一道长达千里的"畿上塞围"。从字面意义看，也就是"保卫首都的围墙"。有人认为畿上塞围建在平城以南，也有人认为是环绕平城而建的一圈外围防线。目前遗迹难寻。

东汉后期，匈奴彻底没落，族人或南下附汉，或北走西迁。没有北方强敌的中原王朝，内部矛盾却逐渐激化，陷入了割据和争斗之中，中国历史进入了三国两晋南北朝的大分裂时代。与此同时，长城外一个叫鲜卑的民族逐渐兴起，成为新一代草原霸主。幸而东汉末和继起的三国曹魏政权在逐鹿中原之时，采用了比较得当的应对之策，边境相对安定。在东北，辽东长城外经常袭扰边郡的乌桓也被曹操率军突袭平定。鲜卑人因内部矛盾迭起，一直没能对中原构成根本性的威胁。因而，基本上没有看到这一时期修建长城的历史记载，当代考古工作也只是在河西走廊和西域，零星发现一些曹魏和西晋时期的烽火台。但这至少说明长城在当时并未完全废弃。

西晋的短暂统一在八王之乱后迅速崩解，北方民族纷纷趁虚而入，东亚和东北亚几乎所有的民族都被卷入旷日持久的战争，长城连同整个富庶的华北化为焦土。自诩为华夏正统的晋朝从长城要塞一路撤退到长江天险，才站稳脚跟。谁也没有想到，竟是鲜卑民族掀起了下一次修长城的高潮。

二

〔北魏泰常八年（423）〕二月，筑长城于长川之南，起自赤城，西至五原，延袤二千余里，备置戍卫。

——《魏书·太宗纪》

当你驻足八达岭或慕田峪，惊叹于长城的壮美时，不免会联想到秦始皇。然而你目力所及的一切——高大的城墙、整齐的垛口、宏伟的敌楼，甚至一砖一瓦，都是纯粹的16世纪建筑，与秦始皇没有任何关系。

考古研究表明，北京地区的长城始建于公元5—6世纪的南北朝时期。

登国元年（386），鲜卑首领拓跋珪在乱世中建立了代国，398年正式改国号为魏，迁都到平城（今大同）并称帝。439年，他的孙子太武帝拓跋焘统一了黄河流域，把草原留给了新的主人——柔然。柔然又称蠕蠕、茹茹，他们的由来也不是很清楚，有人认为是东胡或匈奴的一支，也有人说他们是草原的"杂胡"。4世纪

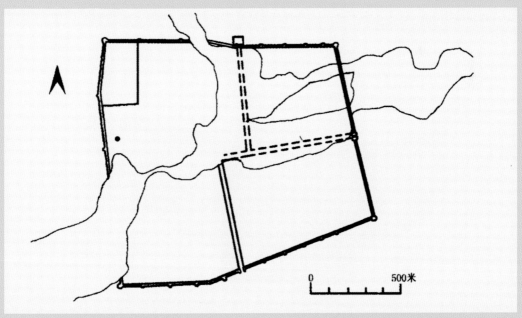

白灵淖尔乡城圐圙古城遗址（怀朔镇）平面图　引自《北魏六镇防线的空间分析》（《中国国家博物馆馆刊》2017 年第 12 期）

八王之乱与五胡乱华

　　西晋泰始元年（265），晋武帝恢复了已经废除数百年的分封制，将27个同姓王封在各地，以郡为国。诸王的权力很大，能够收取赋税，独立选拔官员，甚至建立军队。武帝死后，继任者惠帝司马衷愚钝，皇族与外戚为了争权互相攻杀，从元康元年（291）至光熙元年（306），先后有汝南王司马亮、楚王司马玮、赵王司马伦、齐王司马同、长沙王司马乂、成都王司马颖、河间王司马颙、东海王司马越八个王参与。光熙元年冬，惠帝驾崩，晋怀帝司马炽即位，太傅、东海王司马越辅政，掌握了朝廷大权。八王之乱至此结束。

　　八王之乱历时16年，统一仅20余年的西晋王朝再次陷入长期战乱，严重破坏了社会经济，耗尽了西晋的国力和军力。各地发生了严重的饥荒和瘟疫，最终导致社会和民族矛盾集中爆发。汉族农民和东汉以来陆续迁入内地的匈奴、鲜卑、羯、氐、羌等民族纷纷揭竿而起，西晋随之灭亡，宗室南迁，定都建康（今南京），是为东晋。此后，北方的胡汉各民族先后在黄河流域建立了大大小小十几个割据政权，并且互相征伐。一方面，长城以北的各族进一步大举内迁，另一方面，胡人建立的政权开始压迫和屠杀汉人。这一时期从西晋建武元年（304）汉赵（前赵）政权建立到北魏太延五年（439）北魏灭北凉统一北方为止，史称"五胡乱华"。

越窑青瓷佛像三足尊　西晋　浙江省考古研究所藏

末到5世纪初，柔然统一了漠北，完全占有了匈奴的故地，并与北魏相争了近一个世纪。进入中原的鲜卑人逐渐汉化，接受了华夏政治制度和经济生产方式，他们也效法秦汉，在边疆兴建长城来抵御柔然。根据文献统计，北魏从明元帝泰常八年（423）到孝文帝太和八年（484）间修筑了长城，总长度超过了2 000千米。

> （北魏太平真君七年六月）丙戌，发司、幽、定、冀四州十万人，筑畿上塞围。起上谷，西至于河，广袤皆千里。
>
> ——《魏书·世祖纪》

北魏六镇与六镇长城

北魏时期，在北方边境地区设立了武川、抚冥、怀朔、怀荒、柔玄、御夷六个军事重镇，史称"北魏六镇"。

北魏太和八年（484），大臣高闾向孝文帝建议，在六镇以北修建长城。从现在发现的遗迹看，六镇长城可能是一道长堑。

> 魏世祖破蠕蠕，列置降人于漠南，东至濡源，西暨五原阴山，竟三千里，分为六镇，今武川、抚冥、怀朔、怀荒、柔玄、御夷也。
>
> ——《资治通鉴·齐纪》胡三省注

公元534—535年，北魏分裂为东魏和西魏两部分，互相征伐不断。此后一二十年间，它们又相继被北齐和北周取代。这4个朝代也分别修筑了长城。其中北齐长城规模最大，自北齐文宣帝天保三年（552）到武成帝河清二年（563），共兴修了约900千米城墙和百余座戍堡。

与此同时，柔然被突厥所灭。突厥人原来是专门为柔然锻铁的奴隶，他们在公元6世纪中叶强大起来，成为中原的新敌人，在后来的隋朝和唐朝初年多次大举南侵。

> 突厥之先，平凉杂胡也，姓阿史那氏。后魏太祖灭沮渠氏，阿史那以五百家奔茹茹，世居金山，工于铁作。
>
> ——《隋书·突厥传》

根据《隋书》《北史》《元和郡县志》等文献记载，隋文帝开皇元年（581）、三年（583）、十六年（596），隋炀帝大业三年（607）都曾大规模兴筑长城。根据考古学者景爱先生的考证，隋长城西起宁夏灵武，东至北京，全长超过1 000千米。开皇三年还曾兴建榆关，也就是明代山海关的前身。目前历代文献记载中的长城，在考古调查中大多已发现遗迹，确认了大致的走向，唯有隋长城依然披着一层神秘的面纱。根据2012年全国长城资源调查与认定数据显示，目前认为属于隋代的长城遗迹仅有32千米，并且还存在争议。

有学者推断，隋长城是利用了南北朝时期北魏和北齐长城的线路改建而成。北齐与隋都是短命王朝，时代相近，建筑技术差别不大，长城沿线又相对荒凉，缺少有时代特征的遗物，因此很难分辨。明长城又循着畿上塞围和隋长城的线路重建，把原来的长城包在里面或拆除重建。这可能是畿上塞围和隋长城遗迹难寻的主要原因。

（文帝）令发丁三万，于朔方、灵武筑长城，东至黄河，西拒绥州，南至勃出岭，绵亘七百里。

——《隋书·崔仲方传》

隋长城北起（合河）县（今山西兴县）北四十里，东经幽州，延袤千余里，开皇十六年因古迹修筑。

——《元和郡县志》

20世纪80年代和2007年，在京冀交界处的金山岭长城和山西岢岚分别发现了纪年为隋开皇十七年（597）、十九年（599）的两块石刻，记录了当地修筑长城的事迹，这也成为隋长城确实存在的重要证据。

三

自古皆贵中华，贱夷狄，朕独爱之如一。

——〔唐〕李世民

《历代帝王图》中着冕服的隋文帝

东魏、北齐的几次大规模兴建长城之举

东魏武定元年（543），丞相高欢（后追尊为北齐神武皇帝）为防御西魏的进攻，修建了从马陵戍（今山西忻州静乐县西北芦芽山区）到土墱（今忻州原平市崞阳镇）约100千米的长城。

后高欢之子高洋篡位，建立北齐，是为文宣帝。他先后于天保三年（552）、六年（555）、八年（557）征发民夫或命令军队兴建了自黄河东岸"西河总秦戍（具体位置不明）"延伸至渤海的长城，总长度超过800千米。

北齐河清二年（563），武成帝又命司空斛律光率2万军队兴建了100千米长城和12座戍堡。

北齐天统二年（566），斛律光的兄弟斛律羡又在从库堆戍到海滨的长城沿线险要处筑城设障。

至此，东魏、北齐长城的总长度超过了1000千米。

隋代长城刻石的发现

　　20世纪80年代，金山岭长城北侧曾发现一方隋开皇十七年（597）长城刻石，记载了上仪同刘恭、幽州大都督路显和等人率领燕乐县、潞县官员修筑长城的事。这是中国发现纪年最早的长城刻石遗物。据文献记载，隋代曾大规模修筑长城，但时至今日，隋长城遗迹发现很少。这方石刻发现的地点正是隋燕乐县所在地，它不但证实了隋代确实曾在此修建长城，并且还解释了隋长城难以发现的可能原因，即明长城可能利用和叠压了隋长城的旧线。可惜的是石刻出土后不知所踪，现存拓片上的字迹也已经模糊不清。

　　无独有偶，2007年，山西省岢岚县农民在犁地时又发现一方开皇十九年（599）的长城刻石。这方刻石字迹清晰，碑文为：开皇十九年七月一日乐州元氏县王□黎长□领丁卅人筑长城廿步一尺西至……（以下十余字难以识别）。两方石刻时代相隔仅两年，出土地点相距近700千米，为我们标识了隋长城的大致位置和走向，也是神秘的隋长城曾经存在的仅有的实物证据。

隋开皇十九年长城石刻　成大林摄

　　唐朝与隋朝的关系，就像汉朝和秦朝。唐朝几乎继承了前代的一切，但这一次，它有一样东西没有继承，那就是长城。

　　从唐太宗开始，唐朝的几代君主都奉行民族怀柔政策，唐朝与周边的吐蕃、回纥、南诏、奚、室韦等民族也一度保持了良好的关系。

　　可是，危险并非不存在。唐贞观元年（627），突厥颉利、突利二可汗率领20万大军南下攻唐，长驱直入，到达长安城下。当时的长安兵力空虚，只有数万人马，根本无法抵抗，刚刚在玄武门之变中夺得皇位的唐太宗李世民带了高士廉、房玄龄等6人到渭河边去谈判，竟然凭借三寸不烂之舌，说退了敌人。仅仅3年之后，太宗命令李靖率军出奇制胜，一举灭掉东突厥。又过了27年，西突厥也在唐高宗时期被彻底击溃。连敌人都没有了，还修长城做什么呢？

长城

〔唐〕褚载

秦筑长城比铁牢，蕃戎不敢过临洮。

焉知万里连云色，不及尧阶三尺高。

　　唐朝确实没有大规模修筑过长城，但并不是一丈也没修过。根据《新唐书》的记载，山西太谷县（今太谷区）东南，从平城（今大同）到鲁口（今和顺县境内）之间有一段300里的长城，文献没有说是谁建造的，但提到了在贞观年间才废弃。有学者考证，这条长城修建于唐统一战争过程中，用于防御刘武周的势力；开元年间，在怀戎县（今张家口市涿鹿县、赤城县一带）北90里，宰相张说也曾主持修筑长城。2009年，长城资源调查队在赤城境内发现了一段长约70千米的长城，根据对遗迹的观察，大部分为明长城遗迹，但其中有12千米可能为唐代建筑，大概就是张说所筑的这一段。

> 　　刘武周（？—622），河间景城（今河北沧县西）人。早年曾跟随隋炀帝征高句丽。隋末在山西建立了地方割据势力，依附突厥，受封"定杨可汗"。唐武德三年（620），被秦王李世民击败，逃亡突厥，最后为突厥所杀。

汉代受降城与唐代三受降城

　　公元前105年，因杅将军公孙敖为接应匈奴左大都尉的投降，在长城以北，今蒙古国南戈壁省境内修筑了1座受降城。汉代受降城的兴建只是为了接受匈奴的一次投降，并没有什么深远的战略意图。后来左大都尉起事失败，受降城并没有起到预设作用，这座长城外的孤城，此后也时而为匈奴所占据。

　　唐代的受降城与汉受降城的目的完全不同。景龙二年（708），为断绝后突厥南侵的通道，时任朔方军大总管张仁愿趁后突厥首领默啜可汗西征，后方兵力空虚之时，夺取了漠南之地，并在黄河河套北岸修筑了东、中、西3座受降城，阻断了突厥会师南下的道路。3座受降城耗时2个月筑成，驻军10万。张仁愿又在牛头朝那山（今内蒙古土默特右旗西北）以北建立了1800座烽火台。3座受降城的建立，对于保证唐朝河套地区的安定起到了重要作用。

　　根据考古调查，东受降城遗址即位于内蒙古呼和浩特市托克托县城关镇西北东沙岗大黑河东岸台地上的东沙岗城址；中受降城遗址位于内蒙古包头市九原区共青农场敖陶窑村南1000米；西受降城的位置尚不能确定。

三梁进德冠　昭陵李勋墓出土

（右页）《九边图》中唐代东受降城与明长城的位置关系　引自《中国长城志·图志》
（江苏凤凰科学技术出版社，2017）
明初曾在此设置大宁卫

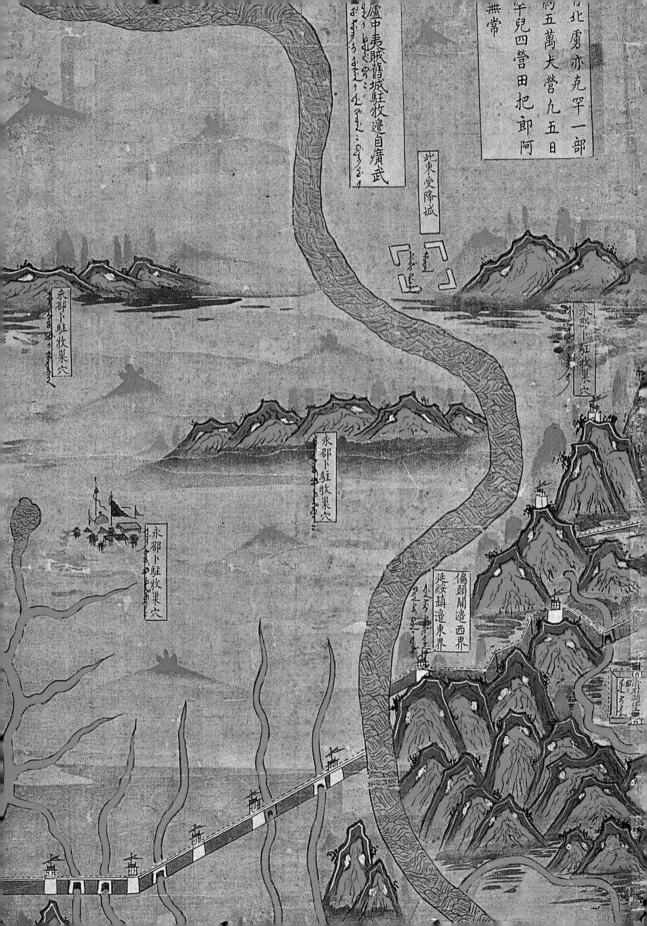

北虜亦克罕一部
約五萬大營九五日
牛兒四營田把郎阿
無常

此東受降城

瀘中夷賊舊城駐牧邊自廣武

永邵卜駐牧巢穴

永邵卜駐牧巢穴

永邵卜駐牧巢穴

永邵卜駐牧巢穴

偏頭關邊西界

延綏鎮邊東界

黑龙江齐齐哈尔金界壕　张依萌摄

（太谷县）东南八十里马岭有长城，自平城至于鲁口三百里，贞观之年废；怀戎，妫水贯中，北九十里有长城，开元中张说筑。

——《新唐书·地理志》

景龙二年（708），唐朝朔方军大总管张仁愿为了防御后突厥，在黄河河套以北修筑了西、中、东3座受降城和1 800余座烽燧，与周边的军镇、戍堡形成了完善的边防体系，保证了河套地区一个多世纪的安全，起到了相当于长城的作用。此外，根据长城资源调查结果，新疆现存的烽火台中大部分是唐代修筑的。看来，自信的唐朝在防务的关键时间和要害地点，还是留有一分小心的。

四

公元907年，藩镇首领梁王朱温接受唐哀帝李柷禅位，建立后梁。活跃在西辽河流域的契丹人，也在同年拥立首领耶律阿保机为可汗。公元916年，耶律阿保机称帝，建立契丹国，后辽太宗改国号为辽。中原地区则历经五代十国半个多世纪的兴替，统一于宋，与辽形成南北对峙。公元1038年，党项人李元昊建立了西夏政权。12世纪上半叶，靺鞨人的后裔女真人建立的金朝又取代了辽。中国进入了新的大分治时期。

《辽史·太祖本纪》记载，耶律阿保机称帝的第二年，便"筑长城于镇东海口（辽东半岛南端）"，用以阻断中原与渤海国政权的海路交通，又一个大修长城的时代来临。

10—13世纪是中国长城史上一个特别的时期。在这4个世纪间，北宋、辽、西夏、金等政权修建的"长城"总长度超过了中国历代长城的五分之一，但它们主要的建筑形式不是墙，而是壕。

宋、辽、夏、金的边境都有一个共同的特点，那就是无险可守。尤其是金朝，它的西部边疆位于一马平川的草原腹地，在这样的地方修长城，可能不是一个明智的决定，但大争之世，却又不能不设防。他们的解决方案是"得其意，忘其形"。

长城的用意，是挡住敌人，尤其是阻滞骑兵的快速冲击，那么只要能让战马慢下来，就达到了目的。宋朝通过挖壕引水形成屏障。金人则在广阔的西部边境大规模开挖界壕。

12世纪前叶，女真族首领完颜阿骨打起兵建立金朝。金太宗时灭了辽朝及北宋，南部疆界扩展到秦岭—淮河一线，向西推进到了蒙古高原中部。女真族并不是游牧民族，他们在大兴安岭以东的白山黑水之间捕鱼狩猎，熟悉定居生活，在与宋人的交往中，接受农业文明的熏陶更深，因此修"长城"的意愿也更强烈。而金界壕确实也是同时代各政权中规模最大、长度最长的。据长

修长城的少数民族政权
战国中山（白狄）
南北朝（鲜卑）
渤海国（靺鞨）
辽代（契丹）
西夏（党项）
金代（女真）

历代中原政权最主要的北方敌人
战国秦汉——匈奴、东胡
魏晋——鲜卑
南北朝——柔然、突厥
隋唐——突厥
五代—北宋——契丹（辽）、党项（西夏）
南宋——女真（金）、蒙古
明——蒙古、女真—满洲（后金—清）

"成吉思汗边墙" 与 "西夏长城"

　　根据《蒙古秘史》的记载和草原上的传说，成吉思汗曾为了防止牲畜越界而建边墙。19世纪以来，中外学者开始对成吉思汗边墙进行严肃的考察和学术研究，并且在蒙古国东部、南部和我国的内蒙古、东北地区发现了遗迹。其中位于我国内蒙古西部和蒙古国南戈壁省境内的长城段落经过测年，为10—13世纪修建，比成吉思汗的时代要早。经过考证，这段长达1000千米的墙体位于当时党项族建立的西夏政权疆域北部边境内，很可能是西夏为抵御蒙古的进攻而修筑的，然而史书中并没有关于它的任何记载。西夏长城是否存在，至今仍是一个未解之谜。

延边边墙与牡丹江边墙

　　金贞祐三年（1215），金国将领蒲鲜万奴建立了"大真国"，自称天王。第二年，大真向蒙古投降，次年又复国，国号改为"东夏"，金天兴二年（1233）再次被蒙古灭国。

　　东夏国存在的时间很短，历史文献记载也比较少，但考古学者认为，分布在黑龙江、吉林境内的一些长城遗迹与这个政权存在联系。

　　吉林延边州境内有一道13世纪修建的长城，穿越和龙、龙井、延吉、图们、珲春等市，全长约150千米，沿途分布有3处关隘、2座戍堡、86座烽火台。有人认为这段长城也是东夏国修建的，也有人认为是金朝为防御高句丽而建。

　　另一处可能是东夏国修建的长城位于黑龙江省牡丹江市境内，全长约41千米，全部由石块垒砌而成。有学者认为牡丹江边墙是东夏国为了保卫首都北京（今黑龙江省宁安市北部的城子后山城），在都城南北两侧兴建的防御设施。但也有不同观点认为牡丹江边墙由渤海国修建于公元8世纪初。

城资源调查统计，大定二十一年（1181）到金承安五年（1200）间开挖的界壕长度达到了3 700多千米，沿途还建有776座戍堡。在金朝前期，它们的作用主要是防御辽人的反扑，后来这些界壕也在金朝和蒙古的战争中发挥了作用。

五

　　元人北归，屡谋兴复。永乐迁都北平，三面近塞。正统以后，敌患日多。故终明之世，边防甚重。东起鸭绿，西抵嘉峪，绵亘万里，分地守御。

——《明史·兵志三》

　　明长城的兴建，无疑在中国长城史上写下了最为浓重的一笔。

　　明朝以"驱除胡虏，恢复中国"为口号，推翻蒙古人的统治，在唐朝灭亡460年后重新建起大一统的汉人政权。他们并没有继承元朝空前庞大的疆域，而是将蒙古大草原重新视为异域。农耕文明与游牧文明从此开始了新的角力。

　　明朝初年，虽然元朝在中原的统治已经结束，但元朝的残余势力依然强大。洪武、永乐两朝十几次远征漠北，取得了重大的军事胜利，北元政权也陷入内乱，趋于瓦解，但蒙古势力对明朝的威胁始终没能彻底解除。于是，明廷决定重拾中原王朝的"传统手艺"，开始修建新的长城。

　　明代文献在大多数情况下称长城为"边墙"，意思是"靠近边界的墙"。为何改名称，具体原因不得而知。有人认为是明朝希望通过名称的转换，将本朝的边防工程与历朝历代"劳民伤财的长城"进行切割；但更大的可能性是与明朝的国防政策有关。

　　元运衰矣，行自渐灭，不烦穷兵。出塞之后，固守封疆，防其侵轶可也。

——《明史·徐达传》朱元璋语

　　和汉朝的勇于出击相比，明朝向北方的进取性明显不足。在明朝建立的第二年，大将徐达就攻克了元上都。他向朱元璋请示是否继续追击北逃的元顺

（上页）元上都 元上都遗址博物馆提供

位于内蒙古自治区锡林郭勒盟正蓝旗境内的元上都，是元朝的"夏都"。在西方，元上都是与元大都齐名的伟大城市，马可·波罗就是在这里见到了忽必烈汗。2012年，元上都列入《世界文化遗产名录》。明洪武二年（1369），明朝大将徐达、常遇春率军攻破元上都，并在此设立开平卫，一度作为明长城防御体系中的重要前哨使用。至宣德五年（1430），开平卫内迁，上都城彻底废弃。

帝，得到的却是否定的答案。朱元璋提出了"固守封疆"的思想，元上都这座曾因马可·波罗的到来而享誉世界的东方名城成了明王朝的边疆要塞——开平卫。

然而朱元璋的国防策略并非一味地消极防御，而是强调攻防结合，梯次布局，各地相互呼应。他一方面派军8次主动出击，不断打击北元势力；另一方面，开启了中国历史上最后一个大修长城的时代。

在华北，明洪武六年（1373），朱元璋命徐达在河北、山西整饬边防，著名的山海关、喜峰口、古北口、雁门关就修建于这个时期。

在河西走廊，朱元璋重建长城直至嘉峪关，试图断绝蒙古与青藏高原各民族的联络，以防他们对明朝形成南北夹击之势。

> 甫定关中，即法汉武创河西四郡隔绝羌、胡之意，建重镇于甘肃，以北拒蒙古，南捍诸番，俾不得相合。
>
> ——《明史·西域传》

在长城以北，明初建立了广阔的外围防线。明洪武二十年（1387）和二十五年（1392）间，又分别在辽东以北的旧辽中京和河套以北的唐代东受降城基础上设立了大宁卫和东胜卫，与元上都的开平卫合称"外三卫"，形成了"数千里声势联络"的局面。

明长城的"军区"——九边十三镇

明长城沿线划分为辽东、蓟州、宣府、大同、太原、延绥、宁夏、固原、甘肃9个边防重镇，进行分区防守。"镇"相当于军区，每个镇设一名总兵官驻守，总兵驻地称为"镇城"。若干军镇由一名总督统领。镇以下设若干"路"，每个路下辖若干"卫所"。土木之变后，为了加强北京防御，从蓟州镇中分出了昌平镇和真保镇。万历年间，明朝西北和东北遭受的威胁较大，又从固原镇分出了临洮镇，从蓟州镇分出了山海镇，合称"九边十三镇"。

明洪武二十二年（1389），盘踞在东北的元朝残余蒙古各部落已于之前归降明朝，明朝于是在当地建立了福余卫、泰宁卫和朵颜卫，史称"兀良哈三卫"或"朵颜三卫"，仍由归降的部落驻牧，成为明代辽东与蒙古势力之间的缓冲地带。

初设辽东、宣府、大同、延绥四镇，继设宁夏、甘肃、蓟州三镇，而太原总兵治偏头，三边制府驻固原，亦称二镇，是为九边。

——〔明〕魏焕《皇明九边考》

> **外三卫**
> 大宁卫、开平卫、东胜卫
>
> **朵颜三卫**
> 福余卫、泰宁卫、朵颜卫

明永乐十九年（1421），朱棣将国都从南京迁到长城脚下的北京，在进一步加强北方防线的同时，对蒙古继续保持了攻势。这种明攻蒙守的局面一直保持到正统年间。然而随着土木之变的发生，形势急转直下。明朝不得不全力经营长城防线。

到15世纪，建筑和军事科技与长城起源时代相比已经有了长足的进步。长城可以修建得更加高大、坚固，结构更加复杂，还可以驻扎军队，储藏武器和粮草。守军运用火炮、手铳、石雷等武器能够给敌人造成巨大的杀伤和心理威慑。在技术上，明朝根据长期战争中积累的经验，建立了更加科学、严密、高效的工程和军事管理制度，而长城也因此终于成为名副其实的防守利器。

在东起鸭绿江，西至嘉峪关一线，明长城墙体逐渐首尾相连，占据最高的山峰，横断所有的山口。驻军的城堡遍布各地。烽火台从草原深处沿河流、山脊和道路延伸至长城内的指挥中心和营垒。二百年持续的营建使整个明朝北方变成一座巨型要塞，并划分成九个"军区"，分别派驻总兵官镇守，并在军镇辖区之间立碑为界。后来扩展到十三个，号称"九边十三镇"。

明朝希望将长城的战术价值发挥到极致，却也让这座连续经营2 000年的巨塞从王朝前进的桥头堡，退化成纯粹的防御工事。可终究，它没有做到将敌人彻底挡在边外，更没有带来王朝的千秋万代。蒙古铁骑曾无数次突破长城，又从容撤退。17世纪，女真民族在白山黑水间再次崛起，撕碎了辽东防线。在大明内部，李自成的大顺军攻城略地，直捣京城。在内忧外患中，大明王朝和长城的时代走向终结。

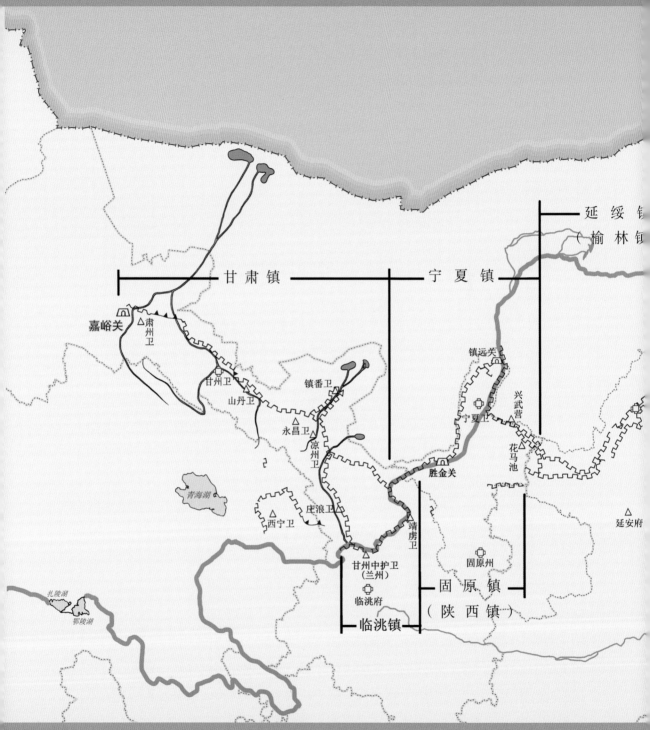

明代长城分布图

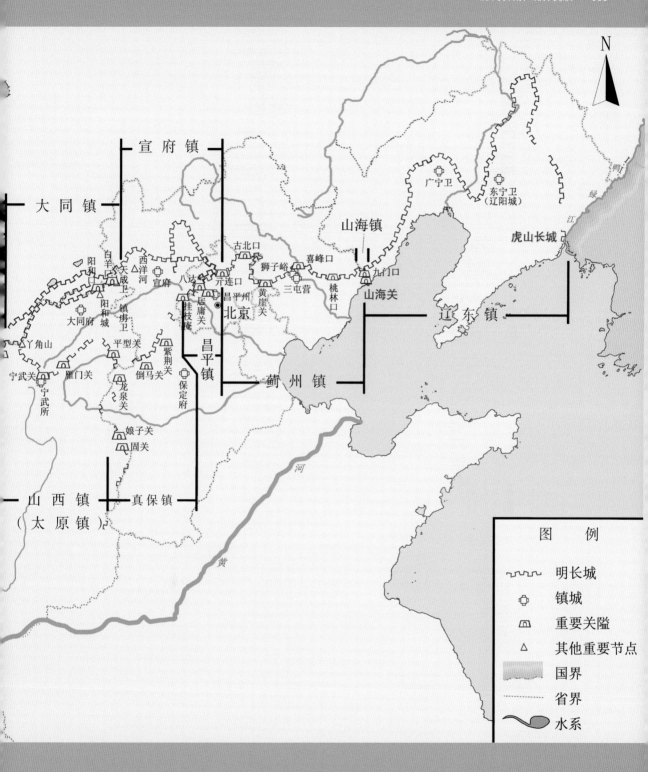

宣府镇

大同镇

山海镇

虎山长城

广宁卫

东宁卫
（辽阳城）

古北口

阳和　白羊口　西成卫　狮子峪　喜峰口
天成卫　宣府　九门口
西洋河　八达　居庸关　黄崖关　三屯营
阳和城　镇虏卫　昌平州　桃林口
大同府　北京　山海关
丫角山　平型关　　　　　　辽东镇
宁武关　雁门关　紫荆关
龙泉关　倒马关
宁武所　保定府　昌平镇
　　　　　　蓟州镇

娘子关
固关

山西镇　真保镇
（太原镇）

黄　河

图　例

〰️　明长城

✛　镇城

🏯　重要关隘

△　其他重要节点

　　国界

…　省界

🌀　水系

明代蒙古政权更迭与明长城军事防御形势变迁

回归草原的北元政权与明朝的对峙

明洪武元年（1368），明军攻克大都（今北京），元朝在中原的统治结束，但中央行政机构得到了完整保存。元顺帝北走塞外，蒙古人继续使用"大元"的国号，史称北元。北元与新兴的明朝一时形成了"南北朝"的对峙局面，并屡屡谋求恢复元朝在中原的统治，这种局面一直延续到洪武二十一年（1388）。

这一时期，明朝对蒙古处于攻势，明朝北方边境压力较小，也并没有大规模修筑长城。

瓦剌兴起、蒙古分裂与长城的大规模兴建

明洪武二十一年（1388），北元天元帝在捕鱼儿海（今中蒙边界贝尔湖）被明军击败。驻牧大兴安岭以东的蒙古诸部在明朝的军事压力下归降。第二年，明朝在这一地区设置了朵颜、泰宁和福余三个卫所，史称兀良哈三卫或朵颜三卫。兀良哈三卫与占据蒙古高原西部的瓦剌部（又称卫拉特部）、东部忽必烈直系后裔为代表的北元蒙古本部（明朝称鞑靼）并称蒙古三大部落。

天元帝败走之后，瓦剌部首领也速迭儿弑君自立，此后的蒙古统治者继续使用"大元大可汗"的称谓，但不再使用汉文年号和庙号。另一方面，也速迭儿的篡位之举造成了瓦剌与鞑靼的长期分裂，直至明末蒙古政权灭亡，蒙古高原再未实现完全统一。

明永乐八年（1410），明成祖朱棣亲征漠北，击溃了鞑靼军主力。鞑靼部从此衰落，瓦剌部则趁机崛起。这一时期，败走兀良哈的鞑靼太师阿鲁台开始袭扰辽东。此后，兀良哈三卫也相继反叛，不断向南侵扰。辽东长城于是从正统七年（1442）开始大规模兴筑。

15世纪中叶，瓦剌部实力达到极盛，其首领也先先后攻破了兀良哈三卫和西域的哈密王国，又于明正统十四年（1449）在土木堡消灭了明军主力，一度打到北京城下。此后，明朝北方边患日重，长城的修建也全面展开。瓦剌部对宣府、大同的侵扰最为频繁，从那时起直至16世纪70年代之前，宣、大二镇都是明长城兴建和防守的重点。

明景泰四年（1453），也先屠杀黄金家族（即元朝宗室，成吉思汗的直系后代），并自立为汗。也先并不是黄金家族后裔，因此得不到蒙古贵族承认，部众纷纷反叛，也先被刺身亡。瓦剌内斗不止，走向衰落，与此同时，隶属鞑靼的各部开始侵入河套，史称"北虏入套"，并开始威胁东自宣府、大同，西至延绥、宁夏、甘肃等镇的广大地区。陕西、宁夏一带的长城也兴筑于此时。

鞑靼复兴

明成化十六年（1480），蒙古黄金家族嫡系后裔孛儿只斤·巴图蒙克被立为蒙古大汗，称达延汗，并完成了蒙古本部的统一，史称"达延汗中兴"。达延汗将蒙古部众重新整编为6个万户，其中左翼3万户分别为察哈尔、喀尔喀和兀良哈部，察哈尔部由大汗直接统辖；右翼3万户为鄂尔多斯、土默特和永谢布部。

俺答称雄与明蒙和议

在辽东局势趋于恶化的同时，土默特部在达延汗之孙俺答汗领导下逐渐崛起，控制了蒙古右翼。当时的蒙古大汗库登汗，为避其锋芒，率察哈尔部东迁，驻牧于辽河河套，史称"左翼蒙古南迁"。这一时期，俺答汗为了达成与明朝互市的目的，对北京西北的宣府、大同加紧进攻。明隆庆五年（1571），明朝终于同意开放互市，并册封俺答汗为顺义王，史称"俺答封贡"或"隆庆和议"。此后，双方维持了半个多世纪的和平局面。宣府镇以西的长城沿线趋于安定。

辽东局势恶化与蒙古政权的衰亡

在"俺答封贡"的同时，明朝的辽东局势趋于恶化。明嘉靖三十七年（1558），库登汗的长子图们即汗位，称札萨克图汗。他在位期间联合蒙古诸部频繁袭扰明朝的辽东、蓟镇等地。此时南迁的左翼蒙古也对辽东再次构成严重威胁，并开始与东北的女真各部联合对抗明廷。

明万历三十二年（1604），蒙古末代可汗林丹巴图尔即位。他试图再次统一蒙古，一度收服蒙古右翼，但在新崛起的后金的军事讨伐中被击败，并在明崇祯七年（1634）病逝。次年，其子额哲归顺新兴的后金政权，独立的蒙古政权至此宣告终结。公元1644年，明朝灭亡。

游牧民的营帐

冷兵器时代的战略武器

长城是冷兵器向热兵器过渡时代的战略武器，你可以不用，却不能没有。

长城户外发烧友们有一个说法："没爬过箭扣，等于没爬过长城。"

位于北京市怀柔区境内的箭扣长城始建于明代，它所行经的山峦起伏极大，形如"弯弓扣箭"，因而得名。论雄奇俊美，箭扣在长城全线名列前茅，这里是无数摄影家、画家的绝佳素材。而说到险，箭扣当得一个"最"字。

如果你不是户外达人，那么爬箭扣前要买好保险，甚至要有遭遇不测的思想准备。在"天梯""鹰飞倒仰"这些节点，近90度的陡壁令人望而生畏。你鼓起勇气爬上去，没有跌落万仞悬崖，也有可能困在半山不敢下来。

当你大汗淋漓地坐在箭扣之巅一览众山小的时候，心里一定会产生这样的疑问：用于防御蒙古骑兵的明长城，为什么要修在这儿？

（左页）天梯（箭扣长城）

有关箭扣长城修建的史料并不多，我们只能尝试用现代人的视角和周边的长城战例来理解这个问题。

自明成祖迁都以来，北京便具有了边疆要塞和京畿重地的双重身份，这是京北明长城密布的重要原因。

燕山高峻而多脉，但山必有缺。箭扣虽险，却也有无数山谷可以供人马通行，自古为华夏边疆的东部咽喉。明长城挡住了所有的山谷，而每个谷口几乎都设有一处关隘。据统计，各类历史文献中留下的有名字的北京长城关口，多达260多个。如果只是寻找山口设防，难免挂一漏万。最保险的办法，就是用连续的长城把交通彻底阻断。

在京北，明朝选择将长城修建在燕山山系最南侧山脊上，这样一来，层峦叠嶂就成为了长城外围的天然防线，箭扣就是燕山明长城的一段。在京西，人工与自然防线相间分布，长城与太行共舞。当敌人历尽艰辛穿过千回百转的峡谷时，视线尽头的最后一道防线或将会成为压垮他们斗志的最后一根稻草。

> **太行八陉**
>
> 陉，是指山脉中断的地方。太行八陉，即太行山间连接山西、河南与河北的军都陉、蒲阴陉、飞狐陉、井陉、滏口陉、白陉、太行陉、轵关陉等8条山谷要道，历代王朝对这些战略要地进行了苦心经营。雁门关、紫荆关、居庸关等重要的长城关口便修建在这些要道上。

燕山如长蛇，千里限夷汉。

——〔北宋〕苏辙《奉使契丹二十八首其七·燕山》

如果你是一个蒙古骑兵，骑行在通往箭扣的峡谷中时，你大概会觉得，穿过燕山的旅程是场噩梦。狭窄的山谷限制了骑兵部队的展开，从一望无垠的广阔草原来到这崎岖的山间小道，两侧的峭壁呈压顶之势。你憋屈、压抑，怀念草原，又渴望冲杀。

终于，峰回路转，你们的队伍接近了大明的边境，视线也开阔起来。正当你要摇旗呐喊宣泄一番的时候，突然看到前方山口高大的城墙和严阵以待的明朝守军。他们不但有坚固的城墙，还有闻所未闻的先进武器。两侧山顶的敌楼旌旗猎猎，有无数杆火枪和大炮向你瞄准。你抱着必死的决心，准备冲锋，可是回头看看，你们的队伍连绵到远方看不到头，现在挤在这个狭窄的路口，狼群战术无法发挥，继续进攻无异于自取灭亡。算了，回草原去吧……

这就叫"不战而屈人之兵"。

耸立在山巅的长城并不仅仅给来犯之寇以震慑，谷口的关隘能切实发挥战术作用，堵截回师之敌。明正统十四年（1449）夏，蒙古瓦剌部大举进攻明朝，并迅速撕碎了长城防线，接连攻陷大同、宣府两个重镇，又在怀来土木堡消灭了20万明军精锐，俘虏了御驾亲征的皇帝朱祁镇，兵锋直指北京城。起初，也先打得顺风顺水，然而在深入内地之后，却开始一次次地碰钉子。

从长城边镇到北京城之间尚有数百里的太行山、燕山要穿越。虽然其间也有不少可通人马的山谷，但大多数孔道只适合小股部队骚扰，能够让数万铁骑迅速通过的路并不多。蒙古人选择兵分两路，一路从宣府走京北关沟，另一路自大同绕道北京西南。北路之敌在到达北京之前还有另外两道防线——著名的八达岭长

湮没在现代村庄中的土木堡城址　尚珩摄

紫荆关三重门　1900 年　德国驻华公使阿尔方斯·穆默摄

城及其以南的居庸关需要突破。关沟，古为太行八陉之一的军都陉。在不晚于战国时代，人们已经开始在山间谷口设塞防守。成书于战国末年的《吕氏春秋》中已有关于天下九塞的记载，居庸关居其一。历史上这里曾多次发生激烈的战斗。成吉思汗在居庸关歼灭金国主力后，直捣中都，灭亡了金朝，而明朝为了不重蹈覆辙，对居庸关自然要苦心经营。在土木之变后续的战斗中，蒙古北路军队再也没能重现辉煌，始终无法攻下居庸关。

　　险到居庸地自分，何须常戍羽林军。

——〔明〕陈子龙《上谷边词》

力排剑戟三千士，门掩山河百二重。

——〔明〕梵琦《居庸关》

　　西路军面对的困难并不比北路军小。他们在穿过太行山之后，还要攻下紫荆关。传说紫荆关的始建年代也在战国，历史上有记载的紫荆关之战达到140多次。紫荆关深入内地，从明朝建国到土木之变前，蒙古人还从没有打到过这里，因此防守并不如居庸关严密，很多谷口还没有修建长城。也先亲率大军进攻紫荆关，并最终从周边的谷口迂回将其攻破，但明朝的老弱残兵却也能在漏得像筛子一样的紫荆关阻击了整整4天，为接下来的北京保卫战赢得了宝贵的准备时间。

　　何谓九塞，大汾、冥厄、荆阮（紫荆）、方城、崤、井陉、令疵、句注（雁门）、居庸。

——《吕氏春秋》

　　险有轻重，则守有缓急，居庸、紫荆并为畿辅咽喉，论者尝先居庸，而后紫荆，不知寇窥居庸其得入者十之三，寇窥紫荆其得入者十之七。

——〔明〕于谦

　　居庸则吾之背也，紫荆则吾之喉也，猝有急则扼吾之喉而附吾之背。

——〔清〕顾炎武《天下郡国利病书》

　　故事并未就此结束。也先在围攻北京失利后，准备撤军，他选择从居庸关撤退。这是一个愚蠢的决定。从七月进攻大同到十月到达北京城下，也先的部队转战了三个月，人困马乏，已是强弩之末，进攻北京失败后士气低落到了极点，而居庸关的守军先是挡住了北面的进攻，又听闻京城捷报，可谓是占尽了心理优势。两相碰撞，结果可想而知，也先被关门打狗，又失败了。此时他和他的部下内心想必是崩溃的。

　　无论如何家总是要回的。北边走不通，也先就换了个方向出关，换到哪里

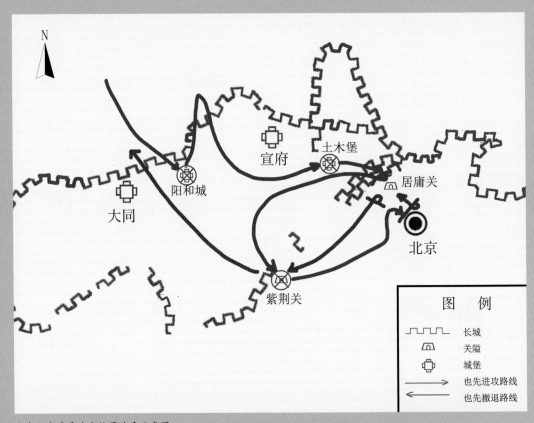

土木之变重要地点位置关系示意图

呢？紫荆关！看来蒙古人的选择确实不多。从居庸关到紫荆关，要往西走200里，再往南走200里。也先的部队沿途被明军不断骚扰阻击，损兵折将，狼狈不堪。到十一月撤出紫荆关时，4个月前的虎狼之师已经变成了一群被赶着跑的绵羊。曾经扬言要"复我大都"的也先，最终梦碎大都。可是这还不算完，别忘了，无论是居庸关外还是紫荆关外，都还有一道长城呢！

　　就这样，气吞山河的蒙古铁骑败在了明朝的疲弱之师手下，也先心心念念的"反明复元"行动最终草草收场。

　　前面的故事道出了长城的两个重要作用：一是心理震慑，二是二次打击。在

蓟州镇长城　张依萌摄
此长城部分段落内外两侧均设有垛口，可见它的防御是双向的。这种设计，是在敌人突破长城后回师时，可以"关门打狗"。北京东部地区的明长城结构大多如此。隶属蓟州镇的箭扣长城向东与慕田峪长城相连，二者都是这种结构样式的典型代表。

当代，具备这两种功能的武器被称为战略武器。长城就是冷兵器向热兵器过渡时代的战略武器。

　　你可能依然有疑问，即便北京北部山区的长城有这么多重要的作用，箭扣长城的修建也还是略显画蛇添足。那么我们换个角度来推敲明朝人的心思，箭扣长城距离首都近，距离草原远，就算蒙古人打不过来，哪天皇帝一时兴起，要来检阅戍边将士，或哪怕只是在周边巡行，远远地眺望一下，长城也是一个能让他龙颜大悦的形象工程。

长城兴建的目的
战略威慑
形象工程

长城与现代国家安全

> 　　长城在古代与国家安全紧密相关，在当代依然如此。

一

　　北宋熙宁七年（1074），黄嵬山（今山西省原平市崞阳镇西南）。

　　宋辽两国的官员为了解决边界纠纷，相约来到这里。辽国借口宋朝在北方边界地区增修的营垒侵入了他们的领土，要求宋朝拆除堡垒向南撤退，两国以"蔚、应、朔三州分水岭土垄为界"。黄嵬山就是辽人所说的分水岭。

　　当年九月，辽使萧素、宋使刘忱和吕大忠一同赴现场实地勘查，结果发现此地并没有辽国所说的土垄。辽使于是要求直接以黄嵬山为界。宋朝认为与实际边界出入太大，双方争执不下。直到第二年，宋朝派遣沈括出使辽国，事情才有了转机。沈括在行前赴枢密院认真查阅历史档案，此前关于土垄的疑惑被彻底解开。原来，在蔚、应、朔三州北部，确实存在一道

北齐长城 张依萌摄

山西省境内曾经作为宋辽划界地标的北齐长城。长城遗址上曾发现宋代遗物，表明北宋的疆域曾到达这里。

土垄，这就是南北朝时期的古长城。两国曾经签订边界条约，明确指出以"古长城"作为边界。这道古长城在当时的遗迹仍然十分清楚，它的位置在黄鬼山以北30里的地方。铁证面前，辽侵蚀宋领土的图谋归于失败。谁能想到，一道废弃数百年的长城，竟然还能有如此重要的作用。

二

　　清顺治十四年（1657）元旦，南京。

　　大明遗民顾炎武最后一次拜谒明孝陵。之后，他带着亡国的悲愤和抵抗到底的坚定之志，变卖家产，向北出发。他一路结交抗清义士，考察故国边疆山川形势，查阅古今文献，"往来曲折二三万里，所览书又得万余卷"。清康熙初年，他的120卷《天下郡国利病书》初成。全书以顾氏的实地考察为基础，纵论天下军防险要、经济税赋和江河水利，并绘制了详细的地图，为梦想中的复明大业做好准备。他对明朝的灭亡进行了深刻反思，以"保国者，其君其臣肉食者谋之；保天下者，匹夫之贱与有责焉耳矣"的壮言，表达了对江山社稷的大爱。后来，梁启超将顾炎武的原话总结为8个字："天下兴亡，匹夫有责。"

　　清顺治十六年（1659），顾炎武来到山海关凭吊古战场。与此同时，另一位地理学家顾祖禹也在博览群书，并且"览城廓，按山川，稽道里，问关律"以考真伪，历时30年编成《读史方舆纪要》。全书130卷，280余万言，"言山川攻守之险易，古今用兵战守攻取之宜，兴亡成败得失之迹"，尤其以地理形势为基础，详细考证和分析了长城沿线的战守利害，成为中国古代军事地理研究的集大成之作。

　　两部地理巨著被兵家极力推崇，随后又传入东洋。20世纪初，《读史方舆纪要》已经有了一批忠实的日本读者，日本间谍头子土肥原贤二就是其中之一。

　　20世纪20年代，土肥原来到山西。当时的中日关系还没有那么紧张。他向主政山西的阎锡山提出，希望他能陪自己到处走走看看。二人曾一同就读于日本陆军士官学校。阎锡山只当是老同学来了，便放松了警惕。他为土肥原的几次考察大开方便之门。后者利用这些机会重点走访了长城各关口，将附近的村庄、道路绘成地图，标注出能够通行大部队和重武器的地点。1937年，忻口会战爆发。中日军队在晋西北激烈厮杀，战局一度成胶着之势。阎锡山万万没有想到，日军会根据土肥原的地图，沿着顾祖禹记录的古道突破易守难攻的雁门关，出现在中国军队后方。

阎锡山并没有轻视眼前的劲敌，但他忽视了对长城的研究与经营。土肥原的目光比阎锡山要长远得多，他充分考虑到这道古代防线的战争潜力，并将其最大限度地化解。本为抵御兵灾而作的《读史方舆纪要》，就这样成为侵略者的行军指南。

尽管如此，长城仍旧发挥了重要作用。忻口战役20余天，日军正面进攻长城，付出了伤亡2万人的代价，未能前进一步。长城在现代战争中依然没有辜负它所守护的人民。

当新时代来临，我们应深刻汲取历史教训，保持应有的警惕。做好长城研究与保护，实在是国家安全所系。

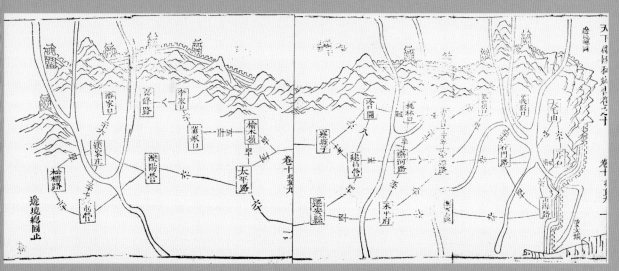

《天下郡国利病书》边境总图 引自《中国古代地图集（明代）》（文物出版社，1995年）

长城内外是故乡

长城从来不是国界，塞外的广阔天地同样是中华民族的家园。

一

奴儿干之地，不可以说在明疆域之外。

——［日］内藤虎次郎《明东北疆域辨误》

明永乐九年（1411），奴儿干（今俄罗斯尼古拉耶夫斯克附近的特林）。

钦差大臣太监亦失哈带着使命前来巡视。两年前，奴儿干正式升级为奴儿干都指挥使司，成为明朝前期在东北地区的最高军政管理机构。亦失哈奉命在这里兴建了永宁寺，并开辟了通往内地的东、西两条驿道。此后的22年间，他又9次前往视察。东北地区也陆续设置卫所。到万历年间，后金崛起之前，辽东镇长城外的卫所已有428个，有效控制了黑龙

（左页）青海省大通县下庙沟长城全景 青海省文物局提供

江、精奇里江（今俄罗斯结雅河）、乌苏里江、松花江流域和库页岛（今俄罗斯萨哈林岛）的广大地区。

长城建在中原政权的边疆，却不能说是中国的边界。国际社会公认，在19世纪威斯特伐利亚体系建立之前，现代意义上的"国界"是不存在的。古代的王朝、公国甚至帝国的疆域，与现代民族国家的边界不是一个概念。

自秦统一中国以来，历代中原政权的疆域差别很大，甚至同一个朝代的实际控制范围也经常发生变化，有些地方随山川形便，另一些地方则是传统习惯线或战线。历代长城的修建，大致有一个相同走向，但不可能随着控制线的变化而随时改变线路。历代统治者和军事统帅很清楚这一点，因此他们在修建长城时采用的原则是"就险不就边"。这样一来，就有大片的国土处于长城以外。

同样的情况也发生在西北。明初，为断绝"西戎"和"北虏"的联络，保障内地与西域、西藏人员往来的安全，在嘉峪关以西到新疆东部设立了"关西七卫"。东北的奴儿干都司与西北的关西七卫共同作为明朝的固有疆土，在长城外守护着边陲的安宁。

除此之外，在长城正北，明军往来巡弋范围也相当大。根据文献记载，长城守军每年防秋，会定期到长城外去"烧荒"，将长城边向北少则二三百里、多则四五百里内的植被通通烧掉，只剩裸露的土地。这样一来，蒙古人的行踪在距离长城数百里时就暴露无遗，他们的战马也没有青草可吃。一来一回，马行千里无草料，还要冲锋作战，这对骑兵战斗力的削弱是极其严重的。

关西七卫

明初在嘉峪关以西和新疆东部设立的安定卫、阿端卫、曲先卫、罕东卫、沙州卫、赤斤蒙古卫、哈密卫7个卫所。

这些塞外之地，处于中原政权的实际控制之下，只是因有明一代的国防需要而被列为绝对的军事禁区。200余年的烧荒行动在长城防御方面取得了一定的战术效果，同时造就了意想不到的副产品。烧荒之地人迹罕至，因而能够不断沉积木炭和有机质，非常适宜耕作。清代时，汉族边民开始越过长城去垦荒，为后来的"闯关东""走西口"移民活动埋下了伏笔。

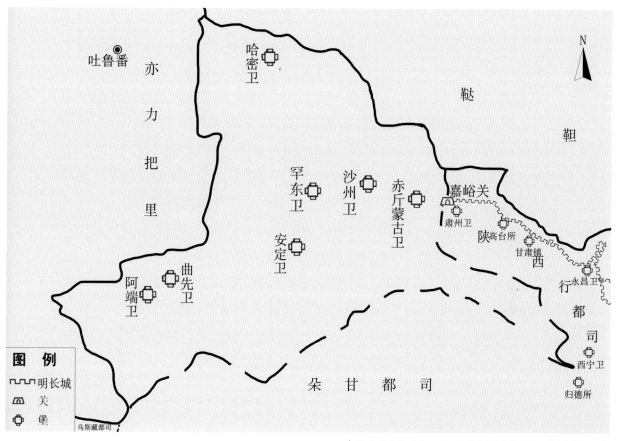

嘉峪关以西的关西七卫 据谭其骧《中国历史地图集》重绘

二

　　清康熙二十八年（1689），尼布楚（今俄罗斯涅尔琴斯克）。

　　康熙皇帝率军肃清了侵入黑龙江流域的沙俄军队，并与俄国通过谈判签订了边界条约。条约规定中俄两国东段边界以流入黑龙江之额尔古纳河、格尔必齐河为界，再由格尔必齐河发源处沿外兴安岭"直达于海，亦为两国之界"；乌第河与外兴安岭之间为待议地区。《尼布楚条约》是中国与外国签订的第一个现代意义的边界条约，从法律上确认黑龙江、乌苏里江流域的广大地区为中国领土，维护了中国的主权。但这样的安宁并没有维持很久，富饶的东北大地，让诸多域外势力垂涎三尺。他们绞尽脑汁寻找得寸进尺的机会，而长城是一个理想的借口。

在20世纪，长城虽然已经废弃，但在国际争端的舆论场上从未缺席。1933年，日本外相内田康哉在日本议会发表演说，公开宣称长城是"满蒙"与中国的边界。在这次演说的背后，日本对中国东北的领土野心昭然若揭；无独有偶，20世纪60年代，中国与苏联展开了激烈的论战。苏联外交部在《真理报》上公开发表声明，重复着与内田康哉同样的论调，企图否定中国政府对内蒙古和东北地区行使主权的合法性……

不怀好意者一次次将长城当作政治博弈的工具，以此来要挟修建长城的民族。因此，以史为证，建立中国自己的长城叙事，是维护国家利益的需要。

防秋

每年秋季，草原民族食物充足，战马壮硕，他们往往在这期间向中原发动大规模的侵扰。唐宋以来，中原王朝根据草原民族活动规律，也相应在每年秋季加强防务，开展例行的大规模备战行动，称为"防秋"。明代防秋周期一般为3~4个月，主要任务包括军队调防、修建和修缮长城、烧荒等。长城工程的修建则并不局限于秋季。

《永宁寺记》和《重修永宁寺记》

　　1856年，美国加利福尼亚律师、驻俄国商务代办佩里·麦克多诺·柯林斯对西伯利亚进行考察，并于1860年出版《阿穆尔河纪行》一书，书中记录了黑龙江的两块明代石碑，碑文分别是镌刻于永乐年间的《永宁寺记》和宣德年间的《重修永宁寺记》。清光绪十一年（1885），地理学家曹廷杰受命考察东北边防。他用半年的时间遍访黑龙江、松花江流域，深入俄罗斯境内考察129天，行程达4 000余千米，其间他实地考察了两方永宁寺碑，并带回了拓片。碑文详细记载了明初派遣太监亦失哈设立奴儿干都司之事，证明了明朝曾对整个东北直接管辖的事实。

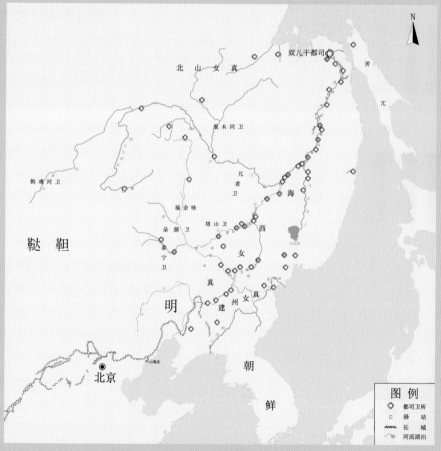

奴儿干都司示意图　据谭其骧《中国历史地图集》重绘
明代在辽东镇长城以北的广大地区设置了奴儿干都司，下辖400余个卫所。

第二章

长城绘河山

《天下郡国利病书》中的长城地图

东北白山黑水之间的石墙砖楼，河西沙漠戈壁上的烽燧要塞，都告诉我们"长城东起山海关，西到嘉峪关"这个"常识"需要更正。山海关是如何成为人们印象中万里长城的起点的？长城内外的景观二致和气候迥异难道仅仅是巧合？关于长城，我们了解得仍然太少。长城是人与自然共同造就的奇迹。它编山织水，已经融入甚至改变了沿线的景观。长城不但成为战争实践的经验总结，也是政治博弈的结果。朝堂上的唇枪舌剑，中军大帐的运筹帷幄，都可能决定了某一段长城的诞生和选址；而一座要塞的存在，可能成为控制一处战略要地或一种战略资源的关键，甚至由此左右几个王朝的命运。

直隶长城险要关口形势图（局部）　引自《中国长城志·图志》
（江苏凤凰科学技术出版社，2017 年）

山海关外的长城

山海关外的辽东地区从战国时期纳入燕国的版图，并成为日后历代中原政权持续经营的传统疆域。万里长城也一直修到了鸭绿江畔。

一

辽地东起鸭绿江，西抵山海关，一千四百六十里。南起旅顺海口，北抵开原境外，一千七十里。

——〔明〕王在晋《三朝辽事实录》

明嘉靖二十五年（1546），鸭绿江畔。

辽东巡抚都御史王之浩带着巡边的使命登临马耳山。他向鸭绿江东岸望去，只见云海茫茫，孤鸦盘旋，不由心潮澎湃，思绪万千，写下这首《登马耳山望朝鲜》：

高头极目海云东，指点扶桑可挂弓。
衰柳迷烟知驿古，寒鸦带日觉天空。

江流不尽关山迥，帝德无私雨露同。

却笑楼船沉底事，水边枯骨战图功。

马耳山，就是今天辽宁省宽甸县境内的虎山。20世纪80年代末，考古工作者在王之浩站立之处发现了石砌建筑的遗址。专家们结合遗迹的分布情况，通过航空影像分析和历史文献考证，最终认定，这里就是明代万里长城的东端起点，同时它也是现存历代长城遗迹中分布最靠东的遗址。

虎山长城，西距山海关直线距离约400千米。根据长城资源调查数据，山海关到虎山之间的明长城，全长超过1 000千米。原来，山海关并不是万里长城的起点。不仅如此，山海关的始建年代，比它东边的长城还要晚1 000多年。

燕亦筑长城，自造阳至襄平，置上谷、渔阳、右北平、辽西、辽东郡以据胡。

——《史记·匈奴列传》

燕昭王十二年（前300），燕国将军秦开率军反击，将东胡人向北驱逐了千里。燕国于是在从造阳（今河北赤城）到襄平（今辽宁辽阳）之间修筑长城，并在辽河两岸分别设置右北平、辽西和辽东三郡。秦汉王朝继承了燕长城和辽河两岸的土地，而辽东长城也成为万里长城的"龙头"。

三面濒夷，一面阻海，特山海关一线之路可以内通，亦形胜之区也。

——〔明〕魏焕《皇明九边考·经略考》

辽东的概念，最早就是指燕秦以来的辽东郡，后来泛指整个辽河流域。对于古代中原王朝而言，辽东是一个十分特殊的地区。它是古代大一统中原政权传统疆域在东北方向的一个突出部，西边的大兴安岭是它与蒙古大草原的天然界限，东部的长白山将朝鲜半岛分隔在外。中部的辽河两岸地势平坦，南通渤海，向北是直抵小兴安岭的一马平川。在清代以前，除了寒冷的气候，辽东的自然人文景观与当代几乎没有相似之处。彼时河沼遍布，地广人稀，肥沃的黑土地还没有得

虎山长城

到有效开垦，各民族大多刀耕火种，或以渔猎为生。由于西辽河平原曾经存在一片被称为"辽泽"的巨大沼泽，各个方向的交通其实都不方便，因而辽东成了中原政权和东北各少数民族或地方势力的缓冲地带。但在西南方向，宽8~15千米的辽西走廊可直通华北。这条走廊看似狭窄，事实上足以通过万人规模的骑兵部队。因而，控制辽东对于中原政权的安全至关重要。如果中原政权占据辽东，一是可控扼东北地区各民族和政权，二是倘若发生战争，整个辽东都可作为战略纵深。反之，一旦辽东失守，那么东北之敌就能够对华北形成直接威胁。如果他们与蒙古草原的敌人联合起来向南进攻，中原政权就将陷入两线作战的被动局面。这就解释了为什么在燕国"秦开却胡"之后的2 000多年中，中原政权一直坚持对辽东直接管辖和持续经营的原因。

辽东很重要，却实在是既难攻又难守。攻则战线太长，后勤补给困难；守则地理封闭，易成割据之势。为了维持对辽东的控制，历代中原政权付出了巨大的代价。

　　根据《后汉书·乌桓鲜卑列传》记载，汉武帝命霍去病击破匈奴左地（今承德以北地区），将当地的东胡人后裔乌桓人迁徙到了长城脚下，然后在当地设置了护乌桓校尉加以监控，断绝他们与匈奴的联系。东汉末年，曹操与袁绍鏖战犹酣，在辽东等地塞外扎根繁衍的乌桓人，开始频繁攻入幽州腹地抢掠。袁绍战败后，他的两个儿子袁熙、袁尚投靠乌桓，企图东山再起。如鲠在喉的曹操不得不在河北初定之时，就迅速率军千里奔袭辽东。虽然曹操侥幸取胜，但他最欣赏的谋士郭嘉却因水土不服，病死途中。魏明帝时，司马懿终于灭掉了割据辽东四十多年的公孙氏。为了彻底消除辽东复叛的可能，他不但诛杀了公孙氏政权公卿以下2 000多名大臣，还下令杀光当地15岁以上的男子，又任凭当地幸存的中原人返回内地。然而他没有想到的是，人口锐减的辽东从此虽然再无割据能力，却让

辽宁阜新境内的战国燕长城 中国长城遗产网提供
今天，在内蒙古赤峰到吉林通化之间，仍然能找到战国秦汉辽东长城的遗迹。

临近的高句丽政权趁虚而入，作了窥伺中原的前哨。直到400多年后，再次统一的隋唐王朝在历经两朝、四位帝王和数十年的征战之后，以隋的灭亡和数十万将士的鲜血为代价，才最终消除这个威胁。

随着李唐王朝的崩溃和契丹、女真、蒙古民族的相继崛起，辽东大地再次失控于中原王朝400余年。当中原的军队重回旧长城脚下时，已经是大明了。

伤辽东战亡

〔唐〕李世民

凿门初奉律，仗战始临戎。
振鳞方跃浪，骋翼正凌风。
未展六奇术，先亏一篑功。
防身岂乏智，殉命有余忠。

二

辽为京师左臂，所系尤重，迨夫大宁失险，山海以东横入虏地，且数百里一线之途，声援易阻。

——〔明〕李辅《全辽志·序》

明洪武四年（1371），都指挥使叶旺、龙湖将军马云率军从山东渡海到达金州，准备进军辽东。此后，明朝用了20多年的时间，才逐步清除了元朝的残余势力，控制了东北全境。尽管大规模战争告一段落，但辽东安全形势不容乐观。元朝旧势力时刻谋划着卷土重来。

明成祖迁都到了"三面近塞"的北京，在辽东方向，同时受到西北边的"朵颜三卫"和东北女真民族的威胁，辽东于是成为"京师左臂"。为了应对军事压力，明朝一方面设立辽东和奴儿干两个都司，广建卫所、城堡，另一方面开始着手兴建辽东长城。

国初，毕恭守辽东。始践山因河，编木为垣。久之乃易以版筑，而墩台城堡，稍稍添置，此其能亦无下于蒙将军者。

——《全辽志·卷二》

从明正统二年（1437）到成化五年（1469）间，辽东长城分东西两段先后建成。西段由辽东都指挥佥事毕恭将军设计，辽东巡抚王翱主持实施，从锥子山修到开原卫镇北关，西与洪武十四年（1381）兴建的山海关相接；东段由辽东副总兵韩斌主持修建，自镇北关修到鸭绿江。万历三十七年（1609），辽东巡抚熊廷弼又对辽东长城全线进行了整修，最终形成由1 000余千米城墙、12座关隘、107座城堡、500余座敌台和3 000余座烽火台组成的辽东镇长城。

为了保障辽东安全，明朝吸取前代的经验教训，进行了一系列的精心谋划。

首先是大力开展水陆交通建设。在从山海关到鸭绿江、旅顺口到奴儿干都司之间规划四通八达的驿路，并建设了大量的驿站；又在东昌堡到制胜堡

> **路河**
> 明代辽东都司利用天然河道所开凿的人工运河，东起辽宁北镇的东昌堡，西至海城境内的制胜堡，全长170余里。

之间，利用天然河道开凿了横越辽泽的"路河"，用于交通和粮秣转运。辽东各地与中原的联系因此得到了加强。

其次是开展屯田、冶铁制盐和马市贸易，保障9万辽东驻军的军需供应。辽东屯田与内地不同，分为军屯、民屯和商屯，除了军队还招募当地居民和商人参与。这样一来，辽东地区也得到了进一步的开发。

最后是实现军权与行政权、财权的相互制衡，辖区交错。辽东虽有都司、军镇，但行政隶属关系上整体归山东布政司管辖。这样一来，辽东就再也不会形成割据势力了。

明朝对辽东镇防御体系的考虑不可谓不周全，但军事的严密部署终究无法抵消国家政治的腐朽衰败。万历朝后期，辽东军政混乱，军纪败坏，时常欺压东北地区各民族。怒火与野心，在白山黑水间蔓延。终于，原先归附明朝的女真各部，在首领爱新觉罗·努尔哈赤带领下走向统一，建立了与明朝分庭抗礼的后金政权。在长城以内的萨尔浒、广宁等地，明朝的进剿大军一次次被后金歼灭，大明朝最后的生力军几乎丧失殆尽，被迫退守山海关。

崇祯二年（1629），朝鲜人李忔奉使入明。和先前的来华使节相比，他的旅程要艰难许多。此时，辽东贡道已中断了整整10年，从朝鲜到北京的陆路交通受

（左页）《九边图》辽东形势 引自《中国长城志·图志》（江苏凤凰科学技术出版社，2017年）
从地图上看，明代辽东长城的走向整体呈 M 形，是为了避开广阔的辽泽。

阻。李忔一行不得不乘船渡海，辗转来到山海关前。由于战事危急，李忔在山海关又滞留了5个月，被迫再次出海，绕道天津再到北京。壬辰倭乱之时，4万明军从这座雄关鱼贯而出，去拯救他的祖国，那是何等振奋。如今李忔所面对的是一个奄奄一息的大明。只消再过15年，这座挡住了他5个月的山海关，就再也挡不住满洲的铁骑了。

临刑口占

〔明〕袁崇焕

一生事业总成空，半世功名在梦中。

死后不愁无勇将，忠魂依旧守辽东。

清朝入关后，出于政治考虑，对明代辽东长城进行了蓄意的破坏，以至于今日东北地区的明长城保存状况非常之差。

为了保护"龙兴之地"，清王朝实行了"满禁"，并以辽东长城为基础，掘墙开壕，两侧植柳，号称"柳条边"，用于阻止汉人向北越界。当年防御北方民族的工事，如今却禁锢了汉民族。辽东长城也因此遭到彻底破坏，很多段落消失无痕，湮没无闻。日子久了，山海关就被当成了长城的东方起点。

自土井子始有烟台，以至于山海关……又有围守穿壕之迹，而今皆填夷，盖清人尝攻烟台，士卒多死，故既陷，辄夷之……

——金景善《燕辕直指·烟台记》

满禁导致东北成为人烟稀少的空虚之地，沙俄肆意南侵，强掠了黑龙江以北、乌苏里江以东100余万平方千米的领土。19世纪，清廷终于解禁东北，闯关东的人口大军从山海关和旅顺口涌入辽东，越过长城、辽泽和柳条边，在那里安家、开垦。在汉、满等各民族的努力下，东北的茫茫河沼化作千里沃野，成为各民族和谐共处、团结发展的美好家园。长城远去，抹不去的是中华民族对家国的一份执着。

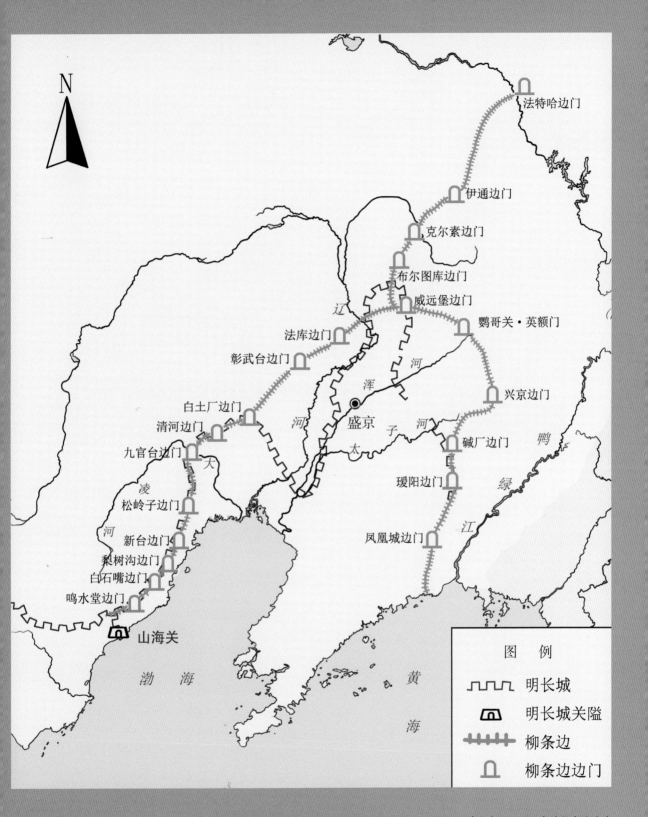

N

法特哈边门

伊通边门

克尔素边门

布尔图库边门

威远堡边门

鹦哥关·英额门

法库边门

辽

彰武台边门

浑

河

白土厂边门

子

盛京

兴京边门

清河边门

太

河

河

九官台边门

大

碱厂边门

凌

松岭子边门

瑷阳边门

鸭

河

新台边门

绿

梨树沟边门

白石嘴边门

凤凰城边门

江

鸣水堂边门

山海关

黄

渤海

海

图　例

明长城

明长城关隘

柳条边

柳条边边门

清柳条边与明辽东镇长城的关系

收缩的华北防线

五代十国时期，中原王朝失去了燕山天险和长城防线，华北门户洞开，任凭北方民族驰骋。400多年后，明朝虽然回到了燕山长城脚下，但却难以再现汉唐雄风。

一

秋兴八首

〔明〕尹耕

王喜城边古废丘，金波泉涌夹城流。

时危异姓能安汉，事去诸刘独拜侯。

鼙鼓几遭豺虎急，山川曾入犬羊羞。

石郎可是无长虑，直割燕云十六州。

后唐清泰三年（936），太原。

河东节度使石敬瑭在末帝李从珂的步步紧逼下起兵造反。

在那个权臣夺位如家常便饭的时代，这次反叛的开始就像是例行公事。但无论是李从珂还是石敬瑭都没有想到，它的结果，对中国历史将造成多么深远的影响。

一开始，由于起兵匆忙，准备不足，太原叛军陷入后唐军队的重围，形势危急。石敬瑭为了挽救危局，向北方的契丹求援。他派人从太原向契丹国皇帝耶律德光送去密信。耶律德光看到信的内容，大喜过望。石敬瑭请求契丹出兵相助，为此他不惜向契丹称臣，并称比他小10岁的耶律德光为"父亲"。其实，让耶律德光兴奋的并不是这个，而是石敬瑭许诺事成之后将燕云十六州割让给契丹。

燕云十六州：
幽州（今北京市西城区南）
檀州（今北京市密云区）
顺州（今北京市顺义区）
儒州（今北京市延庆区）
蓟州（今天津市蓟州区）
瀛州（今河北省河间市）
莫州（今河北省任丘市北）
涿州（今河北省涿州市）
新州（今河北省涿鹿县）
妫州（今河北省怀来县）
武州（今河北省张家口市宣化区）
蔚州（今河北省蔚县）
云州（今山西省大同市）
应州（今山西省应县）
寰州（今山西省朔州市东北）
朔州（今山西省朔州市）

燕云十六州，又称幽云十六州，指河北、山西北部以幽州和云州为中心的幽、檀、顺、儒、蓟、瀛、莫、涿、新、妫、武、蔚、云、应、寰、朔16个州的地域，覆盖了燕山以南的半个华北平原和山西高原北部太行山以北的大同盆地及其北部山区。

燕山和太行山脉是塞北草原与中原腹地之间的天然屏障，而山间谷口成为南北人员交流的孔道和游牧骑兵南下的必经之地。东汉以来，内附中原王朝的草原民族从这些通道不断进入山南平原。南北朝以来，北方统一，战乱稍歇，幽燕一带开始大规模修筑长城，成为北朝的前沿。常年的胡汉杂处，形成了当地彪悍的民风，也为军队提供了优质的兵源。如果北方草原民族能够占据燕云十六州，那么他们将获得向南发展的稳固基地，再进一步就是一马平川。中原如果失去燕云十六州，则无异于向北方敌人完全敞开了大门。

唐末卢龙节度使刘仁恭曾在太行山、军都山以北的险要地区设置了"山后八军"来防御契丹。由此直至石敬瑭献地之前，契丹人曾多次试图突破这道屏障，最终都无功而返。如今，耶律德光竟等来了一个送上门的机会。

他很快答应了石敬瑭的请求，亲自领兵从雁门关南下发动奇袭，大破后唐

尾大不掉的唐代节度使和不挂帅印的明代蓟镇总兵

唐初在边疆重要地区设置总管，负责军需统军、屯田和军需的节制调度。唐玄宗时期设立了10个镇守边疆的节度使，职权从军事扩展到民政、财政，权力大到可以割据一方，威胁中央政权。据统计，玄宗朝节度使统兵49万，而中央禁军只有12万人。安禄山起兵反唐之前身兼范阳、平卢、河东三镇节度使。安史之乱后，节度使成为事实上的军阀割据的首脑，最后唐朝也终结在节度使的手中。

宋代吸取唐代内轻外重导致藩镇割据的教训，采取以文制武、"守内虚外"的政策，即在地方以文官辖制武将，将最有战斗力的军队集中在首都周围，加强中央集权。在边疆地区不设常驻的将领，又让边防军队频繁调防。边将从此再无拥兵自重的情况和造反的能力。但这一策略又造成了"兵不知将，将不知兵"的局面，使边防长期虚弱，难以抵挡外敌入侵。明代继承了宋朝的策略，又加以改进，在长城九边设置镇守总兵，各挂帅印，统领重兵，同时又通过卫所制度让军队分散驻扎，再以文臣任巡抚，与总兵分权共治，在有效抑制边将权力的同时，保证了边疆地区拥有足够的军事力量。蓟州镇由于距离京师最近，土木之变后军事压力又大，蓟镇总兵就具有举足轻重的地位，最有可能拥兵自重威胁京畿，因此蓟镇总兵虽然与其他边镇总兵职权相同，但不佩帅印。

错银"堂阳侯"虎符　西汉　中国国家博物馆藏

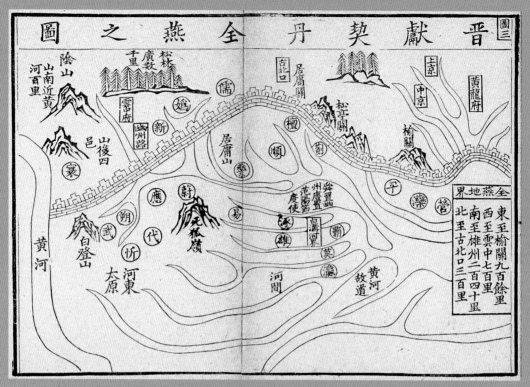

元代刻本《契丹国志》中收录的《晋献契丹全燕之图》   引自《中国长城志·图志》（江苏凤凰科学技术出版社，2017 年）
一道长城从地图中间穿过，东起渤海，西至黄河。长城以南是后晋石敬瑭割让的燕云十六州之地。

军队，一举解了太原之围。石敬瑭于是改国号为"晋"，如愿以偿做了皇帝，只是代价过于惨重。于个人，石敬瑭接受了契丹的册封，"儿皇帝"的"美称"伴随他一生；于国家，中原王朝从此失去了半个华北，而契丹人得到了他们国中最富庶的土地和随时可以向南挺进的跳板。借助这个跳板，辽国的铁骑曾经饮马黄河北岸。虽然由于种种原因辽没能继续南下，但继起的女真、蒙古步步前进，中原政权步步后退，直至中国历史上第一次由北方游牧民族完成全国统一。中原汉人政权的军队再次兵临长城脚下，距离儿皇帝石敬瑭割让燕云十六州已经过去了400多年。

塞上长城空自许，镜中衰鬓已先斑。

——〔南宋〕陆游

（右页）雁门关 吴建平摄

早期的雁门关

雁门一名的历史可以上溯到战国秦汉时代的雁门郡，李牧、卫青都曾在此抗击匈奴。我们今天看到的雁门关为明代迁址重建。

据《永乐大典·太原志》记载："代山高峻，鸟飞不越，中有一缺，其形如门，鸿雁往来。"顾炎武在《天下郡国利病书》中说："重峦叠嶂，霞举云飞，两山对峙，其形如门，而蜚雁出入其间。"都是说这一带高山险峻，雁门谷地如同一扇门，而常有大雁从此飞过，"雁门"一名由此而来。《永乐大典》又说，代地多鹰隼，大雁经常在此被猎杀。于是大雁飞过此地时就在喙中衔一根芦苇枝，老鹰看到后便不敢上前。

皇始三年（398）七月，北魏迁都平城（今大同），意图向南发展，进取中原。雁门成为南下重要通道。泰常四年（419），北魏明元帝拓跋嗣巡幸代地，曾经在雁门关望祀恒山。这是"雁门关"的说法第一次出现在史书中。太和十七年（493），北魏孝文帝欲迁都洛阳，率30万大军以征伐南朝齐为名，行迁都洛阳之实。大军走的就是雁门关。

根据《魏书》和《资治通鉴》的记载，北魏孝文帝曾命太子拓跋恂留守平城，而一部分不愿南迁的鲜卑贵族就密谋"举兵断关"。从那时起至唐代，雁门关频繁出现在战争记录中。无论是中原王朝出击，还是游牧民族南下，雁门关都成为必经之地。石敬瑭割让燕云十六州时，与契丹约定的中部边界也正是雁门关。

北宋太平兴国五年（980），名将杨业曾率少量军队迂回雁门关北，与雁门关守军南北夹击大破进犯的辽军。两年后，他在雁门关前奋勇阻击，再次挡住了辽军南下的脚步。雁门关成就了他"杨无敌"的美名。

二

明建文元年（1399），开平卫。

为了应对北元的威胁，这里驻扎着明朝最有战斗力的军队。但从这一年开始，他们陆续撤离，直接原因是明朝内部出了问题。

建文帝即位后，开始厉行削藩。在北平手握重兵的皇叔朱棣不愿坐以待毙，于是打着"奉天靖难"的旗号起兵造反。他先是率军袭破大宁，进而一路南下，攻取南京，成为永乐皇帝。

塞王

明朝初年在北部边疆地区分封了13个镇守藩王，他们驻守在战略要地，由富有经验的宿将辅佐。这些藩王被称为"塞王"。

镇守边疆的燕王朱棣成为号令天下的永乐皇帝，边防形势却更加严峻了。开平卫的精锐一走就是4年，造成北方的兵力空虚。开平和大宁远在长城以北，气候苦寒不宜耕种，补给又过于遥远。连年战争导致国家财政拮据，已经很难维持这些前沿要塞的存在。永乐皇帝看到了这一点，他在登基当年就将大宁都司撤到保定，并把开平卫撤到赤城独石口。然而这个决定的影响不只是失去两个据点那么简单，它让辽东与宣府之间断了联系。此前，率军南下的朱棣为了防止漠南各卫所和镇守边疆的塞王反叛，将他们全部迁入关内。洪武朝经营了20年才形成的"数千里声势联络"之势被破坏了。明朝的北部边防于是后退到了长城一线，明长城的大规模经营也就此开始了。

朱棣在南京临朝18年之后，迁都北京。于私，是回到根据地；于公，是天子守国门。他凭借五征漠北的武功，换来了边疆的相对安宁。可是雄才大略的皇帝一旦驾崩，长城就成为抵挡蒙古大军不可或缺的倚靠。

外三卫内撤之后，北京地区的军事压力陡增。京北的潮白河流域，三面临敌，北京西北部的延庆及中东部的怀柔、密云、平谷，向东至山海关一线都成为抗敌的最前沿。于是才有了后来的宣府镇和蓟州镇长城防御体系。

自开平失守，兴和内徙，宣府遂失门户之防，胡马长驱，延及堂室，难于备御。况猾虏自嘉靖二十九年内犯，自镇边城溃墙而出，愈知我中国地理之险易，兵马之强弱，时遣奸细入探道路，以窥伺内地。

——《宣府镇志》载兵部侍郎江东奏疏

　　蒙古带来的军事压力越大，明朝长城就修得越多。比如宣府镇长城北路将整个潮白河流域包在其中，又在高点和要道上建立了密密麻麻的烽火台，形成以独石口城堡为中心，沿潮白河干流及支流的各条山谷呈放射状向外延伸的烽火预警体系，在西北、北、东北三个方向传达至宣府镇边墙。据统计，这里现存的烽火台数量超过了全国明长城烽火台的四分之一。

　　然而，日益完善的长城并没有换来边境的安宁，蒙古人凌厉的攻势几次撕破长城的防线。明正统和嘉靖年间，蒙古大军两次进逼北京。

　　更在意料之外的情况是，长城的存在反而成为蒙古人南下的地标。他们总能通过各种方式渗透进来。除了大规模进犯，散兵游勇的小规模骚扰也十分频繁。他们在撤退时，甚至还会拆毁边墙，明廷方面只能疲于应付。据考证，明朝的长城守军大体在60万人，对于8 800千米的防线，本就捉襟见肘，再除去大量的逃亡者，长城就像一道处处漏风的篱笆，很难达到预期的防御效果。

长城的存在，成为了蒙古人南下的地标

　　千里之墙，为诱军之地。

——《皇明经世文编》卷三〇四，刘焘《摆边》

　　土木之变后，明朝失去了最精锐的军队。庆幸的是，由于蒙古内部势力此消彼长，进攻的重点转向西北，京畿地区竟然风平浪静了100年。可到嘉靖年间，俺答汗突然向明朝发动进攻，一举突破长城，明廷毫无准备，一时竟虚弱到了无兵可用的境地。

　　面对边防的窘境，明朝的处理方式十分简单：修筑更多的长城。

　　庚戌之变时，皇陵也遭受了破坏。为了不再遭受这样的耻辱，明朝将长城防线的纵深进一步加大，在蓟州镇以西、宣府镇东南设置了昌平镇和真保镇，进而在八达岭岔道城以西到怀来之间列置烽燧和城堡，用以加强昌平镇和宣府镇的联系。

宣府镇再向西与大同镇相接，真保镇继续向西延伸，分为两路：一条支线向西南封堵住太行八陉；另一线进入山西，西南接太原镇。河北西部与山西北部的长城于是形成一个闭环，将桑干河流域围合起来，成为长城防御体系在华北的巨大战略纵深。在这个闭环上，矗立着一系列著名的关口，比如昌平镇的居庸关，真保镇的紫荆关、倒马关、龙泉关、井陉关、娘子关，太原镇的雁门关、宁武关和偏头关，等等。

> 国家以雁门、宁武、偏头为外三关，而居庸、紫荆、倒马为内三关。
> ——〔清〕顾祖禹《读史方舆纪要·直隶一·山川险要》

长城越来越长，就需要更多的军队来守。有些明朝官员提出了"摆边"的方案，就是让原先驻扎在腹里各城堡的军队沿长城一线摆开驻守。这个方案是想用坚固的城墙来弥补兵力的短缺。摆边的技术含量很高，需要对军队进行精算和合理摆布。如果实施不当，就会进一步分散原已捉襟见肘的防守力量。很多人极力

北平行都指挥使司夜巡铜牌
明 中国国家博物馆藏

反对这项动议，但明朝中期的现实是，军队不但兵员不足，战斗力也很差，没有与蒙古军队野战的能力。每当战事发生，各地明军只能像救火队一样，东边危急，就调往东走，西边危急，又调往西去。往往是援军还未到，蒙古人已经撤退，白白花费了时间和银两，涣散了斗志与士气。

长此以往，长城的防守策略变得越来越消极，守军只能龟缩在大墙之后，不求战斗有功，但求敌骑快走。

更有甚者，各镇将领非但不相互救援，还把祸水引向对方。庚戌之变时，俺答汗本打算从大同突破，但继任的总兵仇鸾竟然以重金贿赂俺答汗，让他进攻其他的边镇。这才有了北京城下的耻辱一幕。

> 查蓟镇大举之寇，多自宣大来……凡有东犯蓟镇之信，率多隐匿不报，幸其不入本境而已……盖以入援者不惟成他镇追剿之功，抑且免本镇失守之罪。将兵入援，此亦宣大之所乐为者也。
> ——《皇明经世文编》卷三〇五，刘焘《答内阁宣大入援兵马有无实用疏》

边军的日益惰怠也滋生了腐败。前面已经说过明军的待遇一直很差，基本要靠杀敌领赏过活，不打仗基本等于失去了生活来源。因此在相对和平的时期，一些守将开始虚报战功冒领奖赏。

我们无法想象那是怎样的历史情境。明朝最伟大的皇帝亲手破坏了这个王朝最好的战略态势，他的继任者葬送了最强的军队。再后来的决策者采用了史上最为消极保守的军事战略，造就了史上最坚固完善的长城和一个最糟糕的长城时代……

摆边

明朝中期将军队沿长城一线摆开驻守的动议。

王琼的科学摆边法

王琼是摆边的倡导者。但与其他一些大臣不同，他的摆边方案不是纸上谈兵，而是基于自己的观察、思考得出的科学方案。王琼工作务实，善于理财，通过多年治理漕运和担任户部尚书的经历积累了大型工程的实践经验和精算能力。

在担任陕西三边总制之后，他认真调查和统计了延绥镇的山川地理、明军的粮草供应，以及蒙古军队入侵的情况。他发现每当蒙古大举进犯，一定从平坦有水草的花马池而来。因此他经过了认真统筹之后，在花马池布下重兵，然后让守军演训城墙防守。在实战中他曾依托长城和火枪火炮打退敌军，还主动出兵奇袭。蒙古军队见明军防守严密，于是撤向了远方。

延绥镇摆边获得了成功，但像王琼这样的将领实在是凤毛麟角，从长城全线情况看，摆边的策略其实并不成功。

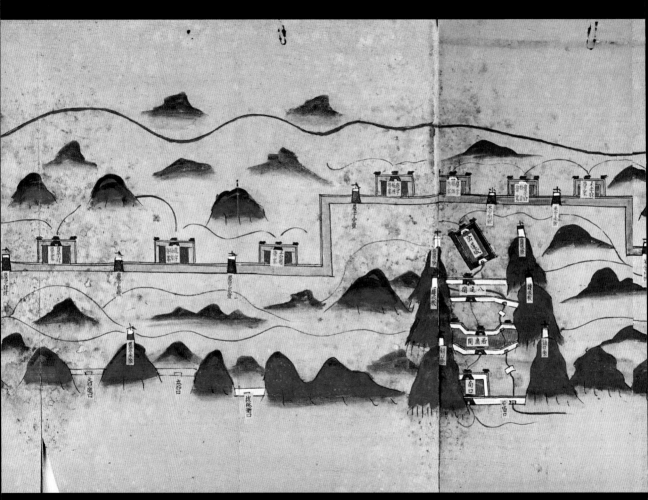

《南山图本》中的南山防线东段 引自《中国长城志·图志》（江苏凤凰科学技术出版社，2017 年）

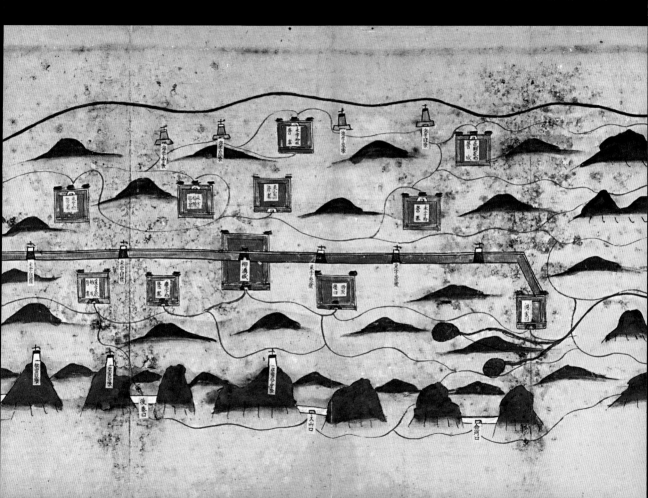

河套争夺

农耕与游牧文明在河套地区存在结构性矛盾。为了掌握战略主动，中原王朝和北方民族进行了反复的争夺，最终，在自然与人的双重作用下，河套从中心变为了边陲。

一

秦已并天下，乃使蒙恬将三十万众北逐戎狄，收河南，筑长城。

——《史记·蒙恬列传》

秦昭襄王三十五年（前272），咸阳。

长居秦宫30年的义渠王消磨了意志，被宣太后诱杀于甘泉宫。秦昭襄王于是向曾经无比强大的义渠国发起进攻，尽收其地，又在东起陕北秦赵交界处的黄河南岸，西至甘肃洮河东岸建起长城。再往北到黄河南岸是一片空旷的土地，秦人称之

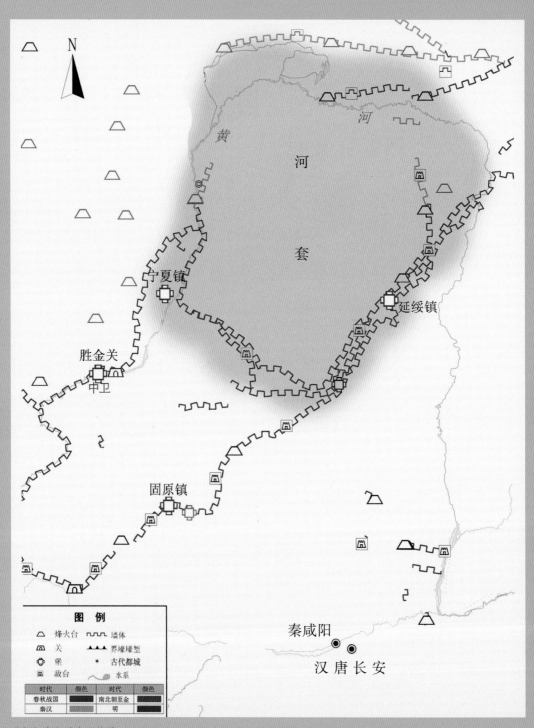

黄河河套与关中形势图

为"河南地"。明代时期，因为河南地三面临河，一面倚靠长城，形状如套环，改称"河套"，这个称谓一直沿用了下来。

　　河套周围三面阻黄河，土肥饶，可耕桑。密迩陕西榆林堡，东至山西偏头关，西至宁夏镇，东西可二千里；南至边墙，北至黄河，远者八九百里，近者二三百里。

——〔清〕谷应泰《明史纪事本末》

　　尽管秦国的战线因义渠国灭亡而向北推进，但战国秦长城依然抵近关中。由于黄河天险的存在，匈奴的军马只能季节性地进入河套。但关键是，他们能进来。

　　从地理位置看，今天的河套地区地处偏远，远离政治经济中心。可从秦汉到隋唐，那里是拱卫京畿的屏障。草原民族就像一把悬顶之剑，从正北方向随时威胁着中原王朝的都城咸阳和长安。从自然条件看，古谚有所谓"黄河百害，惟富一套"之说。河套地势平坦，土壤肥沃，草场丰美，宜农宜牧。

　　独特的自然与人文地理环境，使河套成为一把双刃剑。当中原王朝拥有此地时，它就可以变成长城的后勤基地和最理想的战马饲养基地。一旦被游牧民族占据，它就成了绝佳的牧场和进攻中原的跳板。为了国家安全，中原王朝必须将它牢牢掌握在自己手里，河套的战略地位，相较于五代至宋时期的燕云十六州，有过之而无不及。于是，从战国秦长城建成开始，双方围绕河套的控制权进行了两千年的反复争夺。

　　秦始皇三十二年（前215），始皇发扬先祖的武威，彻底解除北方的威胁。他命大将蒙恬率领30万秦军出击，成功地将匈奴向北驱逐了700里，控制了整个河南地。如果说，李牧反击匈奴是中原军队对抗草原骑兵的一次战术成功，那么，蒙恬收复河南地之战就是一次战略上的胜利。河南地的北部，黄河"几"字形大拐弯沿岸土地肥沃，适宜农耕。汉代在这里设置了朔方郡移民开垦，阴山脚下的万顷荒原变成了不输关中的沃野良田，一时阡陌纵横，村落相望。河套北部的黄河两岸也因此获得"新秦中"的美名。然而，中原对河套的控制并不稳固。秦汉以来的几个世纪，农耕与游牧文明在这里几度碰撞。

统万城遗址
中国境内现存唯一的匈奴民族兴建的都城遗址。

公元407年，匈奴后裔赫连勃勃建立了大夏政权，在黄河南岸兴建了宏伟的统万城作为都城，并以河套为基地东征西讨，一度攻占了长安。

在11世纪，西夏政权控制了河套，北宋的战马供应因此受到了严重的影响。在宋夏、宋辽战争中，北宋始终无法取得决定性胜利，与战马的数量不足和质量不高有着很大的关系。

五代至宋以后，中原王朝的政治中心向东、经济中心向南转移，河套变为了偏远的边陲，战略地位也随之下降。与此同时，自然环境的恶化加剧了河套的衰落。

当张仁愿在黄河以北兴筑三受降城时，经过上千年开发的河套地力已经饱和，并且呈现退化趋势。据考证，河套西北曾有一小片原始沙漠，此时沙地开始向东南蔓延。明朝时，河套地区原先大量的草原和耕地已经退化为毛乌素沙漠连绵的沙丘。河套以北卫所的粮秣不能自支，只能耗费巨大人财物力从内地长距离运输，难以长久维持。永乐元年（1403）开平卫的内徙，使河套外的东胜卫成为一座孤城，最终也只能放弃。固守河套，明朝既无力且无心。延绥镇于是又退到了战国秦长城一线。而宁夏镇长城则将河套西部战国长城以北条件尚好的可耕地收入囊中。

大夏统万城

夏凤翔元年（413），赫连勃勃征发10万胡汉百姓在朔方水北、黑水之南（今陕西靖边县北）兴建规模宏大的都城。赫连勃勃取"统一天下，统治万邦"之意，将其命名为"统万城"。他任用鲜卑人叱干阿利负责都城营建。为了保证城墙质量，他使用了"蒸土筑城"的方法，即在夯土中掺入生石灰，通过与水的化学反应使其变硬。城墙建成后，他命人用锥子刺入城墙，如果能刺入超过一寸，就杀掉负责筑城的工匠。因此，统万城的城墙修建得异常坚固。

北魏始光四年（427），魏军攻克统万城，因水草丰美，重新被用作牧场。太和十一年（487），"雉堞虽久，崇墉若新"的统万城成为夏州治所。隋改为朔方郡治。唐代改回夏州。唐天宝元年（742）再改为朔方郡，乾元元年（758）复为夏州。五代时期，夏州为党项族李氏割据。

北宋淳化五年（994），宋军攻陷了统万城，为了避免它继续成为割据势力的中心，宋太宗下令将居民迁走，毁掉城池，但统万城质量太好，不能尽毁。直到今天，统万城遗址高大的城墙仍然矗立在黄河南岸，成为远近闻名的旅游胜地。

二

明天顺六年（1462）春，延绥镇派出的哨探传来了令人不安的消息，蒙古毛里孩、阿罗出、孛罗忽三部进入河套。从正统朝之后，蒙古部落就不时进入河套放牧，但并不常驻。新来的蒙古部落则带

明长城线南移与气候环境变迁的关系

关于毛乌素沙漠的形成时间，历史地理学和地质学界长期存在争论。历史地理学家倾向于认为毛乌素沙漠形成不早于唐代。地质学家倾向于认为，河套地区的环境 15 万年来一直在沙漠和草原两种形态中来回变化。实际上，变化周期要比历史地理学界的估计漫长得多，不足以对长城的选址产生直接影响。有考古证据表明，河套地区的古城遗址本就是建在积沙层之上的。

在气候研究领域，有很多国内外学者试图在 5 000 年来东亚气候变迁与中国历史发展之间建立规律性的联系。

美国地理学家伊斯沃思·亨廷顿（Ellsworth Huntington，1876—1947）、英国历史学家阿诺德·约瑟夫·汤因比（Arnold Joseph Toynbee，1889—1975）和中国地理学家王会昌等人通过研究都认为：东北亚的游牧民族对农耕文明的南侵周期与气候的干湿变化曲线相吻合；中国气象学家竺可桢和张德二甚至认为明朝的衰亡与气候变冷存在密切联系。但上述观点均不是主流观点，学界大多数人依然相信长城的变迁更多是出于古代王朝的政治考虑。

另外，还有一些人认为长城线与 400 毫米等降水线位置一致，这个说法其实并不严谨。实际上，长城与 400 毫米等降水线都不是单线，而是在一定区间内分布和摆动。历史上，二者的波动趋势确实相同，但首先，长城分隔的是游牧与农耕两种经济生产生活方式，而 400 毫米等降水线与两种经济分布区和长城走向都不同。比如在河套及其以西的长城都是年降水量 200 毫米左右的地区，而在东北，历代辽东长城均建在 400 毫米等降水线以南的湿润地区。因此，它们之间的关联还有待证实。

来了眷属，准备以河套为家。他们起初只是躲避冬季严寒，后来开始频繁攻掠边境，陕北、宁夏不堪其扰，甚至大同、宣府也受到了影响，边警频仍。

此时的大明朝堂之上，大臣们围绕河套经营方略已经激辩数年。有人提出了搜剿河套、恢复东胜卫的建议。一开始，朝廷支持这个动议，集结大同、山西、延绥和宁夏四镇的数万兵马展开"搜套"行动，主动出击，先后在磨儿山、野马涧、红盐池和韦州等地取得一些战果，但与消耗不成正比。大多数情况下，都是明军耗费数月集结粮草和部队，大举进军之后却不见蒙古骑士的踪影，最后无功而返。到后来，连主战派的代表兵部尚书白圭也以"马方瘦损，供饷不敷，势难进剿"为理由，命诸将"慎为守御，以图万全"。久而久之，皇帝对收复河套的态度也趋于消极。

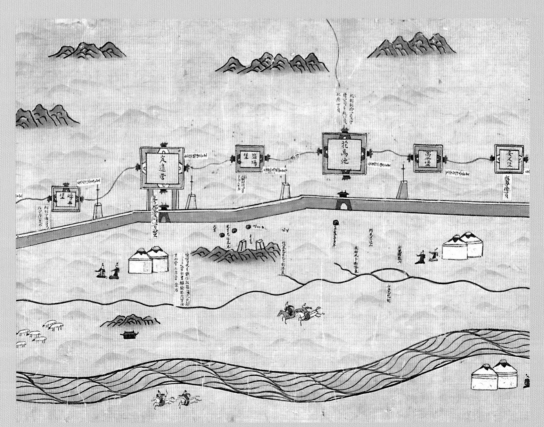

康熙《长城图》中遵照杨一清的规划新增的花马池和定边营城堡
引自《中国长城志·图志》（江苏凤凰科学技术出版社，2017年）

直到有一次，总督王越探知了蒙古部落在红盐池的巢穴，与总兵许宁、游击周玉等人率领轻骑兵昼夜奔袭300余里发动奇袭，斩杀了300多老弱妇孺，烧毁了他们的营帐。失去家眷的蒙古兵士悲伤地撤向河北，20年不复入套。但出于国家的保守战略、经营成本和河套地区环境退化等方面考虑，明朝没有趁机在当地建立固定有效的行政或军事存在，而是任其空置，余子俊又在河套南缘修筑长城。这意味着明朝已经基本放弃了河套经营。

明弘治八年（1495），蒙古鄂尔多斯部在达延汗的支持下卷土重来。又过了10年，时任三边总制杨一清向新即位的正德皇帝上疏，再次提出"复套"的设想。这一次，他进行了万全的谋划。一方面，他建言重新启用东胜卫，依托黄河天险，

《古圣贤像传略》中的杨一清像　清　顾沅辑

与大同、宁夏互为犄角，同时开垦河套内千里肥沃地，可以屯田数百万亩，省去了内地长距离后勤运输成本。另一方面，整饬军队，扩建边墙作为保底。他还出具了增修边墙、卫所、墩台的详细规划，这个计划得到了皇帝的支持，并迅速开始实施。然而世事难料，由于杨一清不肯依附专权的宦官刘瑾，遭到陷害下狱革职。这时他所规划的边墙只修筑了一半，复套宏图戛然而止。

直到明嘉靖年间，俺答汗崛起，加紧侵入河套，总督三边军务兼兵部侍郎曾铣第三次提出复套主张，并获得内阁首辅夏言的支持，然而夏言遭到了政敌严嵩的打击，曾铣受到牵连被冤杀。复套之议又一次因为朝廷内部政治斗争而胎死腹中。

此后，明蒙之间又在河套大战数次，互有胜负。尽管河套作为明蒙缓冲地带的战略意义依然存在，但在消极防御思想指引下，河套已被视为鸡肋。最终延绥镇边墙和三十六营堡拔地而起，明朝保住了毛乌素沙漠以西的"塞上江南"，而蒙古部落再也没有离开。

（下页）陕西舆图 引自《中国长城志·图志》（江苏凤凰科学技术出版社，2017年）图中已将河套视为塞外之地。

张掖都尉棨信 肩水金关出土 甘肃省博物馆藏 引自《丝路孔道——甘肃文物菁华》
棨信是一种汉代的绢制旌幡，既是通关证件，又是高级官吏的身份象征 （北京时代华文书局，2021 年）

河西重镇

> 富饶的河西走廊养育了无数儿女，支撑起古老王朝的西北大防，也护佑着华夏文明的火种，见证着丝路兴衰。

一

　　汉武帝从没想过要把丝绸卖到国外去。他命张骞出临洮，一路向西，是为了联合大月（ròu）氏（zhī）东西夹击匈奴。

　　秦长城修到临洮就戛然而止了，再往西是一眼望不到尽头的群山。西北有海拔2 000～2 500米的北山，西南耸立着青藏高原北缘平均海拔超过4 000米的祁连山。两山之间，一条海拔只有1 500米、南北最宽仅200千米、长约1 000千米的狭窄通道，如同一条臂膀伸向未知的远方。这就是河西走廊。

　　河西走廊是大月氏人的故土。汉朝初年，他们被匈奴人征服，从此被迫向西迁徙。河西之地成为匈奴浑邪王与休屠王的牧场。张骞历尽艰辛找到了迁居中亚的大月氏人，却发现他们已经乐不思蜀。他们找到了宜居的新家园，抛却了家仇国恨，不愿东归。汉朝最终靠汉军一己之力完成了断匈奴右臂之举。

> 张骞始开西域之迹。其后骠骑将军击破匈奴右地，降浑邪、休屠王，遂空其地，始筑令居以西。
>
> ——《汉书·西域传》

河西走廊不仅是交通要道，也是发展农业的好地方。祁连山积雪的季节性融化提供了充足的灌溉水源，日照时间长，尤其适合于瓜果类作物生长。于是汉朝开始在这里驻军。之后又设立郡县，移民兴农。河西走廊从此正式纳入了中原政权的直接管辖。从元狩二年（前121）到后元元年（前88）间，汉朝在河西走廊相继设立了武威、酒泉、张掖、敦煌四个郡，史称"河西四郡"。长城也从临洮一直修到玉门关和阳关。在长城以北，新的烽燧亭障沿弱水一路向北，从张掖郡北的肩水金关通向数百里之外的居延泽，与河套东西相望。

汉本始二年（前72），长罗侯常惠率领一个300人的使团出使乌孙。途中，在河西长城沿线一座驿站短暂停顿，享受丰盛的食物和美酒。匈奴人已经远遁漠北，他再也不用像张骞一样提心吊胆，东躲西藏了。

> 初置酒泉郡，后稍发徙民充实之，分置武威、张掖、敦煌，列四郡，据两关焉。
>
> ——《汉书·西域传》

劝君更尽一杯酒，
西出阳关无故人。

羌笛何须怨杨柳，
春风不度玉门关。

由汉入唐，富饶的河西养育了无数儿女，也支撑起古老王朝的西北大防。一条古老的商道穿行塞下。当汉武大帝的远略不再被人们提起，亚欧大陆上不同文明的政治经济和文化交流却在长城的庇护下"无心插柳柳成荫"。异域的商品和宗教丰富了中国人的物质和精神生活，但无法改变我们的特质。历经无数丧乱，华夏文明的火种在河西大地长燃不灭。

河西长城分布图

二

河西沦落百余年，路阻萧关雁信稀。赖得将军开旧路，一振雄名天下知。

——敦煌文书《张议潮变文》

唐开成年间（836—840），河西。

大唐的使臣经河西走廊赴西域。安史之乱后，河西走廊归属吐蕃。河西人民见到使臣手中的旌节，纷纷夹杂着绝望与希望迎上前来询问："皇帝还记得我们吗？"使者见沿途城池如故，人民依旧身着唐服，语言风俗与唐土无异，感慨万千。河西百姓依旧思念着故国，此情此景令他热泪盈眶。长城不仅建在河西大

小方盘城

地，也早已建在了河西人民的心里。

　　在欢迎唐使的人群中，有一名壮士名叫张议潮，他出身沙州（敦煌）武将世家，一直期盼着河西的光复。他的理想并不只是停留在脑海中，而是付诸行动。多年来，他暗中联络各方豪杰，积极筹建义军，等待着时机。

《凉州词》
唐 薛逢
昨夜蕃兵报国仇，
沙州都护破凉州。
黄河九曲今归汉，
塞外纵横战血流。

　　短短几年后，吐蕃发生了严重的灾荒。这期间，吐蕃赞普朗达磨遇刺身亡，吐蕃陷入内乱，上层贵族征战不休，下层人民纷纷起义。唐朝趁机收复了一些州县。

　　唐大中二年（848），张议潮认为时机已经成熟，于是带领河西各族军民发动起义，一举光复沙州。他随后立即派遣使者赴长安告捷。此时河西走廊大部还在吐蕃控制之下，道路不畅。为了保证消息能够顺利到达长安，张议潮派出了10批使者，从各个可能的方向奔赴长安。这是一次十分悲壮的旅程，10支队伍中只有1支成功到达长安。终于，使者带着朝廷的嘉奖和设立归义军节度使的圣旨归来，这时距离他从沙州出发已经过去了整整3年。

　　张议潮率军征战十载，相继收复了沙州（敦煌）、瓜州、伊州（哈密）、西州（吐鲁番）、河州（临夏）、甘州（张掖）、肃州（酒泉）、兰州、鄯州（青海乐都）、廓州（青海化隆）、岷州（甘肃岷县）和凉州（武威）等十二州。河湟故地，重归大唐。

　　唐咸通八年（867），张议潮主动入朝，5年后在长安溘然长逝，用行动表达了对大唐绝对的忠诚和无私的热爱。他的壮举，永载史册。

三

洪武五年，宋国公冯胜下河西，乃以嘉峪关为限，遂弃敦煌焉。

　　　　　　　　　　　　　　　　　　——〔明〕许论《九边图论》

　　明洪武五年（1372），玉门关。

冯胜的征西大军高歌猛进，风卷残云般消灭了北元政权盘踞在河西的残余势力，很快就攻下了包括河西走廊、宁夏和居延故地亦集乃（今内蒙古额济纳旗）的甘肃全境。接下来，摆在胜利者面前的正常选择有两种，一是出关继续进军西域，二是留下部分兵力就地设防后班师回朝。然而冯胜作出了令人意外的选择：烧毁粮草、城池，大军全部撤离，彻底放弃河西。这个不可思议的决定让朱元璋愤怒不已。

河西之地从西汉以来就被囊括入长城以内，是中原王朝的固有领土。这里的人民和政治、经济、文化环境从来与内地无异。同时，这里又是东西交通要道和管控北方草原的战略要地。冯胜的做法看起来十分不负责任，但从一些历史文献记录看，他的选择又不无道理。

冯胜西征的这一年，明朝为了彻底消除北元政权的军事威胁，发动了大规模的岭北之役。朱元璋以大将徐达、李文忠两路大军远征哈拉和林，而冯胜的西征军本是一支策应部队。在冯胜向西进军时，北元守将已经将河西的百姓和牲畜全部拘出玉门关、阳关之外，西征军所到之处，是一派人去城空的萧条。正当冯胜为眼前的景象错愕之时，听闻了岭北失利的消息。西征军虽然获胜，但整个战役的失败让他的军事行动失去了意义。

而甘肃空虚和岭北战败还不是冯胜弃地的全部原因。此时，占据西域的东察合台汗国的势力正盛，对明朝西北构成了严重的军事威胁。岭北新败，甘肃又空虚无援，为了避免东察合台汗国趁机东侵，冯胜最终作出了放弃河西的选择。

> 及明兴，使耿炳文收河、湟，冯胜取甘、肃，而于嘉峪关画玉斧以界华夷。其敦煌无虑数千里，委之外藩，不知古玉门、阳关者安在，遑问都护长史之置，然较秦则亦过之。
>
> ——〔清〕梁份《秦边纪略》

关于冯胜所放弃的地域，文献记载或有夸张之嫌，多的说他放弃了整个甘肃，少的也说至少放弃了半个河西走廊。但冯胜的做法应当是半作权宜之计，充满犹豫。证据是他在撤军的途中，在汉代玉门关以东800余华里的地方修筑了嘉峪关。河西四郡四占其三，却将沙州和元代甘肃行省西陲的哈密挡在长城之外。

事实上，彼时的东察合台汗国正与西边的帖木儿帝国作战，并没有能力向

（下页）壁画《张议潮统兵出行图》　唐　敦煌莫高窟第156窟南壁

东察合台汗国与帖木儿帝国

蒙古宪宗九年（1259），蒙哥汗死在进攻南宋钓鱼城的战场上。他的两个弟弟阿里不哥与忽必烈争夺汗位，蒙古陷入分裂。成吉思汗原先在中西亚地区分封的各王分别支持不同的政治势力，建立了钦察汗国（或译为金帐汗国）、察合台汗国、窝阔台汗国、伊利汗国四大汗国。它们的统治者都拥有成吉思汗"黄金家族"的血统，名义上奉忽必烈建立的中国元朝为宗主，但实际上都是独立国家。

察合台汗国（1222—1680）由成吉思汗次子察合台建立。最盛时，东起吐鲁番，西到阿姆河的广大地区都是其领土。

14 世纪中后期，察合台汗国分裂为以吐鲁番为中心的东察合台汗国与占据中亚的帖木儿帝国。后来帖木儿帝国灭掉了东察合台汗国，并在永乐二年（1404）集结 20 万大军准备进攻明朝。明朝积极采取措施，整军备战，并在甘肃镇实施戒严。但由于国王帖木儿在进军途中突然死亡，战争最终没有打响。

哈萨克斯坦帖木儿帝国时期的库拉·艾哈迈德·亚萨维陵墓圆顶

东发展。冯胜弃地之后，朱元璋虽然很不满，但也并未趁东察合台汗国无暇东顾之机积极收复河西。岭北之役后20余年的洪武朝，甚至整个明朝在甘肃的军事存在都很弱，以致后来明朝进军川藏青海，包括获胜后向北追逃数日，用的都是陕西兵。

明朝渴望用最小的代价维持在西域方面的政治影响，但一如对待河套，无心认真经营。嘉峪关几乎被明朝视为边境。

前代都关中，则边备在萧关、玉门急，而渔阳、辽左为缓；本朝都燕，则边备在蓟门、宣府急，而甘（肃）、固（原）、庄（浪）、凉（州）为缓。

——《广志绎·方舆崖略》

弘治六年（1493），明朝驱逐了吐鲁番使者，嘉峪关第一次关闭了大门。

正德十一年（1516），吐鲁番可汗满速尔（1501—1543年在位）率军攻破嘉峪关，打到肃州城下。

面对西北动荡的局势，明嘉靖皇帝索性下令永久关闭了嘉峪关，丝绸之路从此彻底断绝。关西七卫的存与废，对外已经不是一个问题；对内，像河套一样，沦为了朝堂上政治斗争的工具。

在更远的西方，占据丝绸之路中段的奥斯曼帝国对往来商品课以重税，贸易成本陡增，迫使欧洲人转而从海上寻找新的商路。大航海的时代，就这样来临了。

出嘉峪关
〔清〕林则徐
严关百尺界天西，万里征人驻马蹄。
飞阁遥连秦树直，缭垣斜压陇云低。
天山巉削摩肩立，瀚海苍茫入望迷。
谁道崤函千古险，回看只见一丸泥。

甘肃明代烽火台 张依萌摄

虎符石匱　新莽　海晏县西海
郡故城出土　西海郡博物馆藏

青海的长城

中原王朝在河西走廊以南修筑长城，保护当地的经济资源，击退来自本地和河西走廊及其以北的敌人，调整生活在河湟谷地的各族人民关系，力图实现对河湟谷地的成功治理。

一

时先零羌与封养牢姐种解仇结盟，与匈奴通，合兵十余万，共攻令居、安故，遂围枹罕。汉遣将军李息、郎中令徐自为将兵十万人击平之。始置护羌校尉，持节统领焉。羌乃去湟中，依西海、盐池左右。汉遂因山为塞，河西地空，稍徙人以实之。

——《后汉书·西羌传》

西汉元鼎六年（前111），陇西郡。

自从骠骑将军霍去病攻占河西走廊之后，生活在祁连山以南、黄河以西湟水流域的西羌与匈奴之间的交通被彻底切断。

在汉军的连续打击下，羌人向西撤退。然而他们并不甘心失败，一边骚扰汉境，一边加紧与匈奴暗通款曲，时刻准备着反攻。这一次，他们联合匈奴纠集了十几万大军攻打令居（今甘肃永登）、安故（今甘肃临洮），又围困了枹罕（今甘肃临夏），河西震动。

但他们再次被汉将李息和郎中令徐自为率领的10万汉军击败，逃往西海一带（今青海湖）。为了控制不安分的羌人，汉廷在河湟地区设立了护羌校尉加以管理，又"因山为塞"，在河西走廊以南的青藏高原东北各山口设置城障。西汉末，王莽辅佐朝政时期，开始在西海地区设立郡县，列置烽燧，据说当时那里的烽火台与河西长城的亭燧之间都能互相看到。祁连山脉俨然成了丝绸之路南侧的另一道长城。

吐谷浑

西晋末至唐朝前期（313—663）存在于甘肃西南部、青海东北部黄河上游一带的地方政权。它的建立者吐谷浑本是鲜卑族慕容部的首领。鲜卑族的祖先生活在东北地区。公元4世纪初，西迁至今内蒙古阴山一带。西晋永嘉末年（313年左右），吐谷浑率慕容部从阴山继续南下，迁至今甘肃临夏西北并建立政权，此后不断向西向南发展。最盛时其疆域东起陇南川北，西至新疆若羌、且末一带，南抵青海南部，北达祁连山下。唐朝时，吐谷浑被吐蕃所灭。

《塞下曲》之一

〔明〕万世德

霓旌西指下高冥，貔虎千屯护百灵。

报道单于今绝幕，祁连膏雨草青青。

骠骑将军霍去病破匈奴，取西河地，开湟中，于是月氏来降，与汉人错居。

——《后汉书·西羌传》

河湟谷地在地理上是一个沟通四方的"十字路口"，西连柴达木盆地和西域，东抵黄河西岸，向南可进入青藏高原腹地，沟通尼泊尔和印度，向西可沟通中西亚。汉朝时，生活在这里的除了羌人、汉人移民，还有灭国后留在当地的大月氏人，等等。魏晋以来，古丝绸之路因战乱而中断，河湟谷地凭借祁连山的遮挡和相对便利的交通，代替河西走廊，成为6世纪之前中原通向西域的主要道路。恰巧在河湟谷地以西又分布着大大小小的盐池。在军事、交通与资源的多重意义作用下，中原王朝始终尽最大努力控制这个地区。古道旁，一个名叫西平亭的汉代驿站，

青海省互助县泥麻村长城与马家庄长城走向远景　中国长城遗产网提供

到南北朝时期已经发展成丝绸古道上的重要枢纽城市鄯州，即现在的青海省会西宁。唐朝时，文成公主从这里入藏，名将哥舒翰在这里大败吐蕃。

哥舒歌

〔唐〕西鄙人

北斗七星高，哥舒夜带刀。

至今窥牧马，不敢过临洮。

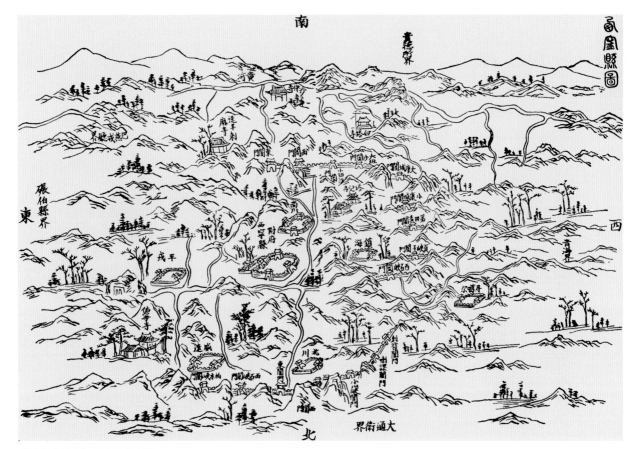

《西宁府新志》中的西宁县图
图中标绘了青海长城拱卫西宁的情况。

　　两千年来，这里轮番上演着战争与和平的大戏，你方唱罢我登场，城头变幻
大王旗。越是动荡，人们对安定生活的向往就越强烈。当最后一个大修长城的时
代来临，丝路已不复昔日繁荣，整个河湟谷地变成了巨大的堡垒，但各民族共同
期盼的和平却还是没有到来。

二

送霍临渠少府守河州

〔明〕王惟俭

不尽湟中路，秋风促宦程。

佩刀辞佐郡，分虎已专城。

积石攒云起，洮河近郭明。

羌戎亦赤子，休使塞烟惊。

明正德七年（1512），西宁卫北川城。

明军击退了海西蒙古的一次进攻，斩首50余人。"编户四里"与西宁十三族的汉藏军民，此时已被这些强盗骚扰了两三年的光景。明朝虽然取得了这次战斗的胜利，但也感到有些惊讶。他们本以为这伙蒙古人只是些从甘肃败退到青海的散兵游勇，可没想到，他们的实力竟然大到可以主动进攻西宁卫的城池。更让明朝没有想到的是，北川之战只是海西战事的序幕，蒙古人竟然从此搅得塞外四卫80年不得安宁。

16世纪初，蒙古内部不断互相征伐已有百年，先后有多个蒙古部落或因战败、或为扩展牧场而来到青海及周边地区。明朝称这些进入青海的蒙古部落为"海西蒙古"或"海寇"。他们不但各部之间相互征伐，还进攻明朝的卫所，劫掠汉藏军民和其他少数民族。海西蒙古驻牧青海的前30年，尽管动荡，但对明朝的西北安全没有产生根本性的威胁，因此明廷并没有采取太多的应对措施，只是兵来将挡。可后来，局势逐渐发生了变化。北方的土默特蒙古在吉囊和俺答的带领下，开始不时穿过河西走廊讨伐海西蒙古，同时为了逼迫明朝开放互市，也加紧对陕甘青进行袭扰。看似群山阻隔的西宁卫，实际上山口林立，处处可通。海西蒙古从北、西、南三个方向对西宁卫展开围攻，频频得手，一时"诸蕃逃亡"，生灵涂炭。多位明朝将领在与海西蒙古的战争中阵亡。更可怕的是，明朝的西北边陲形成了被蒙古各部南北夹击的态势，河西走廊随时

西宁十三族

明代西宁卫管辖的藏族各部的统称。宋元以来，他们散居在青海黄河以西、祁连山以南的湟水流域一带，与当地的汉族居民开展茶马贸易，和平相处。其中比较大的部族有申藏、章哑、隆奔、巴沙、革哑、申中、隆卜、西纳、果迷卜哑、阿齐、嘉尔即、巴哇、即尔嘉等13个，统称"西宁十三族"。

编户四里

明代将西宁卫下辖的汉族民户编入巴州、红崖、老鸦和三川4个里，并设经历司进行管理，称为"编户四里"。

塞外四卫

明代在青海西部设立的安定、阿端、曲先、罕东四卫。

有被切断的危险。

　　明朝对此不能不重视，却也没有太多的办法，于是以不变应万变。时任三边总制杨一清，极力倡导在西北地区兴建长城"以备夷骑"，朝廷十分支持。青海于是搭了这趟"顺风车"，开始在西宁卫周围大修边墙壕堑。

　　西宁如以孤緪（gēng）悬弹丸，掷之群房掌中，左右前后，无所倚仗。堂皇篱落，自为中外。吁，危矣！所恃者，通年硖榨砟、暗门、边墙、水洞、城堡、营寨、墩堠栉次鳞比，在在创造，时时增修，足少恃焉。

　　　　　　　　　　　　　　——〔明〕刘敏宽、龙膺《西宁卫志·边防志》

　　明嘉靖二十五年（1546），青海长城工程的大幕正式开启。兵备副使周京、王继芳、范瑟等人先后在今大通县、乐都区至甘肃一线，东西近200里的范围内建城设关，挖掘壕堑，将西宁北部要道隘口一一堵住。

青海省互助县马家庄长城与内侧壕堑 中国长城遗产网提供

青海明长城分布图

明嘉靖至隆庆年间，还修建了上百座烽火台，形成以西宁卫为中心，沿交通要道和湟水两岸向外辐射的烽燧线，并在边墙外侧的沟谷中以夯土、石块、木材堵塞或挖掘壕沟，作为外围防线。

继而在隆庆六年（1572）至万历二年（1574），从北、西、南三个方向拱卫西宁的夯土边墙在乐都、互助、大通、湟中和湟源五县拔地而起。青海长城主线修建完成。

明万历二十四年（1596），兵备按察使刘敏宽、副将达云等人在湟中县西石峡到娘娘山之间修筑了最后一段边墙。至此，西宁卫北部和西南部边墙连在一起，历半个世纪的青海长城工程最终完工。

宁郡塞垣，自明嘉靖丙午兵备副使王继芳、周京等缮治，厥后迤逦修整。至万历二十四年，兵备按察使刘敏宽、副将达云，同知龙膺，通判高第遍历荒度，增筑广堑，于是大备。

——〔清〕杨应琚《西宁府新志》

然而，西宁卫周边的战火并未因长城的修建而熄灭。漫游海西的蒙古人，现在有了明显的进攻目标，反而在长城沿线更加疯狂地展开进攻。诚然，明军凭借新的要塞取得了一些胜利，但在青海长城主体建成后的20年间，汉藏军民仍然"遭虏蹂践，不可胜计"。

明万历二十三年（1595），甘肃巡抚田乐率军在甘山、南川、康缠连战连捷，取得了决定性胜利，海西蒙古一蹶不振。之后的40年，青海几无战事。我们很难说，这40年的安定与青海长城的存在无关，可更重要的是，长城背后还有一个强大的王朝。

青海明长城大通段　李大伟摄

海西蒙古的兴衰

　　正德五年（1510），东蒙古右翼永谢布部领主亦不剌和鄂尔多斯部领主满都赉阿固勒呼在与达延汗的战争中失败，率残部进入青海西宁卫周边驻牧。4年后，太师卜儿孩也遭到驱逐，来到青海，与亦不剌等会合。他们在当地不断攻掠汉藏军民和其他少数民族，活动范围向北可达甘肃至吐鲁番一带。继而蒙古右翼首领吉囊和俺答攻入青海，击破亦不剌。卜儿孩为自保，两次请求内附明朝均遭到拒绝。嘉靖二十二年（1543），卜儿孩也被俺答汗征服。到嘉靖三十八年（1559），俺答汗又彻底将卜儿孩部击溃，占领了他们的牧地。俺答汗治下的丙兔、火落赤、永邵卜等部随之成为袭扰汉藏居民的主力，直到万历二十三年（1595）明军取得湟中三捷之后，青海西宁卫一带才重新获得安定。

湟中三捷

　　明万历二十三年（1595）明军平定西海蒙古侵扰的3次战事。自万历十八年（1590）、十九年（1591）郑洛经略青海后，云集青海的东蒙古大部散归故地，势力较强的永邵卜、火落赤、真相等也相继徙去，西陲暂获安宁。

　　郑洛还兵后，永、火、真诸部又复聚西海，他们屡入抄掠，西宁卫诸地又不得安宁。明廷遣甘肃巡抚田乐等率军力创蒙古军，取得了被誉为"盖二百年无前之奇捷"的湟中三捷。

　　首捷为甘浚山大捷，地在河西走廊张掖甘浚山。东蒙古切吉台吉从子青把都据有此地，他与青海永邵卜等遥相呼应，此进彼退，此退彼进，使明军疲于奔波，劳而无获。田乐与诸将商议，认为"青酋既克，则得专力于青海，而永酋可擒也"。于是兵分四路，于万历二十三年五月四日潜师进袭甘浚山，消除了明军平定西海诸部的后顾之忧。

　　九月九日，适逢重阳，永邵卜认为明军必不设防，便挥师进兵西宁南川。明军由监收通判龙膺策划，以兵备副使刘敏宽为主帅，由参将达云领军设伏于南川捏尔朵峡（今湟中区上新庄南）左右，待永邵卜千余骑进入峡内，伏兵四起，大败蒙古兵。此为南川大捷。

　　此役过后永邵卜不甘失败，又纠合火落赤、真相、瓦剌它卜囊诸部，于十月十三日由湟源一带进兵西宁南川。田乐听取龙膺等人的建议，采取诱敌深入的办法，诱使蒙古军进入西川康缠沟（今湟中区康城寨一带）。二十二日，由主将达云指挥，对蒙古军形成包围之势，明军四面齐攻，至次日蒙古军大溃，永邵卜、瓦剌它卜囊等部连夜徙帐于盐池以西，火落赤渡黄河向南而去，康缠大捷宣告结束。

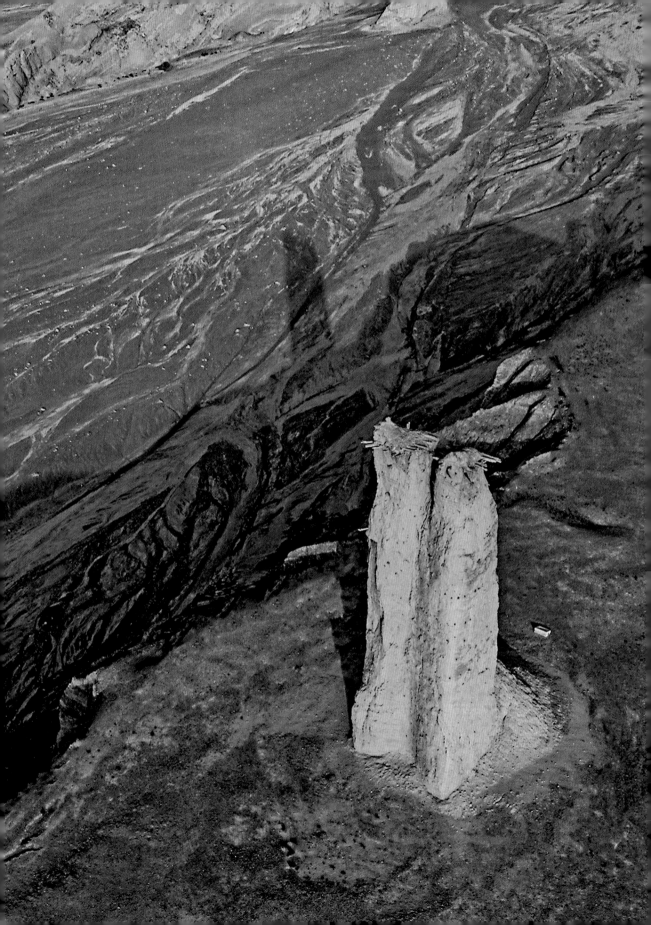

西域烽烟直

玉门关外的沙漠绿洲中星星点点的烽燧和城堡，记录了开发西域的筚路蓝缕，忠臣勇将不为国耻的气节、心向祖国的信念和寸土必争的决心。

一

自敦煌西至盐泽，往往起亭，而轮台、渠犁皆有田卒数百人，置使者、校尉领护，以给使外国者。

——《汉书·西域传》

西汉太初元年（前104），玉门关。

贰师将军李广利远征大宛（今乌兹别克斯坦费尔干纳盆地）归来。耗资巨大的战争没有取得预期的战果，汉军在九千里征途上得不到足够的补给，大部分士兵在途中饿死。尽管如此，汉军的长途奔袭还是对西域各国产生了震慑，纷纷遣使向汉朝进贡。

自张骞凿空之后，往来汉朝与西域的使节拥塞了丝路。他们途经之地，都要接待供应，让本已承受着沉重经济负担的西域各国雪上加霜。一时间，玉门关外民怨沸腾，一些地区甚至发生了截杀汉使之事。

为了安定西域，汉朝既要保证在当地的政治和军事存在，又要解决汉军后勤补给和外派使节的日常供应，还要切实减轻西域各国的负担。解决这三个问题最根本的方略，是促进当地的开发，实现钱粮的丰盈。要做到这一点，还需要充分考虑西域的地理条件。

这片深处亚洲内陆的土地，与内地环境迥异。青藏高原、天山山脉和阿尔泰山东西向分列南北，与西北的准噶尔西部山地和西南的帕米尔高原分割成塔里木盆地和准噶尔盆地两个地理单元。西部的暖湿空气通过额尔齐斯河、额敏河谷和阿拉山口进入准噶尔盆地，带来了降水，滋润着盆地南缘狭长地带的草场和可耕地。而帕米尔高原和青藏高原挡住了南来的季风，造成塔里木盆地的干旱，盆地大部被塔克拉玛干沙漠占据，但南北两侧的山前地区依靠高山积雪的融化形成塔里木河、孔雀河、车尔臣河、疏勒河等季节性河流和丰富的地下水资源，并汇聚成罗布泊等大小湖泊。在有水的地方，星星点点的绿洲如一颗颗镶嵌在死亡之海周围的绿宝石。

汉朝准备在西域移植内地的经验——兴屯垦，筑长城。绿洲耕地有着巨大的农业发展潜力，但广阔的沙漠和碎片化的人类栖居地，使长城墙体的修建既不必要也无可能。于是汉朝循着这些绿洲和适宜交通的河谷陆续建立烽燧和城障，在从敦煌到盐泽（今罗布泊）一线形成与道路系统水乳交融的烽火传递网络，并驻扎兵卒屯田。

历代西域管理机构
两汉：西域都护府
三国魏、西晋：西域长史府
唐：安西都护府、北庭都护府

汉神爵二年（前60），西域的最高军政机构西域都护府正式设立。西域成为中原王朝不可分割的一部分。两汉、三国、西晋、唐代，相继在西域建立行政、军事和屯田管理机构。据统计，唐代西域已有屯田50多处，每处面积20～50顷不等。伴随着西域的不断开发，烽火台与戍堡的数量不断增加，逐渐遍布整个西域。

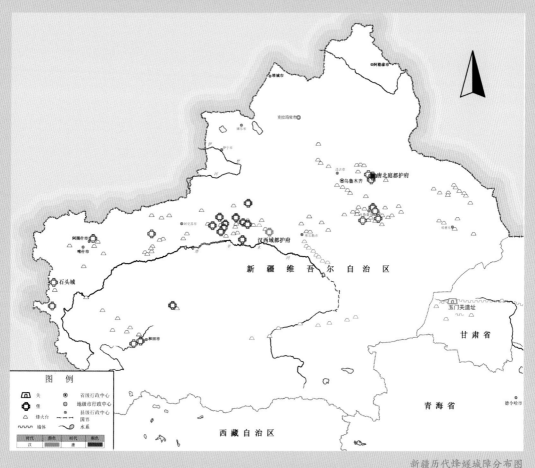

新疆历代烽燧城障分布图

根据国家长城资源认定工作统计，新疆现存汉唐时期的烽火台186座，城障戍堡26座。

安西二十屯，疏勒七屯，焉耆七屯，北庭二十屯，伊吾一屯，天山一屯……大者五十顷，小者二十顷。凡当屯之中，地有良薄，岁有丰俭，各定为三等。凡屯皆有屯官、屯副。

——《唐六典》

经过中原王朝几个世纪的苦心经营，万顷荒滩化作良田，保障了军需，也造福了当地的人民，更有效加强了西域和内地的联系。为了支持国家的安边战略，多少戍边屯垦的士兵奉献了一生。

汉代陶仓

兵车行（节选）
〔唐〕杜甫
或从十五北防河，
便至四十西营田。
去时里正与裹头，
归来头白还戍边。

他们在远离故土的地方辛勤劳作，同时备战御敌。如果定期轮替，新军不熟悉敌情，可能影响战斗力；长久驻扎，又难免思乡厌战。早在汉景帝时期，晁错就看到了这一点。他认为秦朝的灭亡与长城守军的孤苦有很大的关系，于是上疏朝廷，提出移民实边的建议，被汉景帝所采纳，也被西域屯戍所继承。

令远方之卒守塞，一岁而更，不知胡人之能，不如选常居者，家室田作，且以备之。

——〔西汉〕晁错《守边劝农疏》

从汉到唐，大量来自内地的田卒携家带眷西出玉门关，在西域定居下来，戍边和保卫家乡有机结合了起来。但在千年前，西域交通不畅，通信不便，再好的屯田政策对边塞生活的艰苦也只能起到有限的缓解作用。这些屯田的士卒，除了要耕作，还要承担守御的职责。历代对屯田收成不足也有严苛的惩罚措施。在重压之下，一些士兵选择了逃亡和反叛，即使是在盛世，也有不少人铤而走险。

当我们感叹长城的伟大之时，应当铭记那些为了支持它而扎根偏远的普通士卒，他们中只有个别人的功绩被后人所知，而更多的则被历史隐去了姓名。

雨雪曲

〔唐〕卢照邻

虏骑三秋入，关云万里平。

雪似胡沙暗，冰如汉月明。

高阙银为阙，长城玉作城。

节旄零落尽，天子不知名。

二

闻道玉门犹被遮，应将性命逐轻车。

——〔唐〕李颀《古从军行》

东汉建初元年（76），西域疏勒城（今新疆奇台县东南石城子遗址）。

戊己校尉耿恭和他的部下已经做好了赴死的准备。

半年前，也就是东汉王朝恢复西域都护府的第二个年头，匈奴北单于派遣左鹿蠡王率两万兵马攻陷车师后国，杀掉了国王，转而围攻耿恭所部。耿恭率军扼守天山要隘金蒲城，与驻扎柳中的关宠互为犄角。耿恭军先用毒箭大量射杀匈奴人，夜晚又趁暴雨，以数百人之众主动出击，偷袭敌营，搅得匈奴数万军队不得安宁。为了能够长久地防守待援，他退守距离水源更近的疏勒。匈奴久攻不下，于是开始与车师叛军合兵围困。

时值汉明帝驾崩服丧，朝廷无暇顾及西域的战事，耿恭被迫独自坚守孤城。匈奴兵切断城外水源，耿恭就命人榨马粪汁而饮；粮食吃光了，就烹煮皮革与弩筋；匈奴使者前来劝降，他又在城头亲手将使者杀死，与将士分食其肉。就这样，守军数次杀退匈奴的进攻，威震敌胆。到最后，疏勒城内守军仅剩几十人，已经经受不住下一次的进攻。

> **戊己校尉**
> 汉代西域都护属官，掌管西域屯田及军事事务。

这天深夜，远方兵马骚动。耿恭等人等待着最后的战斗。就在此时，对面的军队中传来了喊话声："耿将军，范羌来救你了！"

原来是先前耿恭派去敦煌为部队迎取冬装的军吏范羌领兵杀到，疏勒城得救了。守军山呼万岁，打开城门，与援军相拥而泣。第二天，汉军启程向东撤退，途中遇到匈奴截击，且战且走。在正月的严寒中，从疏勒撤出的26壮士一路奋战，当大军来到玉门关前，仅剩13人。他们衣衫褴褛，面容枯槁。敦煌吏士得见，无不感动落泪。前来迎接他们的中郎将郑众亲自为耿恭梳洗更衣。

中郎将
秦汉时期负责统领御前侍卫的官职。

> 恭以单兵固守孤城，当匈奴之冲，对数万之众，连月逾年，心力困尽。凿山为井，煮弩为粮，出于万死无一生之望。前后杀伤丑虏数千百计，卒全忠勇，不为大汉耻。恭之节义，古今未有。宜蒙显爵，以厉将帅。
>
> ——《后汉书·耿弇传附耿恭》

十三将士归玉门的结局慷慨悲壮。前方有勇士的舍生忘死，后方却在为是否救援争执不下。

当关宠的求援信送到洛阳时，新即位的汉章帝召集廷议，大臣们对是否出兵救援展开了激烈的争论。司徒鲍昱向汉章帝分析了出兵的必要性和可行性：耿恭以寡敌众，矢志不渝，如果不救，必将寒了戍边将士的心。况且只要敦煌、酒泉派出精兵4 000人，日夜兼程，不出40日就能将关宠和耿恭接回。

皇帝深以为然，于是调集张掖、酒泉、敦煌三郡和西域鄯善国兵，共7 000余人，于建初元年（76）正月向柳中进发。关宠此前出击车师交河城，匈奴败退，车师重新归附了汉朝。但当援军到达柳中时，关宠已阵亡，守军覆没。援军不敢继续前进，准备撤兵。随军出征的范羌抱着最后的希望，极力要求救援疏勒。在他的坚持下，诸将才同意分兵2 000人，由范羌去迎接耿恭。时逢正月，大雪过膝。范羌艰难前进，终于到达疏勒城下，迎回了九死一生的十三壮士。

汉朝没有辜负英雄，却再次失去西域长达半个世纪。东汉195年间，汉匈势力此消彼长，西域的列列亭障见证了西域的三绝三通。耿恭身后，无数英烈以超凡的

东汉西域的三绝三通

王莽死后（23—25）战乱，西域与中原的联系中断。东汉永平十六年（73），东汉重新控制了新疆东部地区，复设西域都护府和戊己校尉。

永平十八年（75），汉明帝驾崩，匈奴趁机攻杀西域都护。汉朝势力被迫退守新疆西部疏勒一带，与内地隔绝。至东汉永元元年（89），东汉出击北匈奴，取得决定性胜利，北匈奴势力撤出西域。

东汉永元十四年（102），时任西域都护统治暴虐，激起西域各民族反抗，永初元年（107），汉朝撤西域都护府建制。延光二年（123）起，班超之子班勇任长史，用4年时间收复西域全境，直至汉末再未有大的动荡。班勇以长史行都护职，都护府也随之改称长史府，建制沿用至三国时期。

"五星出东方利中国"锦质护
膊 东汉 1995年新疆民丰县尼
雅1号墓地8号墓出土 中国国
家博物馆藏

嘉峪关东门

清同治十二年（1873），时任陕甘总督左宗棠命人对城墙和关楼进行了整修，并题写"天下第一雄关"的匾额，原匾于20世纪30年代毁于火灾。现在我们看到的悬挂于嘉峪关关城东门光华楼东面的"天下第一雄关"匾由当代书法大师赵朴初题写于1995年。

克亚克库都克烽燧（唐焉耆镇沙堆烽）的发掘

克亚克库都克烽燧在唐代称为"沙堆烽"，是焉耆镇下辖的一个游弈所，设置于武周时期，废弃于唐开元年间。

2019—2020年，新疆文物考古研究所对新疆巴音郭楞蒙古自治州尉犁县境内的克亚克库都克唐代烽燧进行了考古发掘，1200多年前的唐代文物得以重见天日。这其中包括800多件珍贵的唐代纸文书，记载了很多未见于任何传世文献的军事机构和防御设施名称，也为唐代西域军事生活的复原提供了丰富的第一手资料。

从遗址出土文书内容和其他相关文物看，沙堆烽的守军生活十分丰富，他们读着流行文学的手抄本，吃着各种各样的野味。唯一的不足就是食物中缺少青菜。难得获取的酱菜和干菜叶，竟然可以作为礼品送给上级。

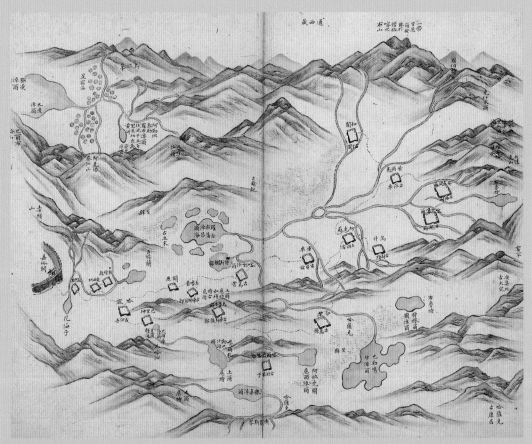

西域舆图 清 中国国家图书馆藏

据《西域图志》记载，清代的新疆疆域为"肃州嘉峪关外，东南接肃州，东北自喀尔喀，西接葱岭，北抵俄罗斯，南接番藏，轮广二万余里"。

智慧、勇气乃至生命继续守望着天山南北。黄沙百战穿金甲，滚滚狼烟点燃的是无数先驱筚路蓝缕开发边疆的热忱，和一个强盛文明对梦想与荣耀的坚守。

三

从军行七首·其四

〔唐〕王昌龄

青海长云暗雪山，孤城遥望玉门关。

黄沙百战穿金甲，不破楼兰终不还。

唐建中二年（781），长安大明宫。

一个神秘人的到来，竟让满朝文武喜极而泣。唐天宝十四载（755）冬，安史之乱爆发。唐朝调驻守西域的军队东归平叛，安西、北庭两个都护府仅剩数千唐军留守。7年多后，安史之乱平息，西南的吐蕃却趁唐朝内乱虚弱之际，一步步占据了河西走廊。唐永泰二年（766），朝廷派出云麾将军、左武卫大将郭昕巡视安西都护府，不料郭昕一去就失了音讯。此后14年，朝廷与西域完全隔绝，直至这个神秘人站在唐德宗的面前，道出自己的身份。他正是郭昕和北庭留后曹令忠派来的使者。数年前，他从西域出发，绕道回纥，辗转来到长安。朝堂之上沸腾了。西域没有丢，在与中央政府失联十几年后，安西都护府和北庭都护府仍然在顽强地坚持，使者也是到这时候才知道，新皇帝已经登基两年。

及安禄山反，边兵精锐者皆征发入援，谓之行营，所留兵单弱，胡虏稍蚕食之。数年间，西北数十州相继沦没，自凤翔以西，邠州以北，皆为左衽矣。

——《资治通鉴·唐纪第三十九》

唐德宗激动不已，赐曹令忠名"李元忠"，封北庭大都护，郭昕为安西大都护，又破格将西域守军全体将士连升七级。这些荣誉，是他能够给他们的全部。安史之乱后的唐朝内有藩镇割据，外有强敌环伺，已不再是那个威震天下的盛世王朝。45年前留守西域的数千热血青年，如今都已是皓首苍颜。暮年的烈士们，在绝望中苦苦支撑，直至贞元六年（790），北庭和安西四镇中的于阗陷落，最后一任北庭大都护杨袭古兵败身死。关于安西都护府的记录则从此消失在史籍中。河西之西，再无都护。

四

若南自英吉沙尔，北至布鲁特界，按照卡伦地址，改筑边墙，于冲要处间以碉堡，则长城屹立，形势完固，界画分明，尤为百世之利。

——左宗棠《西四城流寓各部落种人分别遣留并议筑边墙片》（1878）

清光绪元年（1875），北京。

各省督抚、王公大臣和六部公卿的奏折如雪片一般飞向紫禁城。全国的大员争得面红耳赤，只为一件事：究竟是东边的海防重要，还是西边的塞防重要。

此前的5年间，清王朝的西北和东南边疆先后出现了危机。沙俄和英国支持的中亚浩罕汗国军事首领阿古柏侵占了新疆大部，沙俄则直接占据了伊犁。 日本也对台湾下了手。清廷无法同时处理两个方向的危机，于是开启了这次中国近代史上著名的海防、塞防大讨论。

李鸿章与醇亲王一派力主海防优先，消除日本的威胁要紧，因此要先停掉塞防的开支，集中精力发展海军；而左宗棠、丁宝桢等人则认为，沙俄才是心腹大患，当前要务是收复新疆，安定后方才能回身全力处理海上的问题。

在经过"奏折轰炸"和廷议等几轮的争论之后，清廷决定实施海防与塞防并重的战略，并命左宗棠统筹安排，这实际上是支持了塞防优先的方案。

左宗棠早已运筹帷幄，制定了"缓进急战，先北后南"的战略方针，并积极筹措军饷，购买装备，训练军队。清光绪二年（1876），就任陕甘总督的左宗棠抬棺出塞，抱定不胜不归的决心，从嘉峪关踏上了西征之路。

塔什库尔干石头城

恭诵左公西行甘棠

〔清〕吕浚

上相筹边未肯还，湖湘子弟满天山。

新栽杨柳三千里，引得春风度玉关。

凭借充分的准备，短短一年时间，清军就收复了阿古柏控制的全部地区。光绪七年（1881），清朝通过谈判收回了伊犁。三年后，新疆设立行省，在张骞凿空西域2 000多年后，终于与内地完全地融为一体。

左宗棠心目中的塞防，是真正的有"塞"之防。为了新疆的长久稳固，他在清光绪四年（1878）还曾上过一道奏疏，建议在南起英吉沙尔（今喀什英吉沙县）北至布鲁特人地界（今克孜勒苏柯尔克孜自治州）修筑边墙和碉堡。如果能够建成，这将是清代唯一一段作为国防工程使用的长城。可能是由于海防的形势已十分严峻，这道长城最终没有建成，左氏的奏疏成为2 500年塞防的绝唱。

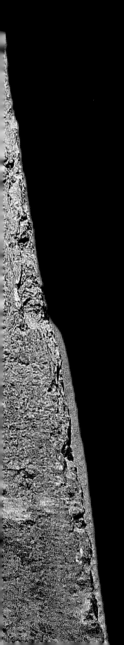

第三章 长城兴工程

长城充分利用自然天险，选址巧妙；它形态多样，工艺朴实，是用最简单易得的材料创造出的建筑杰作。它的工程有着严格的规划管理制度和实施程序、纯熟的建造技艺和严密的质量保障体系。当我们用长城的残垣断壁拼接一幅完整画卷，提取万卷史书中的精华为它题记时，你会惊奇地发现，数百年前的长城工程实践，已经散发出几分现代气息，新颖而又亲切。20世纪初，当全新的交通设施艰难地通过北京西北险峻的群山时，施工条件艰难百倍的明长城已在这些山顶上矗立了几个世纪。今天，新时代的能工巧匠为了把这座凝聚着先人智慧和汗水的奇迹留给下一代，正进行着不懈努力。本章我们将聚焦长城的工程技术与管理，讲述发生在长城脚下的古今工程故事，看传承千年的智慧与经验如何续写传奇。

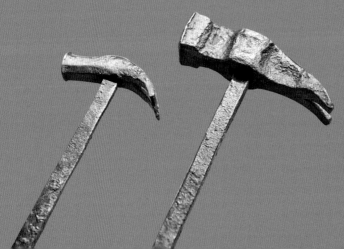

建造城墙的工具 南京城墙博物馆藏

因地制宜的长城建造原则

　　如果用一个词来归纳千百年的长城修筑实践，那么非"因地制宜"莫属。这四个字，从春秋战国一直用到了明朝。

一

　　因地形，用险制塞。

　　　　　　　　　　　　　　——《史记·蒙恬列传》

　　秦始皇二十六年（前221），阴山。

　　蒙恬的大军将匈奴驱逐出黄河，然后将战国燕、赵、秦北方长城首尾相连，又根据地形，阻塞险要。在建成中国第一条万里长城的同时，也确立了两千年长城修建的原则。

　　长城作为人工防线，矗立在历代政权统治范围的边缘地带。它尽可能地占据险要，占有资源，确保安全，威慑敌人。它时而退守高地，截断山谷，阻塞通道；时而伸出臂膀，将

宁夏贺兰山三关口明长城铲削山险墙

塞上每一处耕地和水源揽入怀中；又时而前驱突进，延伸至山外的草原和戈壁沙漠，获取缓冲。长城也标识着历代帝王开疆拓土的雄才伟略。

自然险阻也成为长城的一部分。长白山、大兴安岭、燕山、太行山、阴山、贺兰山、祁连山、天山、昆仑山脉的层峦叠嶂，黄河河套的滔滔洪流，河西走廊的戈壁沙漠，都成为长城防线的组成部分。人们有时将高地稍加修整，铲削偏坡形成陡壁，有时甚至直接劈山为墙。

迤北镇夷堡土墙，清阳镇北二堡劈山为墙共一百一十六里；迤东自威远靖安松山三堡至中固城柴河堡界止，劈山为墙顺长九十五里。

——《全辽志·开原城堡墩台障塞操守》

二

公元2007年，宁夏某地长城脚下。

好奇的村民们打量着一群拿着标杆、全球定位系统（GPS）和照相机的外乡人。有人上前询问这些人的来意，来人答道："我们是来调查长城的。"

"这里哪有长城？"村民们低声议论着，面带疑惑。

队员指着不远处的高墙说："那不就是吗？"

村民看也不看，笑道："那哪是长城啊，那是边墙，长城在北京的八达岭呢！"

调查队员哭笑不得。"边墙"是明代对长城的称谓。长城享誉世界，但这些生活在长城脚下的人却不认得它，只因它和八达岭长城的面貌相差实在太大。

在村民们的心目中，长城就应雄踞山峦，它高大的砖砌楼台就像一个个将军，统领着城墙上如士兵队列般的整齐垛口，这才配得上指点江山的秦皇汉武。然而现实是，长城并不总在山间穿行，秦皇汉武也不可能站在八达岭长城上。因为砖砌长城直到明朝才出现。

长城并不都是八达岭那样的。它的材质之多样，远远超乎人们的想象。

从战国到明朝，在绝大多数情况下，它都充分利用当地最容易获得的建材修筑。在东北、华北多石的山区，长城多用石砌。我们现在能看到的砌筑方式大体有毛石干垒、虎皮墙、条石砌筑等。东北的战国秦汉长城，华北的明长城，内蒙古的秦汉、北魏长城，河北、山西的北齐长城就多以毛石干垒。在河西走廊的戈壁沙漠地带，我们还能看到用砾石堆筑的长城遗迹。蒙恬在黄河北岸"累石为城，树榆为塞"，连植被都可以成为长城防线的组成部分。

毛石干垒

毛石干垒，又称"干插边"，是指用简单修整的石块或石片直接垒砌城墙的建筑工艺，石缝间不使用勾缝黏合剂，还可以迅速排水，避免因积水或结冰影响城墙的稳固。

夯土版筑

用木板作为两侧的支撑，中间填入经过筛选的细土，再用木桩或石锤夯砸结实，这样一层一层向上，一段一段向前夯筑城墙。版筑也有几千年的历史。从帝王的宫殿，到寻常百姓家的院墙，都会用到这种工艺，直至当代还在使用。

在黄土高原，土是最廉价的建材，因此在西部，我们看到的长城大多都是土筑的。土墙的建造工艺比石墙更加丰富多样。最简单的工艺，可以是直接平地堆土，最常见的是夯土版筑。现存20 000多千米的历代长城中，有一半以上都是夯土筑成的；在河西走廊和新疆，有的烽火台是使用土坯垒砌的；还有一种十分特别的烽火台建造工艺，是直接在河床底部切出一个个长方体的淤泥块来砌筑，这种淤泥块当地俗称"垡子"。

草原上地势开阔平坦，无险可守，金朝人选择开挖界壕，把挖出的土堆在一侧或两侧，这样既节约了人力财力，又在横向上增加了防线的层次，在纵向上增加了屏障的高度，这是一种延续了数千年的筑城传统。早在新石器时代，中原先民就已经通过城墙与护城壕的组合来巩固城池。明朝在西北也曾采用挖掘壕堑的方式来构筑防线。为了加强平地长城的防御，金长城和明长城上设置了马面，既可以加固城墙，也可以消除防守死角。

及后蒙恬为秦侵胡，辟数千里，以河为竟。累石为城，树榆为塞，匈奴不敢饮马于河。

——《汉书·韩安国传》

对林木和木材的巧妙利用，是长城建造的又一个创举。

秦国名将蒙恬将匈奴驱逐出河套之后，利用黄河作为天险，垒石筑城，然后植树成林，用茂密的林木作为阻挡匈奴骑兵的防线。在河西走廊的戈壁滩上，汉朝人用芦苇、梭梭木、红柳、胡杨木和沙土分层相间筑成长城，学名"红柳夹沙"，至今屹立不倒，堪称奇迹。

备边之要莫逾于设险。秦汉植榆为塞，限隔匈奴，本朝作塘淀于河北，实捍戎马侵轶。塘淀所不及处，即禁近边斩伐林箐，使溪隧断绝，无从入寇。

——《宋会要辑稿》

河北……有塘泺、方田、稻田、榆塞为之险。

——〔南宋〕陈傅良《止斋先生文集·薛季宣行状》

宋朝人直接用壕沟连通自然水系，在华北平原中部建成一道"水长城"，

直来直去的哈德良长城

　　公元 122—127 年，罗马帝国皇帝普布利乌斯·艾利乌斯·图拉真·哈德良（Publius Aelius Traianus Hadrianus，76—138）命令他的军队在不列颠省（今英国英格兰）北部兴建了一道长达 117 千米的长墙，史称"哈德良长城"。这道长城一直沿用到公元 383 年。

　　与中国北部的山峦相比，哈德良长城所在位置地形起伏要小得多，因此罗马人在兴建长城时更愿意选择直来直去。行走在哈德良长城沿线，我们会发现它的很多段落都是笔直的。但为了充分占据沿线制高点，哈德良长城攀上中部丘陵地带的峭壁，随山势而行。为了寻求最短路线，又在西部向北折向海湾。

　　哈德良长城的建材选择同样遵循因地制宜的原则，在东部大量使用石灰岩切割成的石块砌筑，中部选用当地常见的软红砂岩，而在西部则以土筑为主。

　　罗马人整齐划一的规划理念，毕竟敌不过现实的军事需要和大自然的鬼斧神工。

直来直去的哈德良长城 张依萌摄

内蒙古自治区固阳县境内毛石干垒的秦汉长城

沿边的池塘和水田也可以起到防御骑兵冲击的作用。宋朝统治者继承了汉朝"植榆为塞"的思路，在北部边疆大举植树造林，并禁止边民砍伐。到熙宁年间（1068—1077），在从河北到山西的广阔地带，多年种植的树木已经茂密如织。据当时的统计，仅定州一地的榆柳就有上亿株，南北纵深达到五六十里。在大草原上纵横驰骋的辽国铁骑，面对这一道密不透风的"树墙"，也只有"望榆兴叹"。

另外，根据《全辽志》的记载，在辽东明长城中也有一类木栅墙，但遗迹已不可寻了。

政权的疆域和天险所及、防御目的和修建成本以及当时的技术发展水平，要

用芦苇、红柳、梭梭木与砂土分层相间筑成的汉长城　张依萌摄

求长城的建造要因地制宜。一方面，这限制了长城的选址、选材和走向，另一方面也激发了中国古人的聪明才智，不但用最廉价的建材创造了世界上独一无二的伟大长城，更造就了它随形就势、蜿蜒曲折、虎踞龙盘的磅礴气势。

在长城向四方延伸的过程中，一种自然界的重要元素发挥着独特的作用，它与长城时而结盟，时而为敌，这就是水。

长城建造者因势利导，将河湖水系纳入长城的防御体系，努力掌控水源，将它们对长城的负面影响降到最低。下一节中，我们将着重讲述长城与水的共生关系。

柳条边

　　清朝初年，清廷为了防止关内汉人和朝鲜人向东北的"龙兴之地"移民或采挖山货，而使龙脉受损，同时为了划分游牧区和农耕区的界限，于是将明代辽东长城裁弯取直，改造成一道土堤，并在堤上插柳条，再用绳子连接，这就是所谓的"柳条边"。柳条边并不是国防工程，基本没有军事功能，而是国家内部不同经济生活区的分界和税卡。19世纪中叶以后，清廷为缓解财政拮据、土地人口矛盾和东北的边疆危机，最终允许内地居民大规模向东北移民，拓荒实边。柳条边也随之废弃。

德国的木栅长城

　　公元83—260年间，罗马帝国曾在上日耳曼省和雷蒂安省（今德国南部）北部莱茵河到多瑙河之间兴建了一道连续的防线，全长568千米，沿途分布有60座要塞和900座瞭望塔。这道防线被称为上日耳曼—雷蒂安边墙（Der Obergermannisch-raetische Limes）。上日耳曼省北部莱茵河东岸的边墙，由一道木质的栅栏和外侧的壕沟组成。

　　公元3世纪后期，罗马军团在对日耳曼的战争中接连失利，被迫放弃了莱茵河以东、多瑙河以北的土地。这道木栅长城就此结束了历史使命。

德国 Benholf 的上日耳曼—雷蒂安边墙复原图 李严摄

山西长城马面 山西省长城资源调查队提供

与水共生的长城

　　水之于长城，既能生出滔天巨浪以为威胁，也能成为勇者之臂以为护佑；既铸就战争之基以为支撑，又化作生命之源以为依托。二者的相互作用，贯穿了半部中国史。

一

　　明正统十四年（1449），土木堡。

　　年轻的皇帝朱祁镇和他的20万大军被入侵的蒙古瓦剌部军队包围。他们刚刚经历了一次苦不堪言的北京—大同长城26日游，此时已经疲惫至极。围困明军的蒙古骑兵只有数万，又没有攻城器械，但他们的首领也先对拿下土木堡充满信心。他知道怎么让明军自己打开城门走出来，因为他们必须出来。

　　这是一个边长只有几百米的小城。时值盛夏，20万将士在城中摩肩接踵，更要命的是，城堡里没有水。距离土木堡最近的水源地在城南十五里，可是也先已经捷足先登，把它占领

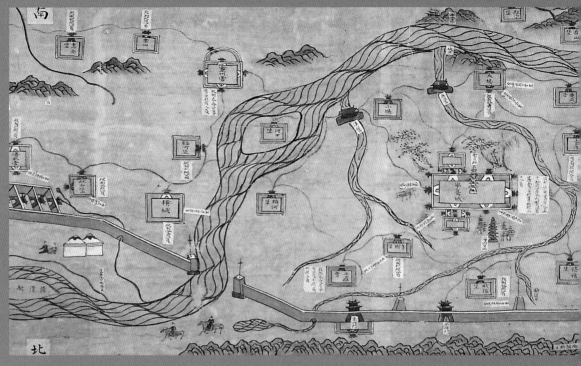

长城图（局部） 清康熙 梵蒂冈人类学博物馆藏 引自《中国长城志·图志》（江苏凤凰科学技术出版社，2017 年）
图中此部分为宁夏黄河北岸明长城。

了。饥渴难耐的明军士兵在城中四处打井，据说打到两丈深，却一无所得。这样下去，就算蒙古人不来进攻，明军自己也会崩溃。随军的兵部尚书邝埜知道土木堡是死地，屡屡向皇帝进谏，请求迅速撤退到宽敞坚固，又有大河穿过的居庸关，却在皇帝专宠的大太监王振不可理喻的阻挠下一次次被驳回。

也先把明军的困境看得一清二楚，于是使出了一条恶毒的计谋。他派人到明军营中假意言和，然后又假装解围。蒙古人一走，嗓子冒烟的明军冲出城堡，奔向河边。就在这时，瓦剌伏兵大出，战斗变成了单方面屠杀。

这个悲惨的故事告诉我们，水源对于长城至关重要。在长城选址时和防守过程中，如果能充分考虑对水的有效控制和利用，水就是长城的盟友，否则就是劲敌。

中国古人很早就懂得这个规律，并且从建长城伊始就在实践中加以遵循。

如战国齐长城自古济水连绵入海，以水为终始。又如燕南长城之于白洋淀是防洪堤，而白洋淀之于长城就成了护城河。相传贰师将军李广利西伐大宛回至敦煌，大军焦渴难忍。李广利于是用手拍打山岩，仰天悲誓，又用佩剑刺山，霎时如瀑的泉水奔涌而出，兵士得以畅饮。这处泉水后来被称为"悬泉"。后来，汉朝在悬泉附近建立了悬泉置，成为河西长城防线的重要交通节点。

在汉长城沿线，水不仅对一个驿站形成了战术支撑，更可以让整条长城防线获取战略优势。汉代河西走廊北缘的长城，从玉门到布隆吉一段建在了疏勒河北岸。在酒泉汉代长城外侧，百余座烽火台组成的"烽燧线"沿着与长城垂直的方向伸向大漠深处。实际上，这些烽火台都分布在汉代的弱水，即现在的黑河及其支流沿岸，并通向古称"居延泽"或"居延海"的大湖。河西走廊的沙漠戈壁中，河流与绿洲对于汉朝和匈奴都至关重要。汉军可以凭借它作为进击匈奴的桥头堡，霍去病远征匈奴的大军就曾途经居延泽。匈奴南下骚扰汉朝边境时，也须在此饮马。汉朝控制住这些水源，匈奴便失去了南下的根据地。

城与水的纠缠，在比较晚近的长城相关文献中也并不少见。明代西北边疆，有很多为专享水源而兴建的墙体和要塞。宁夏盐池县有一眼铁柱泉，驻扎在河套地区的蒙古骑兵"每至必饮马驻牧，数日而后出"。为了排除军事隐患，三边总制刘天和在此修建了一座城堡，名为"铁柱泉城"，把泉水圈在城中。同样的例子，还有甘肃镇长城以南、嘉峪关附近的峪泉。《明世宗实录》和嘉靖《宁夏新志》中就有这样的记录：嘉靖十五年（1536），三边总制刘天和曾在宁夏北部的黄河东岸"从横城至南山口奏筑垒堤一道"，堤外就是一马平川的河套地区。河套之于历代中原王朝的战略意义，我们已在前文详加解释。在这里我们只需要了解，"垒堤"一词，本就是"壁垒"和"堤坝"的结合，而其所在的位置，正是明王朝烽火迭起的边疆和前线。成化十五年（1479），宁夏巡抚贾俊曾在这里修筑了"沿河边墙"，以防止蒙古骑兵在冬季趁黄河结冰时渡河袭扰。所谓"垒堤"的修筑，就是对这条旧有明长城的修缮。这道长城，相对于明朝的国土，也是修在黄河外岸的。

　　如果在空白中国地图上画出历代长城，你会认为很多长城的选址和走向都是匪夷所思的布置。但如果再画上河流、湖泊，这些布局便合情合理了。

二

　　隋大业四年（608），涿郡（今北京）。

　　隋炀帝调集大军，准备以涿郡为基地，大举征伐高句丽。自秦汉至隋唐，全国经济中心远在陕西关中，而涿郡一带一直是边疆重镇，当地自产的粮食和物资无法支撑大军远征，各类军需都要从内地征调。为了解决后勤运输的问题，隋炀帝下令开凿了自洛口到涿郡之间的永济渠，这就是著名的隋唐大运河北段。除了高句丽，隋朝还要面对更加强大凶险的敌人——突厥。据说突厥人掌握了锻铁技术，他们的骑兵和战马都身披铁甲，作战凶悍。文帝、炀帝两代帝王效法秦汉，大规模兴建长城，以抵御突厥的进攻，永济渠则为隋长城的固守源源不断输送着战略物资。

　　将兴辽东之役，自洛口开渠，达于涿郡，以通漕运。

——《隋书·阎毗传》

　　元代兴建大都，隋代的涿郡边塞变成了全国性的政治中心，经济中心则在唐代以后转移至江南。曾经以洛阳为中心的大运河被裁弯取直，大都也成为漕运最重要的目的地。明代继承了元代的运河和都城，南来的漕粮从北京被分发至明长城九边，继续支撑了对蒙古和女真的战守。

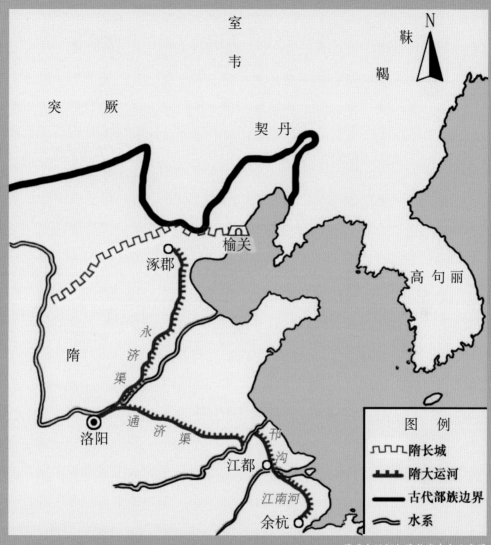

隋唐大运河与隋长城走向示意图

三

北宋初年的一个秋天，东京汴梁御街。

一队马车正往皇宫的方向驶去。这些车上装满了边将何承矩送给皇帝的礼物——新收割的水稻，这不是普通的水稻，它们是在"长城"上种出来的。你没有看错，何承矩在长城上种出了庄稼。

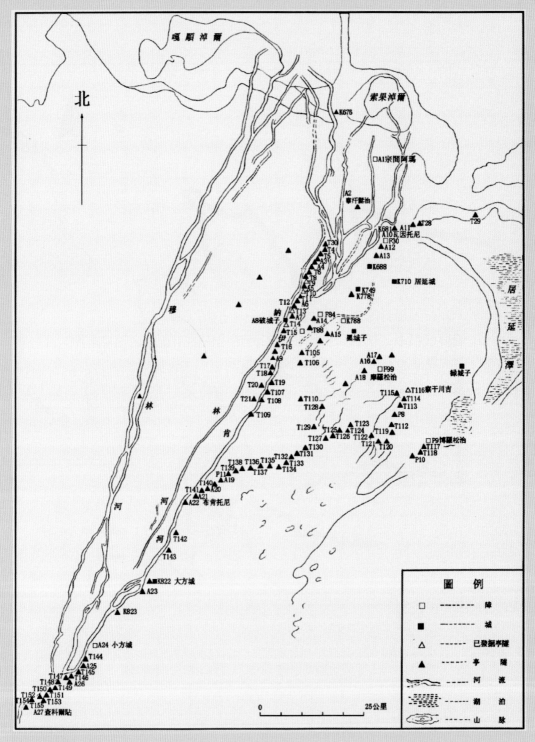

居延遺址烽燧障塞分布图 引自《额济纳汉简》（广西大学出版社，2005年）

今内蒙古自治区阿拉善盟额济纳旗和甘肃省酒泉市金塔县境内的居延遗址，在汉代属于居延都尉府和肩水都尉府辖区。在居延遗址内，沿着主要的河流分布有200余座烽火台和40余座汉代障城遗址，从汉长城向北一直延伸至280千米外的古居延泽。

　　事情要从10年前说起。那时，宋太宗赵光义第二次北伐辽国失败，心灰意冷，准备采取守势，但辽凭借两次战胜之威，有意南下，对宋形成了很大的威胁。太宗于是召集群臣商议御敌之策。宰相宋琪提出了两种方案：一是掘开黄河大堤，把宋辽边境地带变成一片汪洋；二是退守沧州到太行山一线，并修筑长城。

　　宋辽的边界在华北平原中部，无险可守。决黄河会淹没整个河北，危害边民；修长城要主动放弃国土，并且平原地带也找不到建长城的石材，两个方案都被太宗否定了。这时，一个名叫何承矩的将军站了出来。他根据驻守边境多年的经验和对边地山河交通的熟悉，提出了第三种方案：既然修不成长城，不如利用边地的河流湖沼挖一条河。契丹人打仗凭借的是骑兵的速度，只要这条河够宽够深，敌人照样打不过来。这效果不是和长城一样吗？利用自然河道开挖沟渠，成本也比砌墙要低很多，况且如果能在人工河道内侧的沼泽地区挖渠筑坝，还能把当地的盐碱地改造成水田种植出稻米。一举两得，岂不妙哉！

　　东西三百余里，南北五、七十里，筑堤贮水，以为屯田，即可阻敌骑兵之奔驰……播种为稻田，其缘边州军频临塘水者，止留城守军士，不烦劳发兵增加戍卒，而收其地利以充实边储，设置险固以为要塞。春夏时务农，秋冬时习武，休养民力，以便国用。如此数年，则将见彼弱我强，彼劳我逸。此乃御边之要策也。

　　　　　　　　　　　　　　　——《宋史·何承矩传》

长城与水的相互作用
长城对水：
防洪堤
控制水源

水对长城：
护城河
后勤保障
屯田灌溉

　　宋太宗很高兴，采纳了他的建议，并任命何承矩为制置河北沿边屯田使，发诸州兵马18 000人迅速实施工程。仅用不到1年时间，这条人工河就挖成了。后来何承矩又根据战争实践对其进行了扩建和改进，沿线修筑堡寨26座、军铺125处，置守将11人、守军3 000人，他们乘着上百艘战船往来巡弋，形成了西起西塘泊（今河北满城西）东至泥沽海口（今天津津南区东泥沽村），东西千里，汇集19条河、30个淀泊的界河。后来，人们干脆把它叫作"水长城"。就这样，长城与水合二为一了。

　　起初，宋太宗同意开河，但并没有采纳屯田建议。很多大臣也认为当地"连年沥涝，霖雨为灾"，种不了庄稼。何承矩顶着巨大的压力，在"水长城"边制造方田，试种水稻。在经历了"初年种稻，值霜不成"后，第二年改晚稻为早稻，获得了大丰收。何承矩喜出望外，赶紧命人把收获的庄稼送到京城去，献给皇帝。这才有了开始的那一幕。随着种稻的成功，当初反对何承矩的声音也逐渐平息。后来，朝廷在延边军州设置了屯田司。到宋真宗咸平年间，"水长城"一线已经从荒凉的边地变成了北宋重要的粮食产区。到咸平三年（1000），甚至出现了粮食积压，为加强粮食转运，还专门开通了一条运河。为了保护屯田，宋真宗又命令两位将军在郓州（今河北任丘北部）一带驻扎重兵。其中一位护屯将军大家一定不陌生，他的名字叫杨延昭。

何承矩的成功，源于他的自信与坚持，也是基于对工程技术、农业和水利知识的掌握和运用，更离不开对宋辽边疆地理、边防形势的整体把握，谋定而后动。任何工程实践都离不开可操作的规划指导。下面一节，我们将为您讲述一幅古地图的传奇故事，并通过对这幅地图的解读，来展示长城的建设与军防规划。

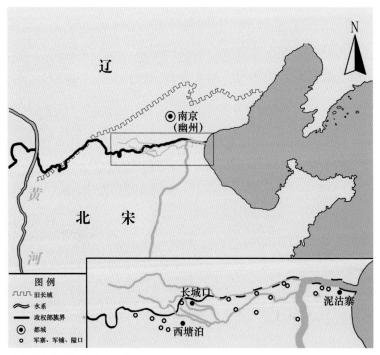

北宋"水长城"走向示意图
图中标注了泥沽寨、西塘泊、长城口的位置。

白洋淀

宋朝以白洋淀等自然水体为基础，在西起西塘泊（今河北满城西）东至泥沽海口（今天津津南区东泥沽村）一线开挖的"水长城"，不但起到了防御辽国的军事作用，还灌溉了南岸的千顷良田

漕运与长城后勤运输

　　漕运是中国古代为支持政府用度、军事后勤、百姓给食、灾害救济等，利用水道将公粮从南方调运至京城或其他指定重要地点的一种运输方式。明清以前，运河称"漕渠"，运河运输因而称为"漕运"，通过漕运转输的粮食被称为"漕粮"。广义的漕运还包括海运、水陆递运等方式。

　　明代洪武至永乐前期，海运是支撑北平、辽东、蓟州、永平等地边防的主要军粮运输方式。到永乐十三年（1415），会通河疏通，改为先漕运后海运的方式运输粮饷。海运官军被分为12个"总"，其中"遮洋总"专门负责东北和华北东部长城的粮草运输。按照永乐年间形成的定制，每年从河南、山东调拨的漕粮共30万石，其中24万石由遮洋总负责从大名府小滩镇（今河北大名县金滩镇）经运河输往直沽，再经渤海转白沙河送至蓟州仓，供给蓟州镇和辽东镇。

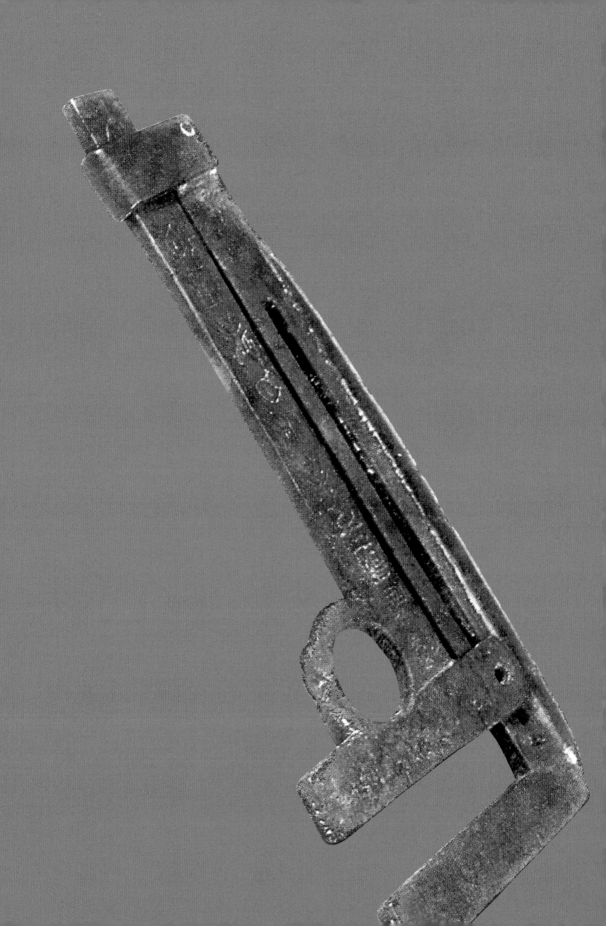

《蓟镇图》与长城规划

> 　　历经十几代人的守护，在战乱与动荡中辗转流传下来的《蓟镇图》是目前已知仅存的长城建设工程规划设计图，同时又是明蓟镇长城的军防图。

　　明嘉靖十八年（1539），北京。

　　巡按御史戴金在一份上报朝廷的奏疏中有一段关于改建和日常管护明长城的描述。大意是说，长城的巡查和镇守官员，一旦发现边墙低薄，就要按照新规制进行加固；如果有军械损坏，要按数量及时维修；如果有好的防御策略和工程规划，应当在当年的巡关御史期满之日会同镇守、守备官员"画图贴说"，及时向朝廷上报规划方案，并由下一任御史监督执行。这段文字表明，在明朝已经有了比较完备的长城工程规划制度，这其中就包括规划图的绘制。明代的长城规划设计图是什么样子，我们一直不知道。

　　明清两代流传下来的长城舆图不可谓不多，大多是广域长城分布图或带有长城元素的疆域图。方志中的长城分布图示意性质强，也有内容相对丰富的，但着重对边内城堡进行说明，对长城防御设施的表现则比较简略，并且不涉及具体的工程建设细节。

近年披露的哈佛大学汉和图书馆藏明万历五年（1577）《边镇御虏图说》，是比较少见的对长城设施进行着重表现，并详细说明的例子。该图的视域是自边内向边外看，绘制精细，色彩鲜艳，随墙有大段图说附在图纸上方的空白处。这幅图上所绘制的墙、台均是已竣工的设施。有研究者通过对这些特点的分析，认为该图"重我方，轻敌方；重客观建筑设施、实际钱粮兵马，轻战略形势、攻防需求"，可能并非出自一线将领之手，亦非实战用途，而是用于呈报朝廷的竣工验收图。万历元年（1573），兵部左侍郎汪道昆曾上疏提议在真保镇创修空心敌台，有学者研究认为该图是工程竣工后，由负责验收的巡按御史回朝复命时所提交的图纸。长城的规划设计图则始终难觅踪迹。

直到1982年的春天，中国国家博物馆收到了一个从河北省鸡泽县寄来的包裹。工作人员打开包裹，看到了一摞年代久远的折页纸，由于受潮，折页已经散成了670多片。折页里面贴满了写有文字的标签，很多都已经脱落了，一些页面已经朽烂成了粉末。

这是一幅名为《蓟镇图》的明朝古地图，高33.2厘米，折页宽19厘米。图上用多种颜色标绘了明长城蓟镇各路的城墙、关隘、水口和山川地貌，并用预制的印章印出了城堡、空心敌台、烽火台等各类防御设施。残图中现存蓟镇十二路中的石门、台头、燕河、曹家、古北口、石塘岭六路的11座关隘和503座敌台。其中隆庆三年（1569）至万历十二年（1584）间已建成的敌台357座，计划修建的146座。

巡按御史与巡关御史

明代遵循"以小制大、以卑临尊"的权力制衡原则，在中央政府设置正七品的监察官员，称监察御史。奉命出巡的监察御史称巡按御史，专门负责巡视关防的御史称巡关御史。他们虽然官职卑微，但权力很大。通过明察暗访的方式"代天巡狩"，负有监察地方大小官员施政情况，以及核查公文、断理冤案、考察民情的职责。

画图贴说

明代舆图用贴标签的形式对图上表现的内容进行文字说明。

空心敌台

明代出现的一种长城防御建筑，与烽火台形态相似，但功能不同。

竹帛口嘉靖叁拾叁年建立低小邊城貳百柒

拾丈陸尺萬曆元年題奉

欽限脩完茨字貳拾貳號貳拾叁號貳拾肆號貳拾
伍號貳拾陸號貳拾柒號貳拾捌號貳拾玖號貳拾
叁拾號叁拾壹號叁拾貳號叁拾叁號叁拾肆
號臺拾叁座至叁年題奉

欽限用大石增脩上等墻臺伍拾壹丈壹尺高貳丈伍尺創
脩中等墻臺壹拾陸丈伍尺高貳丈伍尺增脩下等
墻伍拾捌丈高壹丈伍尺共墻貳百柒拾丈守
口茨溝營主兵陸拾伍名設守口官壹員住守
前已開載支防秋客兵壹百伍拾伍名設守口官貳員住守月糧
本折無支東至鷂兒溝西至儀水平南至茨溝營
北至平刑關極衝外通平刑關貳拾里向無虏犯今有
臺墻堪以禦虏

《边城御虏图说》残本　明　哈佛大学汉和图书馆藏
图高47厘米，由58个25厘米宽的折页组成，主要表现了明万历元年（1573）至五年间真保镇建成的边墙、关隘与敌台。

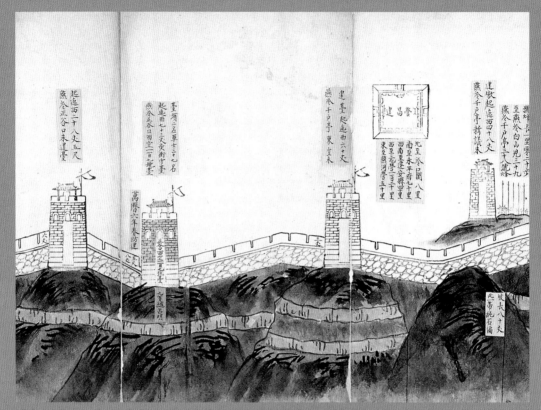

《蓟镇图》残本 中国国家博物馆藏 引自《中国长城志·图志》（江苏凤凰科学技术出版社，2017 年）
图中蓝色的敌台已经建成，红色的是规划中尚未修建的设施。

　　地图采用中国传统山水画的绘图方式表现了长城沿线的山水地貌，在绘制长城建筑时又明显采用了明代中晚期院体派工笔画技法加以勾勒。地图的视角是由北向南，主要是看长城的外立面，城墙统一画成虎皮石墙的样式，其他各类设施的规格也都整齐一致，风格显得比较死板。可见它的侧重点不在于艺术性，而在于实用性。

　　图上每一处设施旁边都标注了设施的名称、兴建年代、尺寸，以及与相邻设施的距离、所属军事区等信息。已建成的设施用蓝色勾绘或戳印，一些尚未修建的则用红色。随图贴有不同颜色的标签，用文字说明了驻守各设施将士的姓名、人数、管辖范围、四至里程，还有敌台和烽火台的名称、建筑年代、尺寸，甚至还有为侦察兵设置的侦察路线。

图上的标签并不规整，文字多有改动，标号顺序也存在颠倒。据此判断，这应当不是上呈朝廷的定稿，而是过程稿，或者体现了一个动态的绘制行为，应当是一线镇守官员在建设与战争实践中不断调整、改进的体现。明代的长城规划设计图终于揭开了它的神秘面纱。

《蓟镇图》是绝世珍品，是明代"画图贴说"的长城规划流传至今的唯一图像实证。从技术角度看，《蓟镇图》是"多规合一"的典范。中国国家博物馆的文物专家杨文和对这幅图有一个精辟的总结："它既是长城建设工程设计图，又是蓟镇军防图。"杨文和先生还发现，图上万历十二年（1584）新建敌台存在红色戳印上覆盖蓝色戳印的现象，并且贴签方式也与其他设施不同。据此判断，地图应是绘制于万历十一年（1583）。

如此详细的长城军事地图，它的重要性不言而喻。但问题随之而来，地图的内容涉及明代的国防机密，一般人应当是无法看到的，因此它的作者和所有者必定不是普通人。那么《蓟镇图》又有着怎样的身世呢？

为了搞清古图的源流，中国国家博物馆的工作人员亲赴鸡泽县调查。果然不出所料，地图的传世有着一段曲折离奇的故事。

明万历四十七年（1619），努尔哈赤的军队在萨尔浒大败明军，两年后接连攻取沈阳、辽阳，辽东长城重镇从此尽陷后金手中。辽东兵备副使康应乾亲历萨尔浒惨败和辽阳陷落，眼看大势已去，便渡海回到关内。兵备副使，相当于军区后勤部副部长，这个身份能够接触到很多国防密档。康应乾临行前将这些重要军事档案收集起来一并带回，其中就有这幅名叫《蓟镇图》的长城军事地图。

明天启四年（1624），康应乾因萨尔浒之败受到弹劾，一度蒙冤下狱，数年之后得以平反。康应乾回到了故里鸡泽县康马昌村，《蓟镇图》从此留在他的家乡，成为康氏家族的传家宝。经历了一系列的改朝换代、战乱、政治运动之

《蓟镇图》既是长城建设工程设计图，又是蓟镇军防图。

后，康家收藏的圣旨、古籍等，包括康应乾本人的画像全部被毁，但《蓟镇图》却奇迹般地保存了下来，地图的收藏人和捐赠人正是康应乾的第十四代孙康俊香。据康俊香回忆，她的母亲把这幅图包好藏在一个柳条筐中，成功保存至今。

康氏家族对《蓟镇图》400年的坚定守护，使我们在今天能够直观地了解到明代长城军事管理的细节，也在长城文物保护史上书写了浓墨重彩的一笔。

鎏金铜观音菩萨坐像 明 中国国家博物馆藏

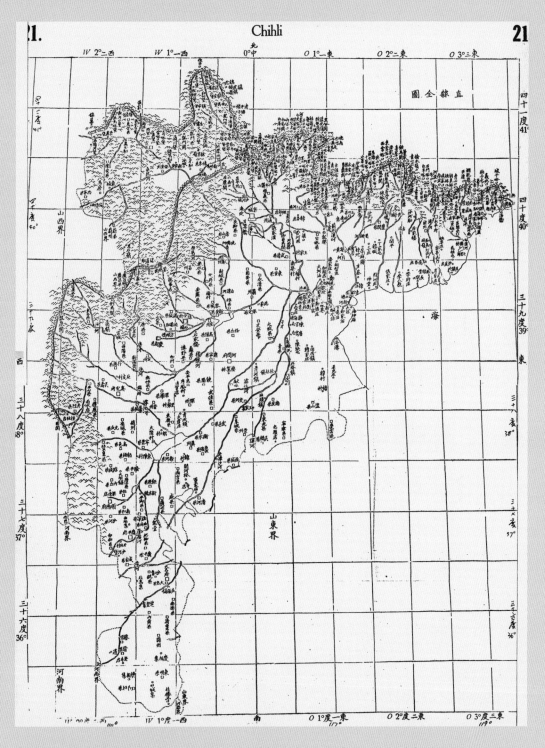

清《直隶全图》蓟镇长城部分（亓连口至山海关）引自《中国长城志·图志》（江苏凤凰科学技术出版社，2017年）

长城的工程管理智慧

> 明长城的工程审批、勘察设计、施工管理、质量控制与验收等制度，为当代建设工程管理提供了宝贵的经验。

一

明成化二年（1466），延绥镇（今陕西榆林一带）。

当地官员在时隔两年后第二次向朝廷提出兴建长城申请，但又被驳回了。原因是申报材料准备得不充分。

这段时间正值蒙古兵强马壮，骑兵频繁大规模南下。他们行动迅速，往往是袭扰过后已经安然撤退了，明朝的援军才到。边镇军民苦不堪言，急切盼望着能够早日建起长城，但朝廷官员的眼中只有程序不合规。

按照流程，明代长城工程需要由长城各镇向兵部提出申请，审批通过后交由皇帝亲自签批才能实施。延绥镇的两次报告都是在兵部就被否决了。到了成化二年（1466）冬天，眼看西北战事吃紧，兵部尚书王复亲自上疏申请修长城。这次比较顺利，皇帝很快就批准了。结果人算不如天算，第二年，工程还没立项，兵部尚书换了人。继任者白圭是个主战派，他极力鼓吹主动进攻，根本看不上修长城这样的被动防御措施，在他的操作之下，延绥长城项目流产了。

明长城工程的申报流程

各镇编制预算并申请立项，由兵部审批，户部拨款。审批通过后还需要皇帝亲自签批同意才能开工。如果兵部或皇帝不同意，各镇总兵和督抚还可以直接向皇帝上疏说明修长城的必要性。

就这样，到了明成化六年（1470），延绥巡抚王锐再次提出申请，获得了兵部的原则同意，但没过多久，王锐又被白圭弹劾免职了。延绥长城工程第四次不了了之。时间来到成化九年（1473），这时的延绥巡抚余子俊曾经在掌管国家财政的户部工作十年，历任主事、员外郎，有着丰富的经济工作经验，他深知主动进攻蒙古的战争成本之巨，是明朝的财政所无法支撑的，于是他向明宪宗算了一笔经济账。皇帝于是下决心支持修长城的动议。历时十年，延绥镇长城建设工程项目在国防部门主管领导极力反对之下和更换了五任地方官员之后，终于拿到了正式立项的"批文"。

十年间，多少政治斗争在上演，又有多少生灵涂炭。有人说，"将在外君命有所不受"，边防情势危急，是否可以便宜行事，直接开工修长城？答案是否定的。陕西三边总督刘天和奏请修筑固原边墙，被兵部否决，结果他擅自开工被人举报。上面查下来，固原长城"未批先建"情况属实，刘天和受到了"夺俸三月"的处分。

我们看到，明代长城工程的实施是多么不易。漫长的周期、反复的陈情、人事变动、决策者的偏好，都会对项目的推进产生影响，而长城工程组织者的经验、才干和意志，成为推动这一伟大工程的重要因素。

二

明正德元年（1506），还是延绥镇。

新任三边总制杨一清击败了来犯的蒙古军队，开始着手勘查边境。成化初年，宁夏巡抚徐廷璋和延绥巡抚余子俊修筑的长城常年失修，边备松弛，蒙古人的骚扰又多了起来。杨一清于是决定开始整理边务，重修长城。为此，他率领三边官员进行了充分的准备。首先由地方官员通过踏查形成报告上报各镇审核，之后亲自带队调研了一个多月，从陕西定边一路走到宁夏灵武，详细考察了沿线边墙和壕堑的尺寸、旧有城堡和烽火台的数量以及与边墙的距离远近、长城各设施的保存现状、各地军队布防情况等，在此基础上制订了很有针对性的改建和修缮方案。具体包括：

（1）修缮和增筑边墙共三百里，高厚均增加到二丈（约6.2米），墙顶建垛口墙五尺（约1.55米）；

（2）在边墙上增设敌台，每华里三座，底边周长四丈五尺，顶面周长二丈二尺；

（3）边墙附近空阔处添筑边长一丈左右的小堡；

（4）墙外的壕堑挖深至二丈，口宽二丈二尺，底宽一丈五尺。

根据上述工程量，由陕西、宁夏两地官员估算征调军民的数量并编制预算，大体需要9万人左右。按照每人每日耗粮一升五斗，做工4个月，每石粮食折银1两计算，再考虑到汉中等地路途遥远，需要根据实际情况提高人工费，共计耗银20万两左右。

此外，方案中还说明了各级官员的职责分工、经费来源以及如何组织实施等。从内容看，杨一清组织编制的长城修筑方案已经基本具备了现代建设工程方案所需要的主要元素。从文献看，这并不是个案，地方大员亲自踏查长城并组织编制工程方案的记录贯穿明朝始终。

大家十分熟悉的名将戚继光，在东南沿海荡平倭寇，威名远扬，此后他镇守华北长城16年，因为守得好，不怎么打仗，这段事迹反而不怎么被人提起了。今天河北东部、北京一带的蓟镇长城，就是由他主持修建

明长城的军费管理

明长城边镇建立之初，各镇军费由总兵统一筹措和管理。正统年间开始，明朝认为总兵职权过大，于是改由巡抚负责钱粮调配，并从户部向各镇派出管粮郎中负责钱粮的收支管理。监察系统下的低级官员巡按御史和给事中分别负责定期审计和临时审计。武官的经费管理职能被彻底剥夺。到明代中期后，由中央政府户部管粮郎中、巡按御史、给事中，地方的巡抚、道员和同知、通判共同组成的边镇钱粮管理体系形成。

的，甚至长城的一些重要设施和结构都是他亲自设计的。明后期，辽东巡按熊廷弼主持了明朝最后一次对辽东长城的大修。他亲自踏查了从鸭绿江到辽东湾的整条防线，并根据每一个地区的实际情况提出了不同的修建方案。

有了详尽的工程方案，主持长城工程的官员还要做一件重要的事，就是让给工程拍板的人——皇帝看到设计效果。施工方案的文字说明再详细，皇帝、大臣们和施工人员没有感性认识，实施起来也难免出现理解和效果的偏差。明朝人采用了"画图贴说"的办法，将长城建造的样式上报审查。遗憾的是，翻遍明代的志书、档案和舆图，我们只能找到《蓟镇图》这样的宏观规划图，却没能找到一张单体建筑的效果图。是因为这些图纸已经湮灭在历史的长河中，还是明朝人百密一疏，忽略了这个环节？我们不得而知，但后代的做法，为我们提供了一些合理想象的空间。

在清代，有一个主持皇家建筑设计的显赫家族，被称为"样式雷"。在那个没有精密测绘仪器、没有电脑和制图软件的时代，雷氏家族用了一个巧妙的办法来呈现建筑设计效果，那就是制作"烫样"，也就是用纸版热压成小比例的模型。明长城建造过程中会不会也使用过类似的方法呢？

研究发现，明代官员可能确实有同样的思路，但他们的做法比制作烫样更加直接。在河北省怀来县境内有一段被当地人称为"样边"的长城。据说就是为了保证各地长城工程标准统一而修建的1:1的长城样板工程，各地只要按照相同的样式修建就好了。尽管没有文献证据，但"长城样板工程"的存在可能性很大。对于文化水平相对低又直接参与长城施工的普通工匠而言，实物是最直观的"效果图"。

蓟镇明长城等级规格

边墙等级		基宽	顶宽	通高
一等		一丈六尺 （约5米）	一丈三／四尺 （约4/4.35米）	二丈五尺 （约7.77米）
二等		一丈五尺	一丈二尺 （约3.7米）	二丈三尺 （约7.15米）
三等	宽墙	一丈四尺 （约4.35米）	一丈四尺 （约4.35米）	一丈五尺 （约4.66米）
	薄墙	一丈 （约3.1米）	九尺 （2.8米）	二丈 （约6.2米）
	单边墙	——	<1米	约1.8米

明长城的边墙和敌台按照尺寸和材质分为三个等级，样边长城是明长城中最高规格的建筑样式。实际上，各地的地形地貌、经济状况和常用的建筑材料各不相同，并不能完全照搬样边的建筑形式，明长城的修建也并没有那么死板。但明朝人对长城"标准化"的追求和尝试，配得上现代人的敬意。

位于河北省怀来县境内的"样边"长城 张依萌摄
传说因其是明长城的"样板工程"而得名。

三

明隆庆四年（1570），蓟镇长城脚下。

一场长城建设大会战正如火如荼地进行着。各地卫所的班军喊着号子搞起了劳动竞赛。这边，山东镇房奇兵营的管队，正和手下一起将条石奋力推上土坡，他向身旁的余丁使了个眼色，那人赶忙递过一碗水，管队一饮而尽；那边，宁夏营的一伙人把城砖码放得整整齐齐；另一边，操着南方口音的把总正给手下布置新的任务——他们是蓟镇总兵戚继光从浙江义乌带来的子弟兵。朝廷从周边府县征调的役夫和工匠此起彼伏地砸起夯，把地基夯得无比坚实。看，他们中有几个人戴着镣铐。最近工期紧，人手不足，一时又找不到新的劳动力，只好从附近县城的大牢里找来囚犯补充人手。他们要在一年内建起数百里的边墙和上千座敌台。

卫所制度与明朝军队的组成

　　明朝实行的卫所制度，是一种兵农合一、战守结合的军事制度。以都指挥使司为地区最高管理机构，下辖若干卫，每卫兵额5 600人，卫下设所。

　　卫所士兵都由军户承担，军户的男丁世代当兵，不能从事其他职业，是世袭的职业军人。卫所士兵一开始固定在驻地，从永乐时期开始，出于加强京城和北部沿边地区防御力量的军事需要，调动内地卫所官军分班前往这些地区驻防，称之为"班军"。在京师的称为"京班"，到沿边驻防的称为"边班"。后来沿边军事形势愈来愈严峻，开始调集别的卫所官军协助防卫，外地援军称为"客兵"，本地卫所官军称为"主兵"。"军下余丁"是与卫所驻军密切关联的一类人。明代军制，每一军户出正军一名，每一正军携带一名后勤服务人员，称为"军余"或"余丁"。

抚宁县万历三十六年头司把总郭矿管修敌台及二等边墙工碑拓片　引自《河北省明代长城碑刻辑录》（科学出版社，2009年）

　　这是一个典型的明代长城建设场景，不同番号的部队和来自各地的民夫是修筑长城的主力军，而囚犯的身影在工地上却鲜见。即使倒退一千八百年，在秦始皇的时代也大致如此。

　　戚将军看到这热火朝天的场面，一方面倍感欣慰，另一方面又忧心忡忡。但愿朝廷说话算数，地方官员积极配合，能够及时筹措到足够的饷银发给大家。

　　在明朝，当兵是个苦差事。卫所士兵的待遇很差，既要打仗又要种地，还得根据需要去修长城，再加上经常被拖欠军饷，所以史书上有不少明军哗变、逃亡的记载。

　　长城是国家重点工程，投入巨大，然而在明代前期相当长一段时间里，国家财政竟然没有专项预算，各地都是在工程立项之后自筹资金实施。后来随着工程量的猛增，地方财政逐渐不支，只能向朝廷申请经费。

　　然而这只是工程款，人工费依然没有着落。戚继光不愧是军事管理大师，他不但用兵如神，而且爱兵如子，又有着过人的政治智慧。为了获得足够的军饷，他采取了两个措施：一是凭借战功向朝廷频繁请赏，二就是修长城本身。那个年代，并没有现在这样详细的预算科目和严格的审计制度，只要把工程的盘子做得足够大，人工费也就有了。当然，戚将军在长城工程质量上是从不含糊的。

　　最终，蓟镇长城工程如期竣工，军队和民夫都顺利地拿到了他们应得的报酬。可是，明长城沿线其他军镇的守军并不都像戚继光的手下那样幸运。经费制度的不合理，逼着各地的长城建造主管官员采取了很多变通的对策，有些人挪用经费，克扣饷银，或征收苛捐杂税，更不免中饱私囊，腐败在长城工地上蔓延。金城汤池的建成，除了高超的建筑技术，更要有高效的管理制度，还须恢恢法网与人性暗面的博弈。

明长城建设经费来源的变化

　　一开始，明长城建设经费主要由户部支出，到了嘉靖朝，皇家大兴土木，国家财政赤字猛增，户部也吃不消了，于是会同兵部召开"联席会议"，协商解决长城经费问题。长城项目原本就是兵部主管，于是双方商定，按照三七开出钱，兵部出资三成。在皇帝的主持下，这个制度确定下来。但兵部又不像户部可以征税，好在他们还管着一个有钱的部门，那就是管理马政的太仆寺。太仆寺每年有大量的资金用来购买军马，于是兵部就将买马的钱拿出一部分来修长城。

四

2012年，张家口。

这年夏季的雨水异常地多，河北省等9个省份遭遇了洪涝灾害。张家口的大境门长城在连续降雨的冲击下发生了垮塌。

无独有偶，2018年，山西代县雁门关关城也受暴雨影响塌方。

文物部门先后对两处长城受损情况进行了调查，得出的结论出人意外。大境门和雁门关在当代均进行过保护修缮，坍塌均发生在新旧工程结合部的新修一侧，而原汁原味的明代建筑却岿然不动。

诚然，长城在今天已经成为文物，修缮方式和标准自然与作为军事设施的要求有所不同。但无论古代建筑还是当代遗产，保证本体安全是最起码的要求。

任何工程的实施都伴随巨大的利益，管理稍有不慎，便会成为腐败的温床。明代一些地方大员利用制度的漏洞，通过克扣军饷、偷工减料、虚报工程来中饱私囊，进而不可避免地影响长城工程的质量。明长城是国防工程，质量的优劣关乎国家安危。朝廷采取了一系列的监管措施来惩治贪污，确保长城工程质量达标。

首先是实行"报完"制度。

所谓报完，也就是我们现在所说的竣工验收。明长城工程一般由兵部组织验收，在验收时，按照相应的技术标准对工程质量进行分级评价。

> 蓟辽台墙……务以砖石，灌缝必用灰泥，高阔丈尺，一一如式，迨工完日，该镇协亲用长锥试验，以不入土者为上等，重加优赉。以随下随入者为下等中，千总官当即推打，严追工槁，留为异日补修之资……得旨下部。
> ——《明神宗实录》万历四十三年巡按直隶御史李嵩条议边计

戚继光主持的蓟镇长城工程就进行了验收。验收通过之后，由于工程质量优良，朝廷给予通报表彰。戚继光的上司蓟辽总督谭纶升任兵部尚书，戚继光的一个儿子也被提拔为百户。奖优自然也要惩劣。明万历四年（1576）二月，甘肃镇一段长城在工程验收时，爆出临巩兵备马文健和河州知州赵于敏"虚报边墙功镩"之事，于是

明长城的"质保期"

　　据《明实录》记载，隆庆六年（1572），延绥巡抚郜光先提出，本镇"大边版筑并兴，人力不给，请申五年损坏包赔之法……上从部议"。这个办法遂为成例。万历四十三年（1615），蓟辽总督薛三才针对辽东边墙修筑质量也提出"如五年之内有倾圮者，定行追究，责其赔修"的要求。

　　明万历三十九年（1611），蓟镇开始实行10年质保期，"近蓟镇督臣严立十年为满，方免追论，所以严于其始"。万历四十年（1612）起，又要求"镇臣亲往工所抽假签刨，如有前弊，重令修砌，该营将领官目径自责治，重者揭督抚参处，路将一体连坐……得旨依议"。这说明越到后期对长城建筑质量要求越高。

戚继光像　山东博物馆提供

鎮守保定真定等處地方總兵官都督僉事唐陵乳世昌

鎮守保定博定津總兵官都督僉事

校尉守察司副使

世恩守馬國

外守倒於馬國北方水將大

真定府志筆

州那原志仁守備馬龍固關通判軍

臨川工原任仁守備定望松國卿

監才工原住想守真定川

狼夷彀教管飞巴王定州

楊明卿

巡按直隸鹽察御史七番晏玉

平孫不謁易都□□□□都御史富□

刺□□巡撫右僉都□郎□守□府□安都御史□

部右餉都□郎□□野地□劉雅方

檀飾□求祭祈□右安□都御史□□御史要理

想賀見□□安惡軍□□□

都察院右僉都御史右□縣□道□

前遼保秋不隨務□部石侍郎□

歷□秋闊視

金山岭长城所见"万历六年振武营右造"款文字砖　贾海麟摄

二人被罚俸降职，他们的上司兰州参将徐勋也承担连带责任被罢官。

第二是设置竣工之后的"质量保证期"。

明长城的质保期，见于记载的有5年和10年两种期限，如果在期限内发生坍塌损坏，将予以追责，惩罚的措施一般是革职或赔款重修，并且总督、巡抚以下各级主要官员都要连坐。

第三，就是实行"物勒工名"制度，严格责任追究。

明长城遗址中，迄今已经发现了数百方记录长城工程的文字碑。碑文内容包括时间、所修长城设施的种类、等级、数量和尺寸、责任单位，还有上至总督巡抚下至工匠的责任人姓名。一些城砖上则刻印有烧造单位、筑城部队的番号。这就是所谓的"物勒工名"，这种制度至少可以上溯到战国时期。最早的长城记工碑，出自隋代。大家注意，这可不是为了名垂青史、弘扬政绩，而是责任追究的凭证。

最后，就是严惩贪污和"豆腐渣工程"。

明嘉靖三十七年（1558），吴嘉会巡抚蓟镇期间，利用职务之便大肆贪污索贿。朝廷拨付的57万两长城工程款中，竟有14万两进了他的腰包。而他主持修筑的边墙也是偷工减料，建了就塌。事发后，吴嘉会被削职为民。他的主管领导、蓟辽总督王忬保留待遇退休，兵部尚书郑晓罚俸一个月，分管的兵部侍郎雷麟罚俸两个月。

两千多年积淀，两百多年经营，明长城巍然矗立至今。为了确保工程的质量，明朝人制定了详细的管理制度，其中的一些即使放在当代，也毫不过时。

哈德良长城记工碑

古罗马人在兴建哈德良长城时，也采用了记工碑的形式来明确施工责任。他们以百人队为单位（古罗马军事单位，每个百人队约有80名士兵组成）分段筑城，每个百人队在其修建的墙体段落起止点的墙体上镶嵌一块"百人队记工碑（centurial stones）"，上面镌刻军团百夫长的名字和部队番号。在一些要塞遗址中，也曾经出土一些刻有长篇铭文的记工碑，记录当代帝王和不列颠总督的信息，但绝大多数记工碑的铭文只有百夫长姓名的首字母简写。目前，英国的考古学者已经在哈德良长城的记工碑上发现了驻不列颠的全部3个军团中约150名军官的名字。

记工碑拓片 1929年波多瓦尔德要塞出土 引自《Handbook to the Roman Wall》（published by the Society of Antiquaries of Newcastle upon Tyne, 2006年）
碑文记录了塞维鲁皇帝时期长城兴修工程的情况。

穿越长城的百年铁路

京张铁路是第一条中国人自主投资、设计和建造的铁路。它沿着京西古道穿越长城，克服复杂的地质条件，体现了高超的工程技术水平，让古老的长城防线与现代化的交通设施交相辉映。

清光绪三十一年（1905），北京。

时任直隶总督的袁世凯与一众北洋大臣共同上疏朝廷，申请修建从北京通往张家口的铁路。仅仅20天后，就得到了批准。此前，俄国政府和中国商人曾分别提出了修建这条铁路的建议，但清廷出于国家主权和经济安全的考虑都予以拒绝。从那时开始，朝廷就有了官修铁路之意。如今，清政府获得了一个天赐良机。在政治环境上，英国和俄国为争夺路权闹得不可开交，清廷在两国矛盾的夹缝中渔翁得利，获得独立施工的机会；在经济上，先期开通的京奉铁路运营收入颇丰，可以将每年的盈余用于修路；雪中送炭的是，袁世凯还物色到了一个担任京张铁路总工程师的不二人选，就是詹天佑。他早年就读于美国耶鲁大学土木工程系铁路工程专业，归国后参与铁路修建十余年，实践经验丰富，并且成绩斐然，是当时的中国第一铁路工程专家。实际上，在北洋大臣上疏之时，詹天佑已经奔赴关沟，开始勘查路线了。

他亲自带领两个工程学员跋山涉水，完成北京到张家口间的选线踏查。铁路的起首段，选在丰台柳村至西直门，之后的一段，詹天佑勘定了三条可供选择的路线：一条北上昌平，跨越妫水河至沙城；第二条南走石景山，沿永定河、洋河北岸北上；第三条距离最短，从南口经过著名的关沟古道，穿越居庸关和八达岭长城。由于经费有限，工期紧迫，詹天佑最后选择了第三条线路。四百多年前，这曾经是大明的耻辱之路，年轻气盛的正统皇帝在这条路上兵败被俘。清王朝成功将蒙古威胁化于无形，把战争之路变成了南北通衢。现在，它要用最新最快的交通工具，让这条百年商道发挥更大的经济作用。

詹式车钩（Janney Coupler）

1868 年，美国人伊利·汉尔顿·詹内发明的火车自动挂钩系统，它通过自动撞击的方式将两节车厢紧紧勾连在一起，同时缓冲车厢之间的撞击力，达到减震和保证车辆安全的效果。这种车钩一直使用到今天。由于翻译问题，詹氏挂钩曾被误认为詹天佑发明。詹天佑本人曾作出澄清，并且特意在编著《新编华英工学字汇》时，改译为"郑氏车钩"。

1905年9月4日，工程正式开工。3个月后，京张铁路铺下了第一根铁轨。但就是在这一天，发生了工程车脱轨事故。这是个不好的兆头，流言与质疑声在工地蔓延。詹天佑没有理会这些，他很快发现，导致事故的原因是车厢挂钩断裂。于是他改用一种称为"詹氏车钩"的自动挂钩，消除了后续的隐患。

这次事故之后的一段时间，工程开展相对顺利，但当推进到关沟时，施工开始变得异常困难。从北京到张家口，燕山山脉是绕不过去的障碍。北朝和明代的长城就修建在其间。这里地质条件复杂，山高石峻，高差和坡度都很大，同时要开凿一系列的穿山隧道。其工程难度以当时的技术条件，在全世界都堪称艰巨。外国人甚至断言，能够修成南口至八达岭铁路的中国人还没出世。但很快，詹天佑就用极其高超的工程技术，将他们的嘲笑击得粉碎。

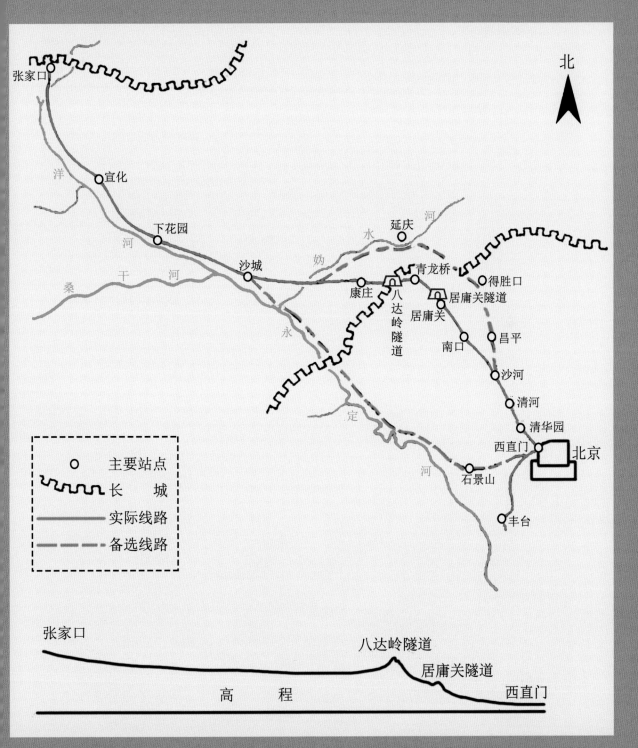

京张铁路线路及坡度示意图

　　在关沟铁路施工中，詹天佑实现了两大创举。一是在打通八达岭隧道时，同时采用了从两端向中间推进和中部凿竖井向两边推进的方法，大大节省了工期；二是在青龙桥车站附近坡度较大处采用了当时国际通用的人字形铁轨设计，用来中转车辆。

　　人字轨的运行原理是，先在列车尾部挂接另一个车头，两个车头一拉一推驶上半山腰的岔路，再让列车反方向上坡。这样一来，笔直的上坡就变成了两个缓坡，相当于在山腰上设置了一个台阶，这个天才的设计彻底解决了火车因坡度大造成的爬升动力不足问题。

青龙桥车站西人字轨上下火车同时开行的情景　引自《京张路工撮影》（上海同生照相馆制作，1909 年）

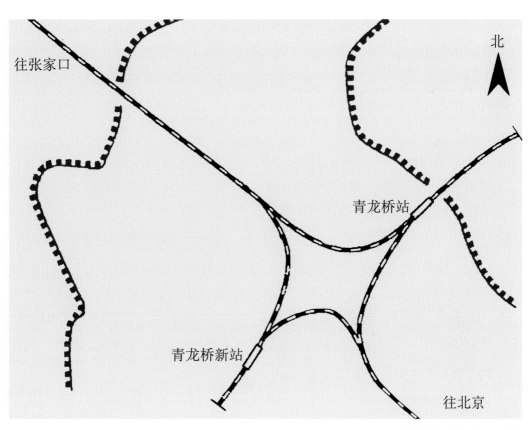

往张家口

青龙桥站

青龙桥新站

往北京

北

京张铁路人字轨平面示意图

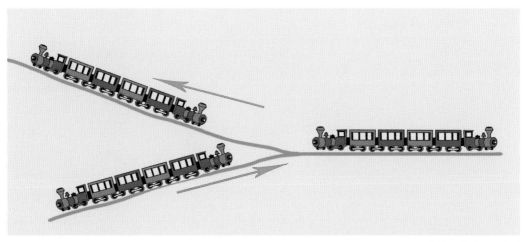

人字轨爬坡原理示意图

1909年10月2日，在詹天佑和全体施工人员的共同努力下，中国人自主出资、设计和建造的第一条铁路克服了重重困难，胜利完工。工期比计划提前了两年，工程经费结余29万两白银。在古老的长城脚下，詹天佑和他的同仁们传承了华夏儿女从古到今的智慧与坚强。

万里长城为北边第一著名之古迹，亦为中国第一伟大之工程。今铁路大通后之来游斯地者日益众多，他日中外游客历数此邦之巨工，不将以京张铁路与万里长城并称为吾国大建筑之一事乎。

——詹天佑《京张铁路工程纪略》

京张铁路通车后，詹天佑在他详细的工程报告《京张铁路工程纪略》中畅想未来，他仿佛看到这条路如同滋养古埃及人民的尼罗河水，将内地的文化输往边疆，消除了愚昧；沿线物阜民丰，商贸发达；长城与铁路交相辉映，共同承载着伟大的中华文明，赢得世界的尊重。

新的铁路在行经八达岭长城时，不再需要在城墙上开豁口穿过，而是从地面以下100米的隧道中通过，既便利了交通，也保护了长城。没有人再怀疑中国人是否能够创造出世界上最优秀的工程。今日的中国已不需要在西方列强的阴影下如履薄冰，詹天佑的畅想已经全部变成了现实。

（右页）京张铁路居庸关隧道北口　引自《京张路工摄影》（上海同生照相馆制作，1909 年）

居庸關山峒北口

当代的长城保护修缮

> 21世纪，长城保护工作者用新的技术理念，努力将古代戍边将士和工匠的作品及其所承载的记忆留给后人。

一

断壁残垣古墟残，夕阳如火照燕山。

今朝四上居庸道，要使长龙复旧观。

——罗哲文

1948年，北平。

中国营造学社的青年才俊罗哲文正与师母林徽因进行一场谈话。林徽因对他说："过去学社在北平距长城很近，但总认为随时都可以去，殊不知一隔就是十多年了。长城是古建筑中很重要的一项，不能不去调查测绘一下，工作量相当大。你年轻，先去打个头阵，探一下路。"

（左页）山西省山阴县新广武长城保护修缮工程施工现场　华巍摄

这一年，只有24岁的罗哲文查阅了资料和地图，带上照相机，先乘车，后骑驴，最后徒步，经过几天的艰苦跋涉，先后考察了八达岭和古北口长城。这次考察因动荡的时局而匆匆结束，但却揭开了中国长城保护事业的第一页。1952年，时任政务院副总理的郭沫若提出了维修长城并向国内外开放的建议，获得国家的支持。文物事业管理局专门组建了十几人的团队，广泛查阅资料，编制了详尽的维修规划和方案，绘制了修缮效果图。建筑大师梁思成对方案进行审定，并提出了以下几点意见：一是要"整旧如旧"，尽量不用新砖，千万不要用水泥混凝土，在保证游人安全的前提下保持残状，不必全修；二是旅游设施要保持自然和野趣；三是不要在长城边种植高大乔木，以保持景观。这些意见，后来成为中国长城保护维修工程的重要理念和标准。

1957年8月1日，八达岭长城保护维修工程正式动工。经过短短两个多月的施工，八达岭长城恢复了旧貌。从此，八达岭长城被看作中国长城的典型代表，而八达岭长城保护工程也在相当长一段时间内成为长城保护维修的样板工程。

八达岭长城保护维修工程完成之后，各地的长城保护修缮项目陆续开展起来。

1984年，由北京晚报社和八达岭特区、北京日报社、经济日报社、工人日报社五家单位联合发起的一场以"爱我中华　修我长城"为主题的社会赞助活动轰轰烈烈地展开。时任中央军委主席邓小平同志和中共中央政治局委员、书记处书记习仲勋接受主办方的邀请，为活动题词。活动得到了各级政府和广大人民群众的热烈响应，神州大地掀起保护长城的热潮。八达岭、慕田峪、山海关、司马台、金山岭、居庸关等我们耳熟能详的著名长城段落在20世纪八九十年代相继得到了修复。

全社会积极响应党和国家领导人的号召，公众热情捐款，政府和文物部门干劲冲天。人们恨不得让长城这座中华民族的象征在一夜之间全部恢复往日的辉煌。夯土和石砌的墙体包上了青砖，已经消失的敌台重新拔地而起。在不少人的心里，作为中华民族象征的长城必须是宏伟壮丽的，于是，在一些地方，那些看起来不够宏伟的长城，建筑结构被改造、扩建得更加高大宏伟……人们时而准备再现古代固若金汤的防御工事，时而仿佛是在重建一座不朽的纪念碑。

今天对长城的修缮，既不是建国防工程，也不是修纪念碑。在当代，长城

20世纪30年代北平哈同照相馆拍摄的八达岭长城明信片　［英］威廉·林赛收藏
图中的八达岭长城关口已破败不堪，荒草丛生。

八达岭长城早期修缮中对"原状"的坚持

　　1964 年，第二届历史古迹建筑师及技师国际会议在意大利威尼斯通过了《国际古迹保护与修复宪章》，其中第九条要求文物建筑修复必须"以尊重原始材料和确凿文献为依据。一旦出现臆测，必须立即予以停止"。早在此 7 年前，这一理念就在中国的长城保护实践中得以贯彻。

　　1957 年 7 月 31 日，八达岭长城保护工程开工在即，文化部文物管理局接到了延庆县有关部门的方案变更申请文件。文中提到，据传八达岭关城东墙上曾经雕刻有"八达岭"三字，延庆方面计划在新修复的城墙上重新刻上这三个字。于是他们向国家局提出申请，并询问字体、大小和石材的选择等问题。

　　文化部文物管理局根据来文判断，城墙上有"八达岭"三字的说法只是传言，依据不足，因此拒绝了他们的申请。8 月 14 日，文化部文物管理局致函河北省文化局并抄致延庆县人民委员会文化科："接你省延庆县人民委员会文化科来函，拟在北门锁钥城围上刻上'八达岭'三字。因按照恢复原状的原则，加刻'八达岭'三字的根据不足。我们意见，不必在北门锁钥的门洞上刻字以维持原状，但另外作一标志是可以考虑的。兹将原函转去，请你局考虑决定，并径复该县。"

清末的八达岭长城　山本赞七郎（S.Yamamoto）摄

八达岭长城今貌

的第一身份是文物建筑类的古迹，而文物建筑修复的第一要求是真实。现有的国际文件和国内法律一致强调，在文物保护修复工作中要坚持"不改变原状"的理念。长城保护，更不能例外。

> 长城的修缮，应当遵守不改变原状的原则。
>
> ——《长城保护条例》第二十三条

八达岭长城是万里长城建筑中的精华。从效果看，八达岭长城的保护工程无疑是一个成功案例，值得借鉴。但它的建筑风格、技术和材质都不是长城的典型代表。各地应当学习的不是八达岭长城的建筑样式，而是对它的修缮思想。

长城就像一位老者，它的壮美，源于2 500年沧桑阅历所积累的厚重底蕴。保护长城也如同照料老人，目的在于延年益寿，而非返老还童。就保存状况而言，像八达岭这样相对完整能够看出原有建筑形制的长城只占到全国长城资源的10%，大多数的长城段落已经是遗址状态。我们要做的不是添砖加瓦或标新立异，而是尽量保持它原有的独特气质。如果比照八达岭的样貌修复西部地区的土筑长城，就会彻底改变长城的本来面貌，破坏它的气质。而对待长城遗址，更多是要保持它的稳定，让它不再继续坍塌，延年益寿。对那些已经消失的原状，我们也许永远都无法证实，不如让到访者去发挥他们的想象力，在每个人脑海中复原他们心目中长城应有的风景。

"月亮门"的由来

新广武村本是明长城的新广武城堡，十号敌台就建在城堡最近的一座山头，从城中抬头就能看到。戍边的战士曾无数次在城头和山顶往返与对望。清军入关之后，守军的后代继续留在这里生活，附近的长城和敌台则不再驻防和维护。由于常年的自然和人为破坏，到20世纪六七十年代，十号敌台的上半部分只剩下一个像门一样的拱券结构，然而它的残状却意外地产生了独特的野趣。晴朗的夜晚，月光透过拱券射向大地，矗立在山顶的十号敌台宛若天宫，从此，它有了一个浪漫的名字——"月亮门"。

二

2019年，山西山阴县新广武村。

一座明长城敌台周围搭满了脚手架。青年学者小孟跟着他新拜的师傅老乔爬上爬下，用照相机和钢笔记录下他们看到的一切。这里是新广武3段长城十号敌台保护修缮与展示工程的施工现场。小孟是工程的现场负责人，他有着10年的长城研究经历，但这是他第一次承担长城保护工程项目。他要随时跟进施工进展，做好记录存档，边工作边学习。

新广武3段长城十号敌台，俗称"月亮门"。与其他长城敌台相比，它的建筑没有什么特别之处，但它在当地居民和全国的长城爱好者中却有着特殊的意义。由于景观独特，"月亮门"成为了新广武村的地标和名胜，也成为了无数摄影和绘画作品的灵感源泉。

2016年的秋天，年久失修的新广武3段长城十号敌台残券抵御不住狂风的侵袭，轰然倒塌。消息在社会上引起了不小的震动，舆论发酵之快，让文物部门有

居庸关城楼 引自《追寻远去的长城》（江苏凤凰科学技术出版社，2012年
20世纪90年代复建的居庸关城楼体量过大，为了承重只得加宽了原有城台

北京怀柔箭扣长城 张依萌摄
2017—2020 年开展的北京怀柔箭扣长城保护修缮工程贯彻了"整旧如旧"的保护理念，在保证长城本体稳定和游人安全的前提下保持了残状和野趣。

些始料未及。人们不愿接受，摧毁这美丽乡愁的会是一场每年在此时都要刮起的大风。

关爱长城的人们发出了"拯救月亮门"的强烈呼声。面对长城损坏与汹汹而来的舆情，山阴县文化和旅游局也迅速作出反应，对月亮门进行了抢险加固。然而文物部门仓促间采取的"救命"措施只是降低了敌台继续倒塌的风险，并没有根除隐患。为了回应社会的期待，山西省人民政府将月亮门敌台的全面修缮提上了议事日程。

2018年底，经过两年的准备之后，新广武3段长城十号敌台保护修缮与展示工程终于正式立项。受山西省文物局的委托，来自中国文化遗产研究院的技术团队启动了对敌台的现场勘查。小孟就是其中一员。

和普通大众一样，小孟也无法相信，一阵大风就能把长城的砖券吹垮。为了弄清月亮门倒塌的原因，小孟跟随勘查人员用多种技术手段对十号敌台进行了全面体检。体检结果证实了他们的判断。冰冻三尺非一日之寒，十号敌台早已疾病缠身：敌台的墙面包砖，是肉眼可见的大面积酥碱粉化；台体顶部排水不畅，积水渗入包砖、条石基础和夯土芯之间的缝隙，又随着季节变化热胀冷缩，导致墙砖空鼓外闪；更危险的是墙面上的贯通缝。有经验的老乔据此判断，敌台的地基一定出现了严重的问题。

酥碱

由于建筑材料的质量不过关或环境潮湿等原因，建材中的碱和盐溶解于水，渗出墙体表面，导致墙面逐渐酥软和层层剥落的现象。

外闪

即墙体向外倾斜。

贯通缝与不均匀沉降

贯通缝，是指垂直方向贯穿墙体的裂缝。贯通缝的出现，意味着地基软硬不均导致墙体因不均匀沉降而产生了错位。

为了证实老乔的推测，施工人员在敌台周围开挖了探沟，通过观察沟壁，发现敌台建在一整块基岩上，可以说选址非常科学，但现如今，这块基岩已经彻底风化，变得像沙土一样松软。小孟用手轻轻一摸，貌似坚固的岩石竟像粉末一样掉落，整座敌台就像是站在一块豆腐渣上。月亮门倒塌的罪魁不是大风，而是地基不稳。这是再频繁的日常巡查也无法发现的隐患。

根据这份体检报告，老乔带领小孟和同事们一起制订了有针对性的"治疗"

方案。工程实施的第一步就是加固基础。他们在敌台基础的外围植入了抗滑桩和连系梁，在不干扰敌台本体的前提下，将基岩围箍起来。这项保证敌台稳定的根本措施，几乎占据了整个新广武3段长城十号敌台保护修缮工程量的2/3。

第二步是对敌台本体的加固和修复。首先要保证夯土芯的稳固。新广武长城的工艺特点是黄土夯筑，单面（外侧）包砖，而内侧是夯土墙面。暴露在外的土墙与敌台空鼓部位的表层夯土在水的侵蚀作用下，已经像化脓的腐肉一样，松软失效了。施工人员小心地剔除了这些"烂肉"，又进行了补夯。接下来要处理包砖。按照一般建筑工程的做法，对待墙体空鼓外闪的情况，最好的解决方法是拆砌，也就是把墙体完全拆除再重新砌起来。但是彻底的拆砌，并不符合文物保护工程"最低限度干预"的原则，工程的工期和经费条件也不允许。老乔的团队和工人们绞尽脑汁，研究了几个晚上，设计了几种方案，反复权衡利弊，最终决定，只对影响结构稳定与观感的一部分包砖和条石进行拆砌，其他部位则采用锚固的方式和夯土拉结在一起。这样虽然不能彻底消除空鼓现象，但已经能够保证病害不再继续加重，达到了"带病延年"的效果。

城墙的拆砌，是个学问。你需要小心地拆，以免原本完整的砖受损；然后再用瓦刀和刷子认真剔除砖面上残留的白灰；接着把它们浸泡泅湿，再像拼拼图一样重新砌起来。

为了尽可能多地使用原材料进行修复，小孟和工匠师傅一起到周边的长城遗址去寻找旧砖。一块明代的城砖有几十斤重，小孟手抱肩扛，一次只能搬运两三块，几百米的路走上一个来回，小孟就已经腰酸背痛。

抗滑桩
在有滑坡危险的坡地周围设置的用于支挡的桩柱。

连系梁
将多个受力结构连为一体并增加强度的横梁。

为什么砖在砌墙之前要润湿
用黏土烧制的青砖有很多毛细孔，在干燥状态下吸水能力很强，使用时如果不浇水，砌墙时灰浆等黏合剂中的水分就会被吸走，导致墙体变形。

另一方面，"水是砖的胶"，润湿的城砖与灰浆能够发生"水化作用"，增强黏结力和抗压、抗震性能。

锚固
用打入锚杆的方式把砖石与夯土墙体拉结在一起。锚杆可以是竹木或钢筋材质。

经验丰富的李师傅一再叮嘱着工人："城砖不是麻将牌。"明代手工脱坯和自然风干的青砖并不是横平竖直的，在制作过程中会发生变形。实际上，明代的城砖每个面的尺寸和平整程度都不同，这些细微的误差在砌墙的时候如果不加以注意，累积到一定程度就会导致整面墙歪斜。

现代技术制作的城砖要规整和好用得多，但质量却和明代的城砖差得远。小孟认真研读过明朝科学家宋应星撰写的《天工开物》，其中专门有关于制砖的记载。明代的烧砖工艺有十几个步骤，要经过认真的选泥、一二十天反复的翻晒和加水、牲畜的来回踩踏、制坯、一两个月的阴干和柴煤窑一二十天的烧制。古法烧砖周期长，质量更高，随之而来的是比新砖高出几十倍的制作成本。

现代工程制度、财政制度和环保要求，都不允许我们用原工艺原材料制作长城砖。但使用新砖又带来了新问题，除了要考虑搬运和使用过程中的高损耗率，由于新老砖强度不同，在砌墙时还要考虑应力均衡问题。

此外，新砌体在干燥过程中也会有轻微沉降，为了避免敌台新旧砌体衔接处产生新的裂缝，施工人员还在隐蔽部位埋没钢条进行拉结。

"月亮门"坍塌前　张向东摄

第三步是清理敌台顶面，了解敌台的券室结构，从而能够按照原貌修缮，并解决排水问题。考古是长城修缮的必要环节，它可以为保护工程提供坚实的历史依据，避免改变长城的原貌，或在不知不觉中抹去本可以保留下来的珍贵历史信息。施工人员清理了敌台顶面沉积了半个世纪的表土，券室的结构露出了真容。这座敌台的中部原来是由三

"月亮门"变成了"独臂老人"　华巍摄

个券室和一条通道组成的王字形空间。考古专业出身的小孟根据敌台的结构判断，它的建成年代应当在明万历十年（1582）之后。后来，附近的长城遗址出土了一块万历三十八年（1610）的记工碑，小孟的判断得到了印证。

在铺设墁砖之前，小孟还跟随李师傅调查了周边留存下来的旧马道，然后让工人们比照几百年前的铺设方式墁地，又巧妙地利用水平高差设计了引流通道，将水流引向城墙两侧新安装的排水槽。为了减轻排水对地基的冲刷，水槽下方还铺设了散水。散水所用的石块全部是从附近山上采拾的，这样一来又节约了工程成本。

如果只是为了保证敌台的安全，那么小孟他们的工作到这里已经可以全部结束了。然而对于社会高度关注的新广武3段长城十号敌台来说，还有一项重要的任务要完成。

月亮门的坍塌让新广武村的居民和长城爱好者们感到无比难过和遗憾。中国

左：敌台地基周围的抗滑桩和连系梁　右上：新旧砖穿插使用，以保证应力均衡　右下：新旧砖衔接处埋没钢条　张依萌摄

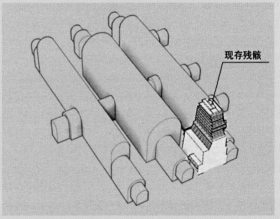

现存残骸

左：新广武3段长城十号敌台顶面清理现场　　右：券室结构复原图

文化遗产研究院团队和当地文物部门共同走访了当地的村民和一些游客，结果发现大多数人强烈希望能够恢复月亮门的景观，甚至还有人主张复建整座敌台。

　　为了制订最优方案，文物部门组织专家对社会调查结果作了分析和甄别。复建整座敌台的方案首先被否定了，因为这样既没有依据，又违反文物保护的原则，而敌台的地质条件也让它无法承受这样程度的新载荷。接下来，关于是否复建月亮门，业内人士展开了一场激烈的争论。有人主张顺应民意，复建月亮门残券，但自然坍塌形成的效果，用原工艺和原材料又很难模仿。另外一些人主张保持现状，不再恢复，但这样势必会让公众感到失望，并且敌台现在的观感很差，也不利于未来的展示利用。

> 不可移动文物已经全部毁坏的，应当实施遗址保护，不得在原址重建。
> ——《中华人民共和国文物保护法》第二十二条

> 长城段落已经损毁的，应当实施遗址保护，不得在原址重建。
> ——《长城保护条例》第二十三条

经过反复研究，作为工程总负责人的老乔提出了一个大胆的想法：在原址用轻型新材料制作模型。这个设想兼顾了社会需求和敌台的安全，但此前并没有先例，如果实施效果不佳，也存在产生负面舆情的风险。

经过有关各方慎重的考虑和论证，最终方案获得通过。工程技术人员首先搜集了近30年来各个角度拍摄的月亮门照片，通过电脑合成了月亮门的三维模型，并制作了1∶20的实物模型。接着，用钢架结构在月亮门原址搭建起骨架，外包水泥直塑，再由技艺高超的雕刻师根据模型雕刻出月亮门残券，喷绘青砖和夯土的质地，烘干。

2020年的春天，月亮门撤去了脚手架和保暖棚，重新在世人眼前亮相。模型的效果超出了预期，它成功复制了敌台昔日的沧桑之美，留住了乡愁，也获得了社会的认可。2020年11月，新广武3段长城十号敌台保护修缮与展示工程通过了专家验收，成为长城保护工作中一个富有创新精神和实践经验的样板。

当然，这项工程也不是完美的。为了满足施工的场地需求，施工人员不得不将敌台外侧的陡坡改造成平台，用于材料设备的存放和人员行走，这在一定程度上破坏了长城的环境景观和历史风貌；为了保证游人的安全，长城顶部大面积铺墁的新砖和新建的垛口墙也让敌台多少失去了原有的质朴。由于篇幅有限，我们无法一一讲述工程的诸多成果与遗憾。长城保护是一个多层次的综合工作，修缮只是其中一个环节。在本书的最后一章，我们将全面介绍长城保护工作的方方面面。但从上面的介绍中，我们已经能够看到，单单是一个长城保护工程就已十分不易。

月亮门是业已开展的无数长城保护工程的一个缩影，无数长城保护工作者像小孟一样战斗在长城保护的第一线，他们和工人师傅共同劳动，克服重重困难，大胆创新，逐渐走出一条兼顾文物保护和社会发展的道路。新广武3段长城十号敌台保护修缮与展示工程实践，无疑在中国文物保护史上留下了浓墨重彩的一笔。

"月亮门"模型正在搭建钢架结构　张依萌摄

雕刻师正在塑造"月亮门"外形 张依萌摄

修复后的"月亮门"

第四章
长城战与守

"妇好" 铜钺 商 殷墟妇好墓出土 中国社会科学院考古研究所藏

钩镶　汉　引自《古彭遗珍——徐
州博物馆藏文物精选》（国家图
书馆出版社，2011年）

　　战争是长城故事的主题之一。中国古人在长城战
守实践中不断总结经验教训，对其加以改进完善，建
立起高效的烽火预警体系和设计精妙、功能强大的防
御设施。一次次血雨腥风之后，除了胜败记录，更
有兵法战阵和精良的武备传世。长城防御的关键不
唯金城汤池，更在于人。长城守军不只是一个群体概
念，更是一个个有血有肉的生命，他们在战场拼杀一
往无前，也深入敌后，活跃在第二条战线。他们为国
而战，也守护着家园和亲人，有着人的情感。长城以
智慧砌就，更以意志筑成。长城的深沟高垒配合着古
代中原的勇士，挡住来犯的铁蹄，发挥强大的战术效
能。20世纪，长城凝聚起亿万人民，激励他们前赴后
继，英勇抵抗侵略者，迸发无穷的精神力量。

历代长城烽火 “密码”

烽火燃放制度起源于先秦时代，又经过历代不断改进，信号更加多样，管理日益严密，确保了警讯传递的安全、准确和高效。

一

幽王为烽燧大鼓，有寇到则举烽火，诸侯悉至。

——《史记·周本纪》

昼则举烽，夜则举火。

——《墨子·号令篇》

昼日燃烽，以望火烟，夜举燧以望火光也。

——《史记正义》

周幽王十一年（前771），镐京。

周幽王的妃子褒姒美如天仙，唯一的缺点是从来不笑。为了让她笑，周幽王绞尽了脑汁，终于想出了一个绝妙的办法。周朝曾建立很多烽火台，并与诸侯约定，一旦敌寇来袭便点燃烽火、敲响战鼓，诸侯见到信号就率军前来救援。

这一天，周幽王命人点燃了烽火。诸侯的勤王大军纷纷召集军队向王畿赶来。幽王带着他的妃子登上城头，只见狼烟滚滚，旌旗猎猎，战鼓声声入耳，喊杀声响彻云天。褒姒见状大笑不止。幽王见到了妃子的笑容，却失信于诸侯。终于，在周幽王十一年（前771）的一天，西北方的犬戎向周朝发起进攻。幽王赶忙命人点燃烽火，然而这一次，再也没有援军前来……

"烽火戏诸侯"的故事在中国家喻户晓，普通人都会记住这是一个现实版的"狼来了"，而对于长城研究者而言，故事里的两个元素却更加重要，它们就是烽燧和大鼓。

烽火台古称"烽燧"，是中国军事史上一个划时代的发明。

尽管考古和古文字学者通过对清华大学藏战国竹简的研究，认为烽火戏诸侯的故事纯属子虚乌有，但司马迁将这个故事写入《史记》，表明用烽火传递军情在汉代已经是一种真实的存在。它能大大提高了信息传播效率，让远在千里之外的警讯一朝一夕就能摆到君王的案前，大大减小中原步兵在对抗草原骑兵的战斗中的速度劣势，在时间即生命的疆场占得先机。

凡烽火，一昼夜须行二千里。

——〔北宋〕曾公亮《武经总要·唐兵部烽式》

凡遇敌马所向之处，该堠举烽，左右分传，计蓟镇边墙，延袤曲折二千余里，不过三个时辰可遍。

——〔明〕戚继光《练兵实纪·卷六》

然而对于军事行动而言，只是知道敌人来或没来，意义并不大。军事统帅还需要知道敌人的数量规模、进攻方向等信息，才能作出有针对性的部署。要准确传递如此复杂的信息，仅仅把火点燃是不够的。古人于是巧妙地设计了一套可以

汉代居延遗址天田遗迹 张依萌摄

表达复杂信息的烽火"密码"。

我们首先来看"烽燧"二字本身的含义，烽就是烟，燧就是火。白天火光不明，就燃放浓烟，为了增加烟的浓度，古人还会在燃料中添加狼粪和硝石。这就是烽火又被称为"狼烟"的原因。

饮马长城窟行（节选）

〔唐〕李世民

迥戍危烽火，层峦引高节。悠悠卷旆旌，饮马出长城。

寒沙连骑迹，朔吹断边声。胡尘清玉塞，羌笛韵金钲。

除了区分昼夜的信号形式，古人还会使用其他的信号手段加以配合。比如"烽火戏诸侯"故事中的大鼓。通过鼓声节奏的变化，可以表达千百种不同的含义，掌握了这套"语言"，守长城的士兵就可以像打灯语那样进行远距离对话了。

敦煌汉长城附近的积薪遗迹 李大伟摄

二

汉始元二年（前85）冬，长城边塞居延都尉府。

临木燧的一个燧卒正像往常一样在周边巡逻。他来到一片被称为"天田"的细沙地前查看，这是汉军为了记录敌人的踪迹，专门在烽燧周围铺设的。突然，他的视线凝固了，只见沙子上显露出一排清晰的马蹄印。"不好，匈奴人昨夜来过了！"他赶忙回到烽火台的坞院中，向候长简单报告了情况，然后迅速登上烽火台，和另外两个燧卒一起继续瞭望。过了没多久，匈奴骑兵的身影在西北方向出现了。燧卒们熟练地按照《塞上烽火品约》里的烽火燃放规定，点燃两团蓬火和一堆积薪，又在坞墙上升起一面称为"大表"的旗帜。不一会儿，临木燧所属的甲渠候官就看到了烽火信号，于是迅速向各部下发了紧急通知。

汉代长城的军事建制与《塞上烽火品约》

　　根据对居延汉简的研究，都尉府是汉长城的最高地区军事机构，相当于军区。每个都尉府下分为若干候官，候官又下辖若干部。每部管理6~8座"燧"，也就是烽火台。每个燧候官、部、燧都有名字。燧的长官称"燧长"，管辖3~11名燧卒。

　　燧的命名方式大致有四种，一是用序号命名，如第一燧、第三燧、第十七燧等；二是表达蔑视敌人的含义，如灭胡燧、破虏燧等；三是称颂汉朝的，如万岁燧、强汉燧等；四是对方位或自身特点进行说明，如当谷燧、曲河燧、通望燧等。迄今为止，居延汉简中已经发现了160多个烽燧的名字。

　　1974年，在居延都尉府的甲渠候官治所第十六号房屋遗址发掘出土了一份名为《塞上烽火品约》的文献。"品约"就是"管理条例"的意思。《塞上烽火品约》共有600多字，详细规定了居延都尉府下辖的甲渠、殄北、卅井等三个候官发现匈奴人踪迹之后，在不同时间、地点和不同天气情况下使用的烽火信号种类、数量等，是现存最早的烽火燃放制度文献。

《塞上烽火品约》木简
1974年出土于居延汉代甲渠候官遗址中，
记载了居延长城烽火燃放制度。

汉代和明代长城烽火台的人员配备情况

肩水金关汉简中，有一份记载了王莽新朝年间肩水都尉府下发给橐他候官莫当燧的守御器具种类和数量清单，其中包括喂马的饲料"茹"，连梃（多节棍）、弩等兵器，积薪、苣等燃放烽火的材料器具，转射、坞户关等防御设施构件，此外还有两条狗。释文如下：

橐他莫当燧始建国二年五月守衙器簿

茹十斤　鼓一　木椎二

木面衣二　破釜一　铁戊二

芳彚一　布三　坞户上下级各一

长枓二　枪卅　狗笼二

连梃四　芮薪二石　狗二

布纬三　糒九斗　转射十一　小积薪三

长梧四　木薪二石　小苣二百

长椎四　马矢二石　程苣九

□□二具　干二　椄楪四

弩长臂二　羊头石五百　坞户关二

明代长城各镇都有自己的装备要求。以蓟州镇和甘肃镇为例：

根据《练兵实纪》记载：蓟州镇"每墩台一座，设备号火什物：小房一间，炕各一座，米一石，锅灶一口，水缸一个，碗五个，碟五个，种火牛马粪五担，盐菜之类不拘。大铳五个，三眼铳一把，白旗三面，灯笼三盏，大木梆二架，旗杆三根，发火草六十个，火池三座，火绳五条，火镰、火石一副，旗杆三根，扯旗绳五副"。

甘肃兰州明长城附近发现的《深沟儿墩碑》记载了甘肃镇镇夷所东南一座名为"深沟儿墩"的烽火台的武备情况："墩军五名口：丁□、妻王氏，丁海、妻刘氏，李良、妻陶氏，刘通、妻董氏，马名、妻石氏。火器：钩头炮一个，线枪一杆，火药火线全。器械：军每人弓一张，刀一把，箭三十支，军旗一面，梆铃一副，软梯一架，柴堆五座，烟皂五座，擂石二十堆。家具：锅五口，缸五只，碗十个，筋十双，鸡犬狼粪全。"守军和他们妻子的名字、武器、家具和圈养的牲畜都被镌刻在石碑上，以便于管理，防止军士逃亡。

　　新上任的不侵部候长未央接到了甲渠候官下发的紧急通知，不敢怠慢，马上根据要求，在部界中往来奔走，亲自将上级的精神传达到每一个烽燧，让大家做好战斗准备。燧率先前发现的可能只是匈奴的斥候，大部队就在后面。

　　未央强掩内心的焦虑。他在居延边塞戍守多年，一直兢兢业业，这才换来了期盼已久的晋升。如今大敌当前，可不敢出一点儿差错。作为一部之长，工作不仅要踏实卖力，还要能够随机应变，遇事不慌。两年前，隔壁当曲燧的燧长张札，就是因为遇到敌情后手忙脚乱，错放了烽火信号，年终考核被评价为"能不宜其官"，用现在的话说，就是不称职，于是被调离前线，去屯田了。想到这里，未央不禁打了一个冷战，于是回到治所，展开案上的《塞上烽火品约》，认真复习起来："匈奴人昼入甲渠河南道上塞，举二烽，坞上大表一，燔一积薪。夜入，燔一积薪，毋绝至明……"

三

　　唐贞观年间，西州交河县赤亭烽。

　　严怀保已经年过半百了，还在干着上烽火台瞭望的差事。大唐的烽火台大多建在"山岭高峻处"，交通困难。可是根据朝廷的规定，烽子要干到60岁才能退休。这对老严来说，实在是勉为其难。

　　当今的皇帝是个明君，在他的治理下，天下太平，西州一带没有什么战事，甚至连盗匪都销声匿迹。严怀保想着尽快摆脱这辛苦的工作。他听别的烽子说，他们可以找到人替他们上烽，只要签一份契约，给上几文钱，乡里耕种均田的男丁都争着受雇。

　　唐代烽火台长官称烽帅，守军士兵称烽子。

　　按照《唐律》的规定，冒名顶替一旦被发现，是要判刑的。大概是由于国家承平日久，到了贞观后期，雇人上烽的情况比比皆是，朝廷管也管不住，索性就把这种行为合法化了。

　　严怀保决定冒险一试。他有一个叫严秋隆的远房亲戚，正当壮年，家境贫寒。贞观治世，上烽瞭望没有什么危险，烽火的"密码"更是只有烽帅和烽副才知道，不用他来操心，只要腿脚够勤快，每天早晚按时点一束平安火，就能有一笔收入，想必他是愿意来的吧。于是严怀保找严秋隆来商量。果然严怀保一开口，严秋隆就爽快地答应下来。两人很快签了契约，规定了双方的责任和义务。严秋隆保证按时上烽，不留宿行旅，发现敌军或者盗匪都要及时燃放烽火信号，出现了任何差池，责任由严秋隆承担，送交官府治罪。严怀保只需要每半个月付给严秋隆五文钱。

就这样，严秋隆开始受雇上烽，一直干到严怀保平安退休。当年签订的《唐西州交河县严某受雇上烽契》完成了使命。然而毕竟"雇人上烽"也不是什么光彩的事，严怀保索性让妻子把契约纳在了鞋底，并在贞观十六年（642）跟随其入土为安，直到1 300多年后，这段唐朝的"黑"历史才重见天日。

四

明成化二年（1466），明辽东镇。

总兵武安侯郑宏正在府中和众将议事，忽然听到三声炮响。他循声望去，只见辽阳城外的火路墩上纷纷燃起三束烽烟。没想到，朝廷刚刚出台的烽火燃放新规，这么快就派上了用场。他马上判断出有1 000人以上、5 000人以下的敌军来袭。

明代烽火台有烽台、烟墩、烟台、墩台等几种不同的称谓。按照位置和功能，又可以分为沿长城分布的边墩，称随墙墩，或沿重要交通线路延伸到内地的腹里墩，称火路墩、接火台。

成化二年令边堠举放烽炮，若见敌一二人至百余人，举放一烽一炮，五百人二烽二炮，千人以上三烽三炮，五千人以上四烽四炮，万人以上五烽五炮。传报得宜、致克敌者，准奇功。违者，处以军法。

——《大明会典·镇戍七·各镇通例》

新疆鄯善县连木沁大墩唐代烽燧遗址 张依萌摄

唐代烽火燃放制度（节选自《武经总要·前集》卷五）

凡寇贼入境，马步兵五十人以上，不满五百人，放烽一炬；

得蕃界事宜，及有烟尘，知欲南入，放烽两炬；

若余寇贼五百人以上，不满三千人，亦放两炬；蕃贼五百骑以上，不满千骑，审知南入，放烽三炬；若余贼寇三千骑以上，亦放三炬；

若余蕃贼千人以上，不知头数，放烽四炬；若余寇贼一万人以上，亦放四炬。

其放烽一炬者，至所管州、县止；两炬以上者，并至京。

烽火台

〔南宋〕马之纯

此到西陵路五千，烽台列置若星连。

欲知万骑还千骑，只看三烟与两烟。

不用赤囊来塞下，可须羽檄报军前。

如何向日缘褒姒，无事蓬蓬火又燃。

兵备道

　　明代省级司法部门按察司的派出机构，负责监管辖区军队和后勤，维持治安等。

公移

　　明代没有隶属关系的官署之间的往来公文。

　　几个时辰之后，战报传来，明军败了。3 500个蒙古骑兵在庆云堡抢掠人畜，杀伤官军。郑宏连忙命人整顿兵马，前去救援。等到援军赶到庆云堡时，附近的黑岭墩、刺榆堝墩和另外十几个墩台上的烽烟都还没有散尽，墩台上的士兵依然龟缩在垛口墙后面，不敢放下吊桥和悬梯。敌兵已退出了长城，却仍然屯兵城下，没有远走，等待着再次入寇。

　　永乐十一年，令筑烟墩，高五丈有奇，四围城一丈五尺。开濠堑、吊桥、门道……墩置官军守瞭，以绳梯上下。

——《大明会典·镇戍七·各镇通例》

　　堂堂大明官军，却挡不住区区几千敌兵，大军来援，敌人竟然陈兵对峙，毫不畏惧。郑宏感觉自己的脸都丢尽了。他一气之下，把分巡和守堡的军官全都治了罪。可是，螳螂捕蝉，黄雀在后。因为这次失利，郑宏和朝廷派下来的监军李良双双被总督辽东军务左都御史李秉弹劾。幸好皇帝宽仁，没有追究，只是让他们写了个情况说明。可是开原兵备道坐不住了。

　　近年来，蒙古人屡屡进犯开原，而庆云堡是他们的辖区。于是兵备道开展了问题自查和专题研究。他们分析了庆云堡战败的原因：一是总兵官平日治军不严，不能申明号令；二是基层官兵不熟悉新的烽火制度；三是新烽火制度是针对全国情况制定的通例，还需要根据本地情况完善细化。于是，他们针对这些问题，出台了《整饬营伍公移》（关于加强开原兵备道各部队战备的若干意见），主要包括：（1）细化和明确烽火燃放规定，将表达敌军数量的信号从五等分为七等，通过不同颜色的旗帜信号来表示敌人进攻的方向；（2）将细化后的烽火制度用简明的语言概括，印成纸张分发到每个墩台，由各堡的守备和把总亲自讲解明白，加强演习；（3）鉴于开原各部队不善用火器，取消传烽号炮；（4）加强部队训练，严格奖惩规定，提高部队集结出战的速度，对消极怠战，畏敌不前者，无论官兵，一律打一百军棍。

　　白昼辨旗之颜色，夜间辨灯笼之多寡，以定入犯之地方。无论昼夜，总以起火烽火之多寡，以定虏贼之数目。如贼自北路入犯，昼扯黑旗一面，夜扯灯笼一个；西北路则黄旗，灯笼二个；西路则白旗，灯笼三个；西南则红旗，灯笼四个；东路则蓝旗，灯笼五个；东南则绿旗，灯笼六个……务要简明易晓，印刻成张，每台一纸，各堡官讲解明白。于各台军，各营中军备御，预先演习熟惯，庶临时不致差错……聚兵举号三次……传烽出兵不用号炮。以开原各官兵懒习火器，动以恐混烽火为辞。三号之后，若仍逗留观望在家者，无论官丁，俱以军法捆打一百不恕。

　　　　　　——明开原兵备道《整饬营伍公移·严烽火》

　　制度建设是一回事，执行又是另一回事。烽火台只是传递军情的设施，通常只有少量守军。当北军大举南下时，处在战争前沿守台士兵几乎身处绝境。他们在发出烽火信号之后，很可能还没来得及撤离或集结，就已经被包围。他们唯一能做的事情就是升起吊桥，收起悬梯，龟缩在墙后，眼睁睁看着敌军攻取身后的城池，或者知难而退。长城军事功能的发挥，还有赖于更适合据守的战斗堡垒。明朝将士在战争实践中创造出一种前所未见的军事设施，把长城的威力和壮美同时推向巅峰。

明代烽火台的建筑样式与守御方法

　　清道光十二年（1832），朝鲜使臣金景善在他的笔记《燕辕直指》中专辟《烟台记》一目，解释明蓟州镇墩台形制和守御方法："自土井子始有烟台，以至于山海关……其制或方或圆，圆者如坚石础，其围可数十把。方者形如蜂桶，每面广可五丈，高皆五六仞。以上砖灰筑成，四围如削，去台顶三分二对。设二门，仅可容人出入，意其升降以梯，而贼至则去两面。有石槽盖，所以疏台上之水也。台上又有一小台，高可半丈，是则将领所坐处也。上下台皆有垛堞，穿砲矢穴。台之相距，近则五里，远或十里，棋置相望。每台以百人守之，有警则放炮相报，使关外列阵，声势联络，贼至则坚守台外。"

山西大同镇川口段长城障墙遗址　董耀会摄

明长城的新型堡垒

　　明代创制的空心敌台顺应了军事科技发展的潮流，实现了人、城和先进武器的完美配合，成为明长城坚强的战斗堡垒。

　　明嘉靖三十八年（1559）四月，浙江台州。

　　戚继光将军刚刚率军击退了围攻桃渚的倭寇。经历了连年的倭患，此时的桃渚城已破败不堪。于是戚将军组织军民开始了大规模的城墙修复工作。他在城上仔细地巡视，发现城墙东北角和西北角常年积水，已经形成沼泽，阻塞不通，成为防守死角。于是，他用官府的经费在两地各修建了一座方形砖楼，两面开门，门两边各有箭窗，楼顶铺设木板，用于驻军瞭望。既便利了战时交通，又开阔了侦查视野，戚将军将它们称为空心敌台。两年后，戚继光又在台州府城修筑了13座同样的敌台。他没有想到的是，这些在东南沿海抗击倭寇的设施，日后竟成为明长城的"师范"和"蓝本"。

城上有台，台上有楼，高下深广，相地宜以曲全，悬城外，纤悉莫隐。

——〔明〕何宠《桃渚新建敌台碑记》

明隆庆二年（1568）夏，已经荡平倭寇、威名赫赫的戚继光受皇帝征召，来到蓟州镇，成为一名长城守将。在那里，他看到的是和台州同样的衰败景象。长城在战乱和风雨侵蚀下已经年久失修，变得低薄脆弱，有多处坍塌。沿线有一些砖石小台，互相不能策应救援。守城军士曝立在酷暑严寒之下，风吹雨打没有遮挡。守城的武器，如果敌人来袭时临时运送，是来不及的，而长城上又没有储藏之所……面对这些问题，他想到了当年在桃渚和台州府的经验，决定将空心敌台也搬到长城上来。

现在北京八达岭、慕田峪、司马台、古北口、天津黄崖关、河北山海关附近的老龙头、角山等处长城的雄姿，均是经戚继光改进之后所留下来的。可以说，临海古城墙堪称北京八达岭等处长城的"师范"和"蓝本"。

——罗哲文

方案获得了朝廷批准。于是，蓟镇军民在他的带领下，开始建造长城敌台。为了适应长城防守的实际需要，戚继光也对敌台进行了重新改造设计。根据戚继光的规划，敌台的选址要将通人马的地方全部堵住。要紧的地段十步或一百步一台，相对安全的段落四五十步到二百步不等设一座即可。这些敌台跨墙而建，基础与长城墙体平齐或稍高，内外突出墙体各数丈，中层设空心室，四面开箭窗，顶层建楼橹，四面设垛口，敌台外地势陡峭处的墙体上设置战墙。士兵凭借敌台固守，敌人的箭矢无法接近，同时又能充分发挥己方远射程武器的优势。戚继光还精心制定了配套防守制度，规定每座敌台设一名百总指挥战守，两名台头副负责军需辎重管理，守军三五十人，就居住在敌台内。每五台由一名把总统辖，十台设一名千总，层层节制。这样一来，每座空心敌台都变成了一座战斗堡垒。

短短几年光景，空心敌台如雨后春笋般地在长城沿线不断"生长"，除了蓟镇，在辽东、宣府、大同、山西、延绥也出现了这种新式敌台的身影。根据现在的统计，仅蓟州一镇保存下来的明长城敌台数量，就已经超过了3 000座。

　　今天到访长城的游客常会把空心敌台和烽火台混为一谈。但事实上，空心敌台的结构与功能都和烽火台完全不同。烽火台的作用在于军情预警和将情报从前线传回内地，所以往往不建在长城上，而是沿道路、山脊或河岸分布，线路与墙体平行或垂直分布。空心敌台则跨墙而建，它的作用就是驻军防守，通常并不具有燃放烽火的功能，只有在烽火台之间因距离远或视线遮挡而沟通不畅，位置合适的新烽火台又没有建成之前，个别敌台会被临时改造成烽火台使用。一些烽火台，也有后期被改造成空心敌台的现象。

　　为了便于识别和开展军事行动，空心敌台设置了一套与烽火台不同的编号命

明长城砖砌空心敌台 中国长城遗产网提供

金山岭长城敌台外的障墙 王占山摄
敌人如果攻上长城，守军可以借此层层防守。

名系统，并将名称镌刻在石匾上，嵌入敌台的墙壁，使人一目了然。比如在慕田峪长城的空心敌台上，我们就能看到刻有"慕字一号台""慕字二号台"字样的匾额，也就是说，这两座敌台分别是慕田峪关下辖的一号和二号敌台。在河北东部地区，敌台的编号前面往往还要加上所属的军事管理区或地名。

事实上，敌台这一类建筑在明长城上很早就有，可以确定的是，至少在弘治年间（1488—1505），长城上已经出现了这类建筑。但我们今天在华北地区所看到的空心敌台，大都是戚继光北上之后所创设的建筑样式。

在战争实践中，敌台也在不断进行改进。最早的敌台只有四面砖墙，内部是木结构的。这一点也已经通过考古研究得到了证实，木构建筑在战争中存在重大的安全隐患。《宁夏新志》讲述了一个悲惨的案例：在西北某地，一座敌台被蒙古军队包围，久攻不下，于是他们放火焚烧。敌台里的守军就这样被活活烧死。戚继光吸取了这次惨痛的教训，从明万历元年（1573）以后，新建的敌台内部都改为了砖券结构，中心设一个"套间"，四周有一圈走廊，这样既可以有专门的空间储存武器，也可以凭借两重墙体层层防守。

戚继光原本计划在蓟镇新建空心敌台3 000座，但工程开展到一半时，朝廷却出现了变故。明万历十年（1582），一直支持戚继光的内阁首辅张居正病逝。万历皇帝授意朝廷保守势力对锐意改革的张居正进行了政治清算。受此牵连，戚继光于次年被调离蓟镇，黯然退出了大明历史舞台，晚景凄凉。但他的空心敌台建造计划却被继任者继续执行了下去，并进一步改造完善。直到明朝末年，蓟镇敌台仍在不断新建。

空心敌台在长城战守中发挥了重要的作用。戚继光镇守蓟镇长城16年，除早年打过几次规模不大的歼灭战之外，边关基本处于安定和平的状态。这当然与他的军事才华密不可分，但空心敌台也功不可没。然而，长城防守仅仅靠坚固的堡

（左页）大国战号　杨东摄
摄影家巧妙地将长城与云朵相结合，拍摄出了长城烽火的磅礴气势，但遗憾的是，长城敌台不是烽火台。一般而言，在明代，敌台顶部升起狼烟的场景是不会出现的。

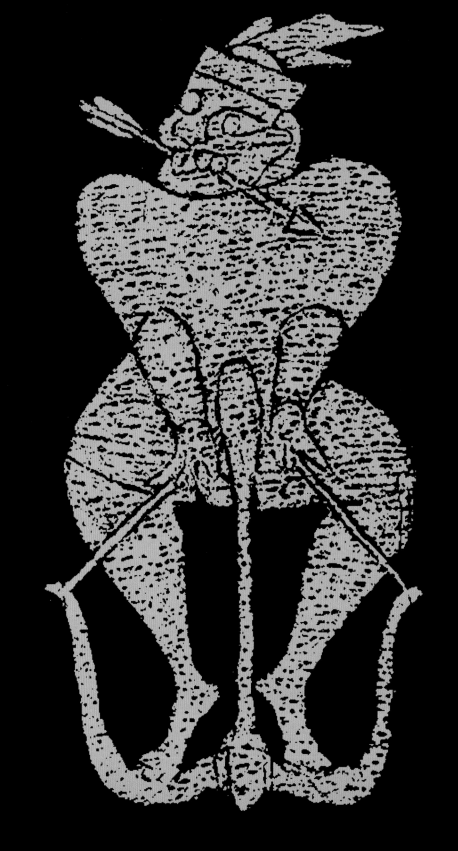

蹶张画像石拓片 东汉 南阳汉画馆藏
画像石表现了一个武士口含箭矢、脚蹬弩臂、正准备拉弓搭箭。

长城武器大观

从汉代的强弩到明代的铳炮，历代长城守军凭借坚固的防御设施，利用远射程武器的优势来弥补机动性的不足，在与游牧骑兵的对抗中取得了辉煌的战果。

一

汉军南行，未至鞮汗山，一日五十万矢皆尽，即弃车去。

——《汉书·李陵传》

西汉天汉二年（前99），居延塞外。

汉武帝命贰师将军李广利从酒泉出击匈奴右贤王，"飞将军"李广之孙李陵率领5 000步卒从旁策应。不承想，李陵的策应部队却遭遇了匈奴主力。他指挥着5 000步兵与3万骑兵对战，竟然杀得敌军大败。匈奴军撤退，李陵居然还能率军追击。第二天，单于亲率8万大军来攻，李陵沉着应战，经过十几个回合的拼杀，又杀死了几千匈奴人。算下来，两天的时间，李陵的部队已经消灭了上万敌人，而自己只损失了1 000多人。单于想不明白，自己的8万铁骑，怎么就消灭不了汉朝的几千步兵？莫非汉人有神助不成？

当然不是。汉军既没有天神保佑，也没有盖世武功，他们靠的是一种威力巨大的远射程武器——弩。

弩，弓有臂者。

——〔东汉〕许慎《说文解字》

弩是一种以弓箭为基础发展而来的，靠机械装置发射箭矢的远射程武器，传说由黄帝发明。考古所见最早的弩出现在战国时代。当时的人们借助科技的力量，将需要手臂控制的弓弦，改由弩机上弦和发射。弩机上的望山，有如现代枪械的准星，能够帮助士兵根据目标的距离估算射击角度来瞄准。这样一来，不但大大节省了体力，还能够长时间、更稳定地瞄准目标。这是一个划时代的技术革新，它让中原士卒在正面抗衡游牧骑兵时，有效弥补了自身骑射技术的劣势。

弩的发展成熟十分迅速，相传战国时期就已经出现了能够射六百步（汉制一尺约合今23厘米，六尺为一步，即828米）的强弩。

天下之强弓劲弩，皆自韩出。溪子、少府、时力、距来，皆射六百步之外。

——〔西汉〕刘向《战国策》

马弩射二百步，臂张弩射三百步，绞车弩射七百步（注：唐制一步合今1.56米）。

——〔唐〕杜佑《通典》

弩有诸多优点，但也有明显的弱点，那就是发射速率低，使用成本高。早在战国时代，已经出现了双发弩，据《汉书》记载，李陵的部队已经装备了连弩。到三国时期，连弩又经过诸葛亮的改进，已经能做到十连发。连弩提升了射速，但也牺牲了准度和命中率。要想更多杀伤敌人，就需要准备尽可能多的弩箭进行"炮火覆盖"，就像苏联的喀秋莎火箭炮那样，以量取胜。李陵之所以能与十倍以上于己的敌人周旋，靠的是携带着的"五十万矢"，平均每个战士可以分到100支，而大约10支箭才能射杀一个敌人。没有人能够背着100支箭行军，这就需要马车来运载和装卸，又拖慢了行军速度。仅仅两天，50万支箭就消耗殆尽。没有了弩箭，来不及退入长城的李陵，再也无法抵抗匈奴军的进攻，只得投降。

亮性长于巧思，损益连弩，谓之元戎，以铁为矢，矢长八寸，一弩十矢俱发。

——〔西晋〕陈寿《三国志·诸葛亮传》裴松之注

番长于马，马利乎速斗；汉长于弩，弩利乎缓战。

——〔唐〕佚名《唐太宗李卫公问对》卷上

面对弩的短板，秦军想出的解决办法是规避不足，让骑兵充当弓弩手，提高移动速度，一可以长途奔袭，出奇制胜，二可以在敌骑冲杀时迅速撤退。

汉朝人则选择了最大限度发挥弩射程远的优势。李陵的任务本来是助攻，遇到敌军主力纯属运气不佳，但尚可凭借兵车结阵防御。大多数情况下，汉军的弓弩手承担的本就是塞防和阵地战的职能。

鎏金羽纹铜弩机　东汉　河南省博物院藏

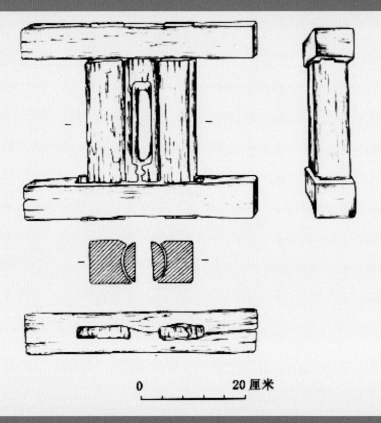

0   20 厘米

木质转射 汉代居延长城遗址出土 引自《额济纳汉简》（广西师范大学出版社，2005 年）
其中间有一个可以转动的射孔，观察和射击时转向前，防御时可转向一侧。

凡弩为守营兵器，不利行阵。

————〔明〕宋应星《天工开物》

……要虏隧卒梁国载□秋里李游子六石具弩一完稿矢铜镞五十……
〔释意：向要虏燧士兵李游子分配一张六石（约180千克拉力）的弩和50支
带铜箭头的箭矢〕

————《肩水金关汉简》73EJT4：153

　　在汉长城遗址中，经常发现一些嵌在城墙上的木质结构，中间有一个旋转机
关，与之同时出土的木牌上，明白地写着这种装置的名称："转射"。它们正是
配合弩的使用而设置的，平时射孔转向一侧封闭，战时打开，可以瞭望和射箭。
这种设计理念被后代传承了下来，在明长城上，我们还能看到类似的设计。

每墙一丈,开垛口一处,安置转关遮板。

——《杨一清集·为经理要害边防保固疆场事》

汉朝的硬弩需要"蹶张"（脚踏开弓）和"腰引"（脚踩并借助腰的力量开弓）。最强的大黄弩,需要300千克的力量才能拉开。而同时代的罗马帝国已经在哈德良长城上设置大型弩炮（Ballista）作为防守利器。

胡急击之,矢下如雨。汉兵死者过半,汉矢且尽。广乃令士持满毋发,而广身自以大黄射其裨将,杀数人,胡虏益解。

——《史记·李将军列传》

随后,弩以其巨大的威力,历晋、唐、宋、明乃至当代,发展出繁多的类型,臻于至善。这种使用了2 500年的神奇兵器竟从未退出历史舞台。回想当年,靠着50万支箭,已经从千里之外撤退到距离长城仅百里之地的李陵,如果能够再有10万支箭,中国的史书上,也许会少一个饱受指责的降将,多一场以少胜多的精彩胜利,多一位名垂青史的民族英雄。

二

虏所最畏于中国者,火器也。

——《明经世文编·条陈蓟镇练兵事宜疏》

明嘉靖元年（1522）,广东西草湾。

明军水师在与进犯的葡萄牙舰队战斗中大获全胜,缴获了很多战舰和武器,其中有一种造型别致的火炮。炮身的后半部分有一个空槽,里面装弹夹。每门炮配备若干个弹夹,所有的弹夹同时填充火药和炮弹,发射之后迅速更换,同时在空弹夹中装填新的弹药,这样可以大大提高射速。明朝文献常将葡萄牙、西班牙混称为"佛郎机",他们索性将这种炮也直接称作佛郎机。明军如获至宝,迅速大规模仿制，并很快将它们用在了抗击蒙古军的战场上，还发展出了适用于不同战场环境的多种型号。佛郎机由此也成为了明朝中后期长城防守的主战武器之一。

> （唐）天祐初，从攻豫章。璠以所部发机飞火，烧龙沙门……
>
> ——〔北宋〕路振《九国志·郑璠传》

火药用于战争的历史最早可以上溯到唐末，至明朝已发展了数百年。明朝是一个十分重视发展火器的朝代。永乐朝时，已经创立了全球最早的专门装备火器的部队——神机营。到嘉靖朝，明长城各镇守军中，火器的使用已经十分普遍，见于文献记载的类型有百余种之多。据统计，在戚继光镇守蓟州时，麾下的士兵有一半以上都使用火枪和火炮。明长城空心敌台和一些墙体设施的构造，与热兵器的普及也有着莫大的关系。

比如在长城砖垛口处常见一种中间打孔的盖顶石。在杨一清的一份奏疏中提到，这些孔洞用于架设一种称为"转关遮板"的装置，类似汉代的转射。据现场观察，这些孔洞很浅，不能固定遮板，应当只是战时临时安装。与此同时，孔洞的尺寸又刚好能够插入佛郎机的铁架，而目前长城遗址中尚未发现其他能够架设佛郎机的装置，因此不排除这种垛口的打孔盖顶石也具有架设火炮的作用。

明代佛郎机母铳 山海关长城博物馆藏 引自《万里长城山海关：山海关长城博物馆基本陈列》
（学习出版社，2005 年）
铳体后部的空膛用于放置子铳。一架佛郎机配备多个子铳，可以同时装填，迅速更换，提高射速。

蓟镇长城砖砌炮墙 尚珩摄
此外，也有石砌炮墙。

又如明万历初年，时任顺天巡抚的张梦鲤，看到蓟镇修建的新式敌台配备了精良的火炮，但大炮放置在敌台顶部，射角和射程都受到了限制，于是他在敌台外侧增设了一种叫作"炮墙"的设施，专门用于架炮射击。

在轻型火器方面，自宋代传承发展而来的中原系手铳和由海外传入的火绳枪也都活跃在明长城防御战中。明代火器发明家赵士祯曾向万历皇帝上书，力主将火绳枪用于防御游牧骑兵。万历二十六年（1598），鲁密国（奥斯曼帝国）派遣使者朵思麻来华，并进贡了一种称为鲁密铳的火绳枪。赵士祯发现这种铳比明军使用的日本鸟铳更为先进，于是向朵思麻认真求教了制造和使用方法，并结合佛郎机和鲁密铳的优点，创制了通过弹夹插药捻的掣电铳。

　　为今之计，无如用车自卫、用铳杀虏。一经用车用铳，虏人不得恃其勇敢，虏马不得悉其驰骋，弓矢无所施其劲疾，刀甲无所用其坚利，是虏人长技尽为我所掩。我则因而出中国之长技以制之。

——〔明〕赵士祯《神器谱·奏议》

放掣電銃圖

臨敵之先將諸子
銃痕飽俾妥將溜
子亦用榻杖先洗
榻過遇敵將在床
之銃先放、畢出
後稍釘攪小機起
銃再取一子銃著
床內稍住稍釘其
架勢打法二如嚕
蜜

《神器谱》中的掣电铳用法图解

为了配合火绳枪的使用，明长城也做了专门的设计。细心的游客在登临明长城时，偶尔会发现，在一些长城外侧砖垛口或敌台箭窗的两侧刻有一些细线。这些斜线与地面呈不同的角度，或仰，或平，或俯，旁边还会标记数字。它们是明军火枪手用来判断距离的"步志"。如果用火绳枪沿着这些线瞄准，枪口所对准的位置与长城的距离，正是这些数字所标记的步数。而当敌人的距离到达有效射程之内，就可以开火了。

> 《练兵实纪》中记载的一座空心敌台所配置的火器："佛郎机八架，子铳七十二门……神快枪八杆……火药四百斤。火绳二十根，火箭五百支……石炮五十位……"

　　每台之铳编成字号，镌以平、仰、俯，放得至某地成法，庶不至临期忙迫失措。

　　　　　　——〔明〕范景文《战守全书·守部·卫城铳台法》

　　如虏近百步，援兵登城，旗帜器械一齐竖立，约火器力可至处，即放大将军虎蹲炮；至五十步内，火箭火铳矢石齐发。

　　　　　　——〔明〕刘效祖《四镇三关志·蓟镇经略》

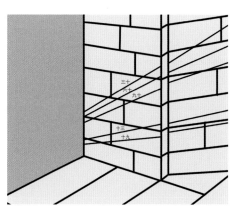

蓟镇长城敌台箭窗和城墙垛口刻画的步志示意图　画线旁边会用步数标注距离，明军士兵用火铳沿刻画线瞄准，就能判断敌人的位置距离长城有多远。

　　明朝的火器种类繁多，但在戚继光看来，多不适用于长城防守。他经过甄选，将无敌大将军炮（一种重型佛郎机）、佛郎机、虎蹲炮、鸟铳、快枪、石雷、火箭等几种之外的火器全部禁用，而其中又以佛郎机最受推崇。

　　以上之外，有火砖、一窝锋、地雷、千里炮、神枪等，百十名色，皆不切于守战，故不备，今皆一切禁之。以节靡费，惟有子母炮，尚属可用，未当终弃，亦一奇品也。

——〔明〕戚继光《练兵实纪·军器解》

戚继光不愧是军事奇才，他不但是火器专家，还能够创造性地运用阵法来增加火炮的威力。战车，这种在战国时代已经被证明不适于与游牧骑兵作战的笨重武器，只要与火炮和军阵结合在一起，就能够化腐朽为神奇，变成抗击蒙古人的利器。

戚继光建立了7座车营，每营配备400余辆装有火炮的战车，行为军阵，守若营城。每车周围安装木质挡板，犹如一辆辆坦克。

很快，他的战车阵就在长城保卫战中发挥了作用。明隆庆二年（1568），朵颜部酋长董狐狸率领3万铁骑大举入侵，戚继光以车营据守，又亲率8 000名配备手铳的骑兵突袭董狐狸的主营，最后全歼了来犯之敌，董狐狸只身逃脱，最后又不得不主动叩关请罪。通过对热兵器的充分运用，明朝的长城守军弥补了"守有余，攻不足"的缺陷，不需劳师远征，就可以大量消灭敌人的有生力量。

凡攻战用之环卫，一则可以束部伍，一则可以代甲胄，虏马拥众，无计可逼，此车之堪用一也。行则为阵，止则为营，以车为正，以马为奇，进可以战，退可以守，此车之堪用二也。

——《戚少保年谱·卷七》

明朝中后期，欧洲和日本的火器制造水平已经开始赶超中国。彼时最精良的火炮和火绳枪，不是舶来品，就是仿制而成。明末袁崇焕在辽东抗击后金取得宁远大捷时所使用的红夷大炮，也来自欧洲。

诞生于冷兵器时代，却因与热兵器融为一体而脱胎换骨、登峰造极的明长城，已经挡不住孕育它的文明走向衰落和停滞的步伐。无论是2 000年前的万弩齐发，还是500年前的枪炮齐鸣，都已随着明王朝的轰然倒塌而逐渐被人们遗忘。当长城的荣耀被重新拾起时，人们关心的已不是战术或武器的发展，而是一个民族精神的觉醒。

禦虜五衝銃炮四奇五路行兵圖

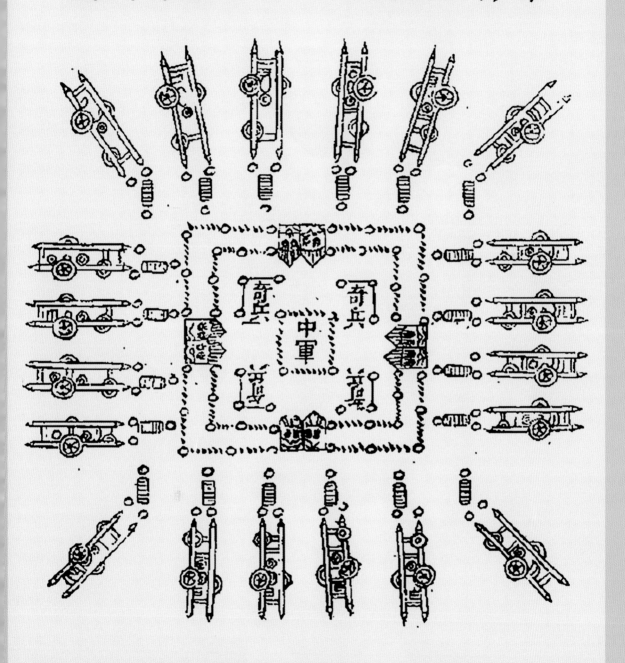

明代军事著作《兵录》中描绘的明军战车阵

长城守军的边关生活

　　　　战争并不是长城守军生活的全部，他们还要进行日常的训练、接受考核，承担日常工作。他们和我们一样，也有家庭和亲友，有人情世故，也经历人生的苦辣酸甜。

一

　　西汉元康五年（前61），敦煌郡悬泉置。

　　基层公务员们正忙得焦头烂额。他们近期要接待两批重要的客人。

　　用我们现在的话说，"置"相当于驿站。悬泉置承担了类似"国营涉外招待所"的功能。迎来送往，是它的重要职责之一。古老的丝绸之路从这里经过，无数过往的官员和商旅曾经在这里留下了足迹。他们当中，有劳边的钦差大臣、和亲的大汉使节、投降的匈奴贵族等，其中还有不少历史上赫赫有名的人物。

俯瞰悬泉置遗址 引自《丝路孔道——甘肃文物菁华》（北京时代华文书局，2021 年）

接上级通知，光禄大夫、长罗侯常惠率领一个500人的庞大外交使团出使乌孙，他们将在悬泉置短暂停留。

接待常惠一行开销巨大。根据悬泉简《元康五年过长罗侯费用簿》的记录，他们一顿饭共吃掉了3只羊、21只鸡、180斤牛肉、10条鱼、4斗（约20斤）小米、48石（约1 400斤）大米，还喝了20石（约588斤）酒。在两千多年前，悬泉置地处偏远，交通物流不便，给好几百人准备饭菜，恐怕是不小的负担。但从汉简记录来看，悬泉置物资充足，这次公务接待也十分顺利。

送走长罗侯仅一年之后，也就是汉宣帝神爵二年（前60），匈奴日逐王先贤掸率部众万余人归降，成为了大汉归德侯。先贤掸的归降是汉朝的重大政治胜利，必定非常重视。而先贤掸入汉的第一站，就是悬泉置。悬泉简中记录了广至县为接待先贤掸一行而发往悬泉置的谷物清单。东西不多，一共六斗三升（大约30斤）粟米，也够30个人吃一顿。当然这只是两枚残简，并不是三餐的全部，从常惠使团的情况看，粟米在当时只是一种辅食，汉人的胃尚不能满足，何况是无肉不欢的匈奴人。

时光飞逝，悬泉置和曾经来到这里的古人如今都已经尘封在历史之中，悬泉简的发现，让我们有机会从另一个角度来审视汉代长城沿线政治生态的细节。历史并不总如史书上记载的宏大和辉煌，而是一个个和我们一样的普通人和鲜活生动的故事，正如悬泉置工作人员的迎来送往。悬泉置只是汉代长城和丝绸之路沿线诸多驿站中的一个，而长城沿线军民的生活故事，并不仅仅停留在餐桌上。

二

西汉建昭二年（前37），居延都尉府。

甲渠候官吞远部候长汤正在收集整理本部一年的日迹簿。汤清点了一下在署的吏员，不禁一惊。整个吞远部一共25个在编人员，其中正在"省作"的竟然有11人。

汉长城的基层机构职责很多，常规工作任务繁重。他们除了要组织长城防御和后勤物资的筹集调配，还要负责修缮烽燧，定期在部内巡视工作，检查装备，记录考勤，处理其他杂务。一些承担了驿站功能的烽燧，还要负责迎来送往和公文的收发和邮传。除了常规工作之外，戍卒还会不定期被临时抽调到其他机构当差，这让本就十分紧张的工作雪上加霜。比如第十七燧，就很不走运。戍卒毋丘受、董辅、孙安世3人按照常规应该是每10天轮一人巡视天田的，可是董辅上岗第二天就被借调去了廿一燧，所以毋丘受和孙安世两人就要连续工作30天，没有休息。

汤很无奈，但为了国家安全的大局，他只能遵照执行。况且他深知，戍边生活虽苦，但朝廷还是对守军将士给予了适当的照顾。除了配发武器装备，朝廷还会定期向戍卒们发放衣物和药品。只要理由充分，他们可以在当职期间请病假和

> **日迹簿**
> 即汉代长城要塞守军考勤表。
>
> **省作**
> 类似于现在的"借调"，即被上级临时抽调或安排到其他部门工作。

河北怀来鸡鸣驿城　杨东摄

明代的长城驿站系统

　　明长城也有着完备的驿站系统。明代驿站按等级可以分为"馆、驿、站、暖铺"等。这些驿站或如悬泉置一样独立建制，或者设在重要的军镇和关隘中。

　　据统计，到明正德年间，仅宣府一镇就设有四馆、十四驿、八站、六十九暖铺。在宣府镇城、独石口、土木堡等地均有驿站存在。著名的鸡鸣驿，就是宣府镇通向京师的重要一站。

　　这些驿站在明长城的军事指挥、边讯传递、军需供给等方面都曾发挥重要作用。但到了明代后期，驿站系统也开始变得臃肿，成了朝廷的财政负担。

　　李自成在起兵反明之前就是宁夏镇的一名驿卒。崇祯皇帝在西北精简驿站，包括李自成在内，陕西三边有三分之一的驿卒被裁撤。失去了生活来源的李自成走投无路，选择了造反。

事假，甚至于替好朋友奔丧都是允许的。朝廷专门发布了法令，要求各级官吏善待下属，严禁体罚和超负荷劳作，如果官吏确有虐待士卒的情况，情节严重的还会治罪下狱。

汉朝的河西长城守军来自五湖四海，他们为了保卫国家，从长安、弘农（河南三门峡一带）、魏郡（冀鲁豫交界一带）、东郡（豫东鲁西一带）等地奔赴遥远的西北前线。朝廷体恤他们的思乡之情，允许戍卒携家眷一起生活在长城边，并且为他们提供基本的生活保障。俱起燧一个名叫丁仁的戍卒，将67岁的老母亲接到了身边；还有一个不知名的戍卒，他的三个弟弟都已成年，却可以一直待在署上，享受每人每月三石粮食（按大米的重量计算，合今约64斤）的国家供应。优厚的福利，起到了稳定军心的作用，让将士们能够安心驻守。

当然，人情味儿不会必然带来工作效率和战斗力，军队更需要的是纪律。汉朝政府针对参与长城管理的吏员制定了十分严格的定期考核和奖惩制度，并且从汉朝中后期开始，历王莽，一直沿用到了东汉光武帝年间，有效实施了一个多世纪。

一般来讲，汉长城的部候长和燧长有三种获得奖励的主要渠道。第一当然是上阵杀敌，论功行赏。根据继承自秦代的军功爵制度，无论官阶高低，斩首或俘虏敌人达到一定数量，就可以赐予爵位。第二就是刻苦训练，增强军事技能。每年八月，针对基层戍吏开展的"秋射"考核中，要求每人射箭12次，射中6次达标，射中7次以上的，可以获得"赐劳十五日"，即相当于15天工作量的绩效奖励。反之，如果命中率达不到50%，则要"夺劳十五日"，也就是扣除半月绩效。而第三种，就是"全勤奖"，根据汉朝的规定，长城基层官吏如果能够做到一年全勤，就可以获得"二日皆当三日"的奖励，即额外奖励相当于全年工作量50%的绩效。五凤三年（前55），甲渠候官一位名叫贤的候长，就曾获得了这样的"全勤奖"。根据居延汉简的记载，他在本年度实际工作满

> **一名合格的汉长城守卫军需要具备的素质**
>
> 熟悉汉朝建立以来中央和地方政府颁布实施的法律法规；学习贯彻落实皇帝诏书和现行政策；熟读兵书和儒家经典；掌握算数、地理、历法知识；练习书法，保证公文字迹端正；熟练背诵《塞上烽火品约》。因此，普通戍卒也需要识字。

赐劳
奖励相当于一定工作量的绩效。

夺劳
扣除相当于一定工作量的绩效。

秋射奖惩标准
过程：优秀
中程：合格
不中程：不合格

321天（含闰月），于是就享受到了赐劳160天半的奖励。

> 功令卌五士吏候长烽燧常以令秋射发矢
> 十二……
>
> ——《居延新简》E.P.T53∶34

> ……弩发矢十二中帑矢六为程过六若不帑六
> 矢赐夺劳各十五日。
>
> ——《居延新简》E.P.T56∶357

与丰厚奖赏相对的是严格的处罚措施。汉代长城守军的戍卒，要接受每月一次的工作检查，基层官吏则要接受年度考核。主要的检查内容包括是否擅离职守、守御设施装备是否完备、是否熟悉烽火品约，以及是否有其他不称职的情况。汉代长城管理规定中的罪名很多，比如"不任候望""私离署""不巡行部""能不宜其官""软弱不胜任"，等等。一旦判定存在上述情况，轻则夺劳、免职，重则移交官府治罪。

西汉元康年间的一天，居延都尉府派出的工作组在实地调查中发现，甲渠候官有6座烽燧存在防守设施损坏、装备缺失等严重问题。经查，主管长城防御的领导候史广德没有按规定履行巡行各部的职责，对此负有主要责任。根据大汉律令和相关品约的规定，广德因玩忽职守被打了五十大板。这个案件被以"传檄"的形式通报甲渠候官各部引以为戒。从已经发现的西北简记录看，广德应当是汉代长城管理制度体系下被揪出的负面典型。相信候长汤一定也从奏谳（yàn）书中读到过这个案例。

想到以上种种，看看陪伴自己的家人，再比一比更倒霉的第十七燧，汤不再抱怨，继续埋头写起了他的材料。

秦汉军功爵制度

汉承秦制，实行军功爵制度，爵位按照级别从低到高依次为公士、上造、簪袅、不更、大夫、官大夫、公大夫、公乘、五大夫、左庶长、右庶长、左更、中更、右更、少上造、大上造、驷车庶长、大庶长、内侯、彻侯。

青海省大通县上孙家寨西汉晚期墓葬出土的律令简完整保留了汉代军功爵的封赏规定：凡斩首或俘虏2人，拜爵一级；5人二级；8人三级，人数不足的赏钱数千。根据规定，一次晋爵不能超过三级，军功爵最高只能封到第九级（五大夫）。

长城守军中的"老兵"

《肩水金关汉简》中的两枚名籍简，分别记录了一个名叫□青的河南郡（今河南洛阳一带）籍戍卒和一个名叫许武的河东郡（今山西夏县北部）籍屯田卒。那时，许武有31岁，而□青已经43岁了。从汉简内容看，很多汉长城的戍卒都有三四十岁的年纪，而唐代西域烽燧出土的文书显示，一些驻守的士兵已经50多岁了。他们是名副其实的"老兵"。

箭扣长城敌台铺地砖上发现的明代守军刻画的棋盘 张依萌摄

三

西汉河平三年（前26），居延。

这年正月的一天，甲渠候官收到了居延都尉府发来的质询函。原因是有几份从张掖郡发来的重要文件没有按时送达。甲渠候官距离居延都尉府有七十里，按照一时（合今一个半小时）走十里的步行邮递速度规定，文件发出半日，都尉府就应该收到，可是这份文件竟然迟到了整整两天。

甲渠障候韦连忙命人巡行各部界，开展了调查。他先查阅了自己辖区内的公文邮传情况，甲渠候官最先收到公文的是临木燧卒赏，转交人为卅井候官城勢燧卒胜，时间是在戊午日的夜半（约相当于半夜12点）。接着，赏将文件送到当曲燧，第二天日入时，当曲燧又送到都尉府直辖的收降燧，全程九十八里，用时十二时，超期二时二分。看来，文书早在卅井候官传递时就已经晚了，可是，文件在自己的辖区也确实延误了3个小时。

奏谳书

汉代官府整理的司法审判案例汇编。

邮驿标准

不及行——提前到达

中程——准时到达

过程／留迟／不中程——迟到

汉朝的时制

根据汉简的研究，汉代长城防区实行16时制，即将每天分为16个"时"，每时相当于今天的一个半小时。16时各有名称，分别为夜半、夜大半、鸡鸣、晨时、平旦、日出、蚤食、食时、日中、晡时、下晡、日入、昏时、夜食、人定、夜少半。

韦根据相关律令的规定，对参与这次邮传的戍卒进行了"罚金半两"的处罚。此时，他还并不知道密封的公文内容：张掖太守拟于当年七月视察居延长城，要求各候官领导陪同。但是以往候长、候史所承用的马匹大多比较瘦弱，甚至连迎送长官都不能胜任，因此要向居延都尉府各候官征用5～12岁的合用马匹以迎接上级领导。不久之后，他就将接到都尉府下发的马匹征集令，韦和他的手下又要忙上半年了。

不中程百里罚金半两，过百里至二百里一两，过二百里二两。
——《居延新简》E.P.S4.T2∶8B

四

　　西汉末年，西北边塞。

　　一个名叫元的公务员即将赴敦煌屯田，这一去，不知何时能回。于是他给自己的密友子方写了一封信，托他帮自己办几件事：

　　元的鞋子不够用，他希望子方能够帮他代购一双2尺长的牛皮鞋和5根毛笔。鞋要质地柔软、底厚耐磨的那种。郭营尉给子方寄了200钱，想请他帮忙买一条鞭子，这次也请他一并办妥。买好后再请来敦煌出差的同事顺路捎来。元说，他曾经请子方为一个叫次孺的人捎过一封书信。次孺应当是他们共同的熟人。他希望子方经过次孺家时向他和他的夫人容君问好，并让次孺给他回信。另外，元的同事吕子度想请子方刻一枚印章，但又不好意思开口，就请元代为转达。

　　这封《元致子方书》写在绢帛上，在悬泉置遗址完整出土。汉代长城沿线曾经出土很多这样的私人信件。信件的收发人在不同的岗位上为国家的边防事业贡献着自己的力量。他们的信件通过边塞驿站系统在各个要塞和烽燧，乃至边疆和全国各地之间往来。

　　从出土地点看，元写给子方的信很有可能滞留在了悬泉置，并没有发出。抑或是子方已经看到了信，并完成了元的嘱托，而信件出于因缘巧合被送到了这里也未可知。时光飞逝，多少长城脚下的往事没入黄沙，只留下今人对边塞生活的无限畅想。

金关简《论语·知道篇》 20世纪70年代甘肃汉长城肩水金关遗址出土 引自《肩水金关汉简》（中西书局，2011年）
这是已经失传的《齐论语》篇目，比2016年南昌海昏侯墓出土的同样内容的汉简早发现40多年。

元伏地再拜請

子方足下善毋恙苦道子方毄元毋恙

元不敢言謹請子方在庫元毋恙元伏地願子方適衣幸酒食察事甚謹道言元當從它

敦煌之毕子方所知也元不自肥願子方幸為元買一兩絹事長尺二寸筆五枚善者元幸甚謹

小侯屬舍不敢負願子方毄留得其厚可以令行者子方知無繁煩難為者幸甚伏地再拜

所因子方遺記差次孫青願子方毄過次孫舍求邦不在是汉孫夬入宛君家邦羊甚伏地再拜

子方毄下所羊為賈直當肥願取羊當決得文事羊重丈以也一牂羊以一小□上

自子方發部隨射印封□邦夬和元不宜毄幾元請子方幸得子方羊牂制御文□公卩□□邑印目自封致之令唯子方留

漢人都隨射印封不敢得屬它人郭驳尉所寄韓二百買韓者願得其善韓者願留買

悬泉置汉代帛书《元致子方书》　甘肃简牍博物馆提供

五

明万历二十年（1592），蓟镇遵化城。

一群愤怒的士兵聚在城门口聒噪示威，他们的粮饷和马料已经被拖欠了一个月，马料的核验又过于严苛。于是，一些士兵跑到粮仓所在地遵化去讨说法，结果聚集了一千多人。

巡按御史刘士忠眼看事态严重，赶紧把情况上报到了兵部。刘士忠深知本朝长城管理之弊，也了解戍边士兵的疾苦。

蓟镇军士闹饷之时，距朱元璋的时代已经过去了200年，经济不断发展，物价和其他生活成本不知涨了多少倍，然而令人咋舌的是，明朝公务员和军队的工资竟然完全没有涨。距离这次事件发生仅仅5年前，著名的清官、三品大员海瑞去世时，靠工资竟然买不起棺材。戍边的将士，生活必然更加窘迫。在这种情况下，战时尚可靠战功请赏，但蒙古骑兵强悍，明军胜败无常；而平时，就只能靠贪污和抢掠为生。军官的层层盘剥压榨和不同部队的待遇不公，导致明军底层士兵经常发生内讧、逃亡和哗变。在这种情况下，各部队缺额严重，有的卫所甚至有一半士兵逃亡。本就心存不满的士兵，还被拖欠军饷，难免产生过激行为，一旦处理不妥，动摇的是边防大计，后果不堪设想。

幸好刘士忠的汇报和兵部的处理都十分得当。刘士忠在报告中认为，士兵的行为虽然违法，但确实情有可原，不能一味弹压。一方面，地方应当及时补足粮饷；另一方面，建议给闹事的士兵一次改过机会，让他们感念朝廷之恩，如若再犯，严惩不贷。朝廷同意了刘士忠的意见，处理结果是，蓟镇总兵张邦奇调离岗位，同时要求各地如期发饷，对闹事者暂不惩戒，下不为例。这次事件得到了妥善处理，但闹饷事件还是在各地频繁上演着。

短短3年后，蓟镇又有客兵因拖欠战功赏银闹事，这一次，新任蓟镇总兵王保向他们举起了屠刀。

明长城守军使用的铁农具 山海关出土 引自《万里长城山海关：山海关长城博物馆基本陈列》
（学习出版社，2005 年）

明代军户与屯种旗军的悲惨生活

从史料记载来看，明代长城守军的生活，平时就比汉唐时代要艰苦得多。明朝统治者将全国的百姓分为军、民、匠三种户籍，军户要有男丁世代从军。他们没有选择职业的自由，按照《大明律》的规定，除非官至尚书，或特旨开恩，否则终生不能脱去军籍。他们服役的地点必须远离家乡，多至千里之外。军装和途中盘缠全部自理，开销巨大。往往一人当兵，一户就会破产。且路途遥远，从军者水土不服，"在途逃死者多，到卫者少"。

顺利到卫服役者，除了军事训练和作战外，还要承担繁重的杂役。他们一旦触犯法律，受到的惩处也重于民户。因此，明朝的底层军人实际成了"贱民"。他们的随军眷已经不能安定他们的心，唯一的作用就是成为控制他们的人质。但这也不能阻止军户的大量逃亡，有时甚至还会举家逃亡。

在明代，军队屯田是一项扩展到全国的军事制度。明军有一个专门的军种叫作屯种旗军，或简称为"屯军"。他们是正规军，但主要的职责是屯田。明长城全线都设有军屯。朱元璋想得很好，军屯不但可以自给自足节省军费开支，还能向国家交税。对屯军来说，除了国家分配的基本生活资料之外，靠屯田就能维持一家人的生计。

但是明代的军屯制度十分死板。它的弊端到宣德朝就已经显露了出来。比如征粮采用"一刀切"的办法，长城沿线的屯田大多贫瘠，却和内陆丰腴之地统一按照五十亩征收六石的标准征收。到后来，边疆的屯粮实在征收不足，只得纷纷减免。但减免之后又会产生连带影响。征粮不足，意味着派发的军粮不足。于是很多地区的征粮额度减了又增。面对征粮的重负，他们或消极怠工，或干脆逃亡。而屯田要么荒废，要么就被豪强占夺。可以说，屯田对明代中后期长城守军的后勤供应几乎没起任何作用。最后只能倚靠朝廷划拨银两，从民间购买军粮或直接征粮。于是，军需的负担又被转嫁到百姓身上。

汉唐时期对于开发和巩固边疆、减轻社会经济负担起到巨大作用的屯田制度，在明朝彻底丧失了这种作用，演变成一种牵一发而动全身的积弊，并从边塞蔓延到内地，把国家引向深渊。

长城古疆场

长城是刀光剑影的沙场，也是暗战博弈的秘境。它激发帝王将相建功立业的雄心，也在历史的潮流中考验人心。

一

习射骑，谨烽火，多间谍，厚遇战士。

——《史记·廉颇蔺相如列传》

北宋天禧二年（1018），保州。

距离宋辽澶渊之盟已经过去了14年，两国边境相安无事。从宋初开始经营榆塞，树木已经成材，既无用武之地，又不能砍伐，看起来甚是可惜。于是有人前去游说河北沿边安抚副使张昭远，建议他用榆塞的树木制作云梯和抛石机。张昭远认为很有道理。他又考虑到密林之中可以藏匿逃军，并且想到那里曾经发生过看守士兵被杀的事。再者沿边一些城壕和防御

澶渊之盟与关南争地

五代后周世宗曾经发动对辽的进攻，并成功收复了燕云十六州中的益津关（宋霸州，今河北省霸州市）、淤口关（今霸州市信安镇）、瓦桥关（宋雄州，今河北省雄安新区东部）、瀛州（今河北省河间市）、莫州（今河北省任丘市）等地，这些地区统称"关南之地"。

北宋景德元年（1004），辽大举攻宋，企图再次夺取关南之地，兵锋过黄河直指东京汴梁。宋真宗在寇准的逼迫下御驾亲征，宋军士气大振，反败为胜，宋辽在澶州（今河南省濮阳市）签订了澶渊之盟，约定关南之地归宋，宋朝每年向辽缴纳岁币。

北宋庆历元年（1041），辽朝趁宋与西夏交恶的时机再次向宋朝提出关南之地的领土主张。宋朝为避免辽夏北、西两面夹击的被动局面，通过谈判最终以增加岁币为代价，将关南之地继续留在自己的手中。

设施内也种植了榆柳，应当进行清理。因此，他采纳了来人的建议，上疏朝廷，请求砍伐榆塞中的林木，并获得批准。起初，张昭远砍伐了一些榆塞的木材，用来制作军械。但他在砍伐了部分树木之后，很快进行了补种。当新植的树木长到碗口粗的时候，又有人提出了砍伐的主张。张昭远毕竟是一名早年在宋辽战争中曾立下赫赫战功的守边良将，军人的警惕让他很快意识到这其中的问题。后来经过调查证实，两次提出砍伐榆塞的人都是辽朝派来破坏榆塞的奸细。在张昭远的防备之下，辽人的阴谋并未得逞。

北宋庆历元年（1041），发生了"关南争地"事件，辽人的阴谋变成阳谋。辽向宋提出了领土要求。宋辽关系趋于紧张。皇帝和中枢吸取了前面的教训，下诏禁止砍伐河北堤塘一带的树木。河北边防建设得到了朝廷重视，辽朝间谍再无对榆塞下手的可能。

向敌国派遣间谍获取情报和扰乱敌军的做法由来已久。

从李牧的时代起，长城的攻守就存在着第二条战线。守长城的一方也经常向长城外派出密探，搜集情报。燕国与胡为质的秦开、汉朝马邑之谋中的商人聂壹，他们的身份多少都有情报员的性质。

在明朝，长城守军配置有一类被称为"夜不收"的兵种。他们是明朝的特种部队，守军中的精锐。他们装扮成蒙古人或女真人的样子，熟练掌握民族语言，常年派往塞外，与蒙古人生活在一起。他们详细了解每个部落的风俗，深入打探并定期向明朝边军提供军事情报。他们熟悉敌后的山川地理，可以为大军充当向导，在完成战斗任务后带领大军安全撤退。除此之外，他们还执行袭扰、暗杀等特种作战任务。

秦开却胡

　　春秋战国时代，将王室或贵族子弟送到他国为质，是各国常用的一种外交手段。秦开就是这样一个贵族子弟。他自幼生活在东胡，对当地的风土人情十分了解，而东胡人对他也十分信任。谁知此人是心系故国，他利用自己的身份广泛搜集情报，只为有朝一日为国效力。后来，他寻机逃回了燕国，被燕昭王拜为将军。他在公元前300年率领精锐的燕军大破东胡，一举收复失地，并把国境线向北推移了千里，而后在新的疆土之上修筑了长城。秦开一战成名，燕国也自此跻身战国七雄之列。

秦开雕像

乖觉晓事，诚谨细密，备谙山川进退险易者，宜充哨探、巡查。

——何良臣《阵纪·募选》

夜不收们通常身怀绝技，有着过人的身体心理素质和应变能力，只有这样才能在九死一生的险境中生存下来。《明实录》中就有这样一个故事：宣德三年（1428），遵化卫一个名叫张大川的夜不收在鲇鱼石关一带巡探，行经一处匣口时，突然窜出4个蒙古骑兵。张大川临危不乱，以一敌四，蒙古骑兵被他射伤，最终抛下马匹狼狈逃走。守边的将军听说了这件事，大为赞赏，还送他进京面见了宣德皇帝。皇帝表彰了他的英勇，直接将他从普通士兵升迁为遵化卫的百户。

夜不收执行的任务充满了危险，多有牺牲。对于守城一方，他们是深入敌后的孤胆英雄。但对于长城外的民族而言，他们是最令人痛恨的奸细，一旦被识破，必死无疑。明代文献里不乏他们被蒙古人捉杀或中埋伏而死的记载。

历史不应忘记，除了阳光下刀光剑影的拼杀，在没有硝烟的隐蔽战场上，还有这样一群人用生命守护着长城和家园。

金山岭十四号敌台（小金山楼）外侧暗门　中国长城遗产网提供

二

明正德十二年（1517），大同镇。

总兵王勋收到了一封信，署名是"总督军务威武大将军总兵官"。明朝自开国以来从未有过这样的官职。王勋反复审视着来信严肃的措辞，又不敢玩笑视之。

正当王勋百思不解之时，京城也乱作一团：皇帝失踪了。正德皇帝朱厚照久居深宫，却很是仰慕先祖洪武、永乐远征建功的事迹，梦想着和他们一样建功立业。他想去打仗，想得发疯。

《历代帝王像》中的明武宗　清　姚文翰绘　美国纽约大都会博物馆藏

终于，他寻了个机会，在幸臣江彬的帮助下，偷渡居庸关，来到边镇宣府，久居不回。可是宣府镇近期很太平，无仗可打。于是他又向西到了大同，来到长城脚下的阳和卫，并且亲自调兵遣将，以"威武大将军"的名义发号施令。

王勋终于搞清了这个"威武大将军"的身份，哭笑不得。可到了这年冬天，他再也笑不出来了。蒙古的中兴之主，人称"小王子"的达延汗亲率5万人马向大同进军。他急忙派人报告皇帝，希望他赶紧回京。可正德皇帝听说蒙古人来了，非但没有惊慌，反而来了兴致。

这时人们才发现，皇帝并不是在瞎胡闹，他沉着地调兵遣将，展现出了真正的军事天赋和统帅素质。

他命令兵力单薄的王勋集结部队主动出击。达延汗竟然真的被迷惑住了，以为遭遇了明军主力，不敢全力进攻。两军交战一日之后，王勋退守应州，与同在城中的副总兵朱峦共同御敌。达延汗本来准备一举攻下应州，但正德皇帝从辽东、宣府和延绥镇调来的援军先期赶到，应州守军也主动出击，明军前后夹攻，打了达延汗一个措手不及。然而5万蒙古精锐毕竟不是吃素的，很快掌握了战场主动，明军被分割包围。正当王勋等人绝望之时，最大的反转出现了。坐镇阳和的正德皇帝，率领新近到达阳和的部队正好赶到了战场。皇帝身先士卒，还亲手斩杀了一名蒙古军官。明军士气大振，越战越勇。达延汗支撑不住，终于退兵。"威武大将军"取得了"应州大捷"，一战成名。

　　然而，历史和正德皇帝开了个大玩笑。在他回京不久，市井就开始有传言说应州一战实际上败了。正德皇帝听闻，愤恨不已，甚至辍朝数日。更残酷的是，后世的官修史书对这次战斗的描述都十分简略，《明武宗实录》对双方伤亡的记录令人瞠目结舌：蒙古人被斩首16级，明军死52人，重伤563人。但《明史》中又说，这次战争之后，达延汗虽然屡屡犯边，但再也不敢深入。也许所谓的"应州大捷"确实夸大了战绩，也有人说《明实录》中这寒酸的战果更像是惊恐无奈的朝臣们出于气愤和嫉妒，刻意淡化了皇帝的武功，对这位我行我素的君主进行的一次报复。

　　　　是役也，斩虏首十六级，而我军死者五十二人，重伤者五百六十三人。

　　　　　　　　　　　　　　　　　　　　　　　　——《明武宗实录》

　　不管怎么说，皇帝亲自来到长城脚下，指挥了一场10万人规模的战役，还亲手杀死敌军，这在中国长城史，乃至中国历史上都是值得大书特书的一段传奇。

三

圆圆曲（节选）

〔清〕吴伟业

鼎湖当日弃人间，破敌收京下玉关。

恸哭六军俱缟素，冲冠一怒为红颜。

（右页）矗立了900多年的山西应县辽代木塔
这座古塔不但见证了宋辽边关的争夺，也见证了明武宗皇帝的运筹帷幄和疆场驰骋。

明朝夜不收名签 居延黑水城出土
明嘉靖三十五年（1556）七月，夜不收李七和张交成奉命出塞执行任务。名签发现的地点在长城以北数百千米的地方。落款没有填写具体的日期，或许表明两人遭遇了不测，再也没有回去。

明崇祯十七年（1644），清顺治元年，山海关。

吴三桂在城中怒火中烧。李自成的大顺军攻破北京城，活捉吴三桂的父亲吴襄，霸占了吴三桂的小妾陈圆圆。崇祯皇帝也在煤山（今景山）自缢身亡。大明没有了，自己的家人又成了人质。山海关外，清军虎视眈眈。世人皆谓吴三桂"冲冠一怒为红颜"，谁又能体会家仇国恨齐上心头的滋味儿。他拒绝了李自成的劝降，决意联清抗李。

最后悔的应该是李自成，他本该善待吴三桂的家人。本来可以不费一兵一卒就拥有的天下第一关，如今成了一块不得不去"啃"的"硬骨头"。于是他亲自率军向山海关进发。大顺军行动迟缓，李自成并不知道，清军此刻也在向山海关奔袭。当起义军抵达山海关城下时，多尔衮的部队已经在距离山海关只有十几里的地方摆开了阵势。

山海关依山傍海，城高池深，又有东西罗城、南北翼城互为照应，攻取不易。李自成命降将唐通、白广恩率2万人马迁回到一片石关（今辽宁省绥中县九门口长城），从北面截断吴三桂的退路，又亲自指挥主力猛攻东西罗城和北翼城。双方鏖战一日，大顺军各处相继受挫。当晚，进军一片石的大顺军遭遇了清军并被击溃，也向关内撤退。

第二天，李自成命大顺军全军压上，在从渤海到角山的长城一线，展开全线进攻。战斗由晨至昏，李自成兵锋渐弱，山海关仍然没有攻破。就在这时，早已悄然入关的清军在多尔衮指挥下看准时机突然发起进攻。大顺军猝不及防，迅速溃败，一路撤回了北京。

李自成在北京匆匆称帝，并杀害了吴襄及吴氏一族38口，随后向西撤离，走向败亡。清军则趁势入关，建立起中国历史上最后一个大一统的封建王朝。吴三桂的人生也从此转向。

> **山海关大战（又称一片石之战）**
>
> 时间：1644年4月18—22日
>
> 地点：以山海关为主战场，北及一片石关。
>
> 交战双方：李自成率领的大顺军、清军与吴三桂部联军。
>
> 军力：大顺军约10万，清军约8万，吴三桂部2~3万。
>
> 战争结果及影响：大顺军败亡，清军入关。

山海关大战，是中国古代史上规模最大也是最后一次的长城攻防战，它发生在长城时代即将落幕之时，改写了历史。固若金汤的城池易守，命运和人心难测。如果生逢治世，李自成可能会安心过他的生活，吴三桂也许可以是大明的忠臣，成就一世英名。在现实的乱世中，如果李自成能够善待吴三桂的家人，吴三桂或许能够换一种选择……历史没有如果，但未来可期。它可以有千百种走向，但走不出浩浩汤汤的世界潮流。

历史的车轮滚滚前进。山海关大战之后的200年间，长城逐渐不再需要修葺以御敌，而新的敌人却不断从海上而来。工业时代的机器轰鸣，震荡着迟暮王朝将倾的大厦。亡国灭种的危机笼罩在华夏大地。列强本以为可以凭借坚船利炮轻松地征服这片土地，但万万没有想到，四万万沉睡的灵魂已经在隆隆的炮火声中惊醒。古老的长城将迎来空前残酷的较量。长城就像一位在经历了漫长等待后，终于走向沙场的老将，以一种近乎悲壮的方式再次履行了两千多年前就已被赋予的职责。它将帮助华夏儿女重拾荣光，和他们一起在血肉钢铁的较量中浴火重生。

血肉筑长城

> 在十四年艰苦卓绝的抗日战争中，长城最后一次迎击侵略者，也化作了抽打在中华儿女心头的觉醒之鞭。中华民族在长城精神的鼓舞下团结一心，英勇战斗，用巨大的牺牲换来了民族的独立与解放。

一

山海关为中国东北门户。第一天险，实即中华民族生命最后的决斗地。

——《新北平报》1933年1月17日刊文

公元1933年3月，古北口。

侵华日军用了几个小时，在付出伤亡数百人的代价后，攻占了中国军队17军25师145团的一个阵地。他们震惊地发现，阵地上只留下7位热血流干的战士。这一天下午，145团奉命

关山月 民国 丰子恺绘
此画绘于侵华日军占领山海关后。

后撤，由于日军的轰炸，通信中断，这个7人组成的前方观察哨位没有接到撤退的命令。面对疯狂进攻的数千日军，他们坚守阵地，英勇还击，最后全部壮烈牺牲。事后，日军将7名战士的遗体安葬在山下，立下了写有"支那七勇士之墓"的墓碑，并列队鞠躬致敬。

　　这是一个发生在抗日战场上的真实故事。长城在沉寂280多年后再次燃起硝烟。这一次，它所迎来的敌人，不再是快马弯刀的游牧骑兵，而是一支装备着飞机、坦克、大炮和装甲车的现代化军队。

　　1932年12月，武装到牙齿的3 000名日本侵略军兵临山海关城下。这时距离东北三省沦陷仅过去了一年零三个月。

　　从清光绪二十六年（1900）《辛丑条约》签订起，作为八国联军之一的日军就获得了在山海关驻军的权力。"九一八"事变之后，他们对华北步步紧逼，按照上演了无数次的剧本不断挑衅中国军队，再反诬中国军队制造事端。1933年

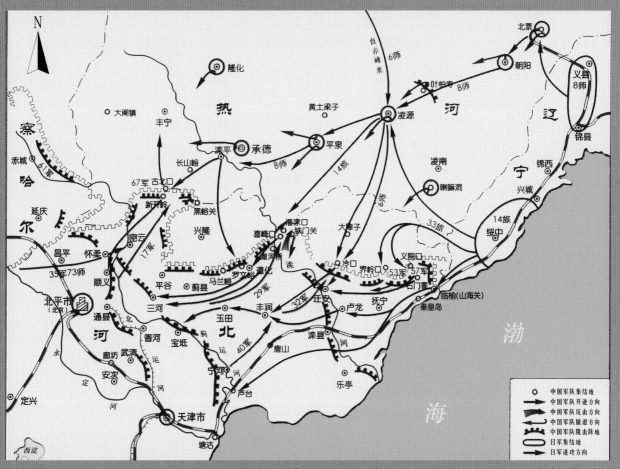

长城抗战示意图

1月2日，日军开始攻城。这一次，中国军队没有妥协。驻守山海关的东北军奋起反击。一天后，中国守军寡不敌众，被迫撤退。日军占领山海关。华北似乎唾手可得。

但关东军司令武藤信义很快发现，占领华北并不像占领东北那样简单。此时，20万中国军队已经厉兵秣马。于是他调集关东军2个师团、3个旅团和海空军各一部，加上伪军，共7万多人，大举进攻热河及古北口以东长城一线。

3月7日起，战斗在沿明蓟镇长城古北口、喜峰口、冷口、界岭口、义院口一线全面爆发。在20世纪的高强度战争中，长城再次发挥了作用。装备处于劣势的中国军队凭借高大坚固的城墙构筑工事，给日军以重创。

29军暂编第2师刘汝明部奉命驻防喜峰口西南50千米侧后的罗文峪。这里是南下遵化和通向北平东部的咽喉。尽管有山势陡峭、易守难攻的地利，但刘部仅有数千人，除了防守罗文峪外，还要防守约50千米长的长城防线，兵力严重不足。

长城抗战
　　1933年3月至5月，中国军队在华北长城义院口、冷口、喜峰口、古北口等地抗击侵华日军进攻的战斗。

3月14日，侵华日军逼近罗文峪。刘汝明率部凭借完好的长城墙体和敌台进行阻击。29军军长宋哲元一面命令第37师第219团刘景山部、第38师第228团祁光远部增援，一面令第38师第224团董升堂部和第106师沈克部出长城向北迂回。战至19日，中国军队出现在日军后方，对日军形成南北夹击之势，日军全线动摇。中国军队经过激战，取得了长城抗战以来的空前胜利。

在喜峰口主战场，29军名扬天下。原属西北军的29军创建之时，由于扩充较快，装备不足，于是给士兵配发了大刀。这种原始的武器在与日寇的短兵相接中大显神威。时任37师109旅旅长赵登禹率大刀队发动两次夜袭，杀敌千人，毁敌火炮、装甲车和辎重，夺回被占领的阵地，沉重地打击了日军的嚣张气焰。

前方将士抵挡着日军先进武器的疯狂进攻，后方民众踊跃参军支前。长城抗战将全国人民凝聚在一起。

中国军队顽强坚守近3个月，日军战线过长，已显疲态，谋求集中兵力组织一次大规模作战，以求一战定乾坤。中国军队方面也消耗严重，亟待支援。但蒋介石为首的国民政府不愿全力抗战，命令守军后撤。5月25日，中日双方经过谈判，停止军事行动。31日，国民政府代表熊斌和日军代表冈村宁次在塘沽签订了《塘沽协定》，承认了日本对东北三省、热河与冀东22县的占领。

　　长城没能挡住日本侵略者的铁蹄，华北门户洞开。中华民族到了危亡的关头。然而抗日的烽火并没有就此熄灭。此时的中国已经不是1644年的大明，或1900年的大清。觉醒的人民在长城抗战的鼓舞下，做好了血战到底的准备。4年后，它又将迎来更加激烈的战斗，并将见证中华民族最后的胜利。

潘家口长城上留下的弹孔　张依萌摄
密集的弹孔记录了战斗的激烈。

二

1937年9月下旬，平型关。

日军第5师团第21旅团一部乘100多辆汽车，带着200余车的辎重，大摇大摆地行进在乔沟峡谷中的公路上。一支神秘的中国军队悄然埋伏在两侧的山坡上，注视着日军的一举一动。此前他们已经占领了倒马关，阻断东面来援之敌，只待完成一场痛快的歼灭战。

很快，敌人就进入了他们布下的口袋阵。猛然间，中国军队枪炮齐鸣，子弹、手榴弹、迫击炮弹如冰雹般倾泻在山谷中。他们向敌人发起冲锋，双方展开白刃战。日军从未想过在大后方会遭到袭击。而这支中国军队也从未遇到过如此顽强的敌人。

经过一番硬碰硬的较量，中国军队大获全胜。这是"七七事变"以来，中国军队取得的首次胜利。这支获胜的军队是中国共产党领导的八路军第115师。

平型关之战是太原会战的一个重要组成部分。发生在山西长城脚下的这次大会战是抗战初期华北战场上规模最大、持续时间最长的一次战役，也是华北正面战场上的最后一战。国民党军队在茹越口、娘子关顽强阻击日军。平型关大捷之后，八路军120师和129师又接连取得雁门关伏击战、夜袭阳明堡等战斗的胜利。国共两党并肩作战，相互配合，共歼敌3万余人，取得了华北战场最大的战果。太原失守之后，国民党军队退出了华北。八路军则在敌后坚持战斗，开辟抗日根据地，活跃在长城南北和太行山上。

从黄土岭战役、百团大战到抗战相持阶段的根据地反"扫荡"斗争中，八路军与日军在河北涞源浮图峪、插箭岭，易县紫荆关，山西宁武阳方口等地进行了反复较量。8年后，胜利的曙光终于来临。1945年，八路军展开了对日军的局部反攻，相继收复了紫荆关、张家口和长城上的一系列要塞古堡，并向东

夜袭阳明堡

1937年10月19日夜，八路军129师769团对代县阳明堡机场发动突袭，歼灭日军100余人，击毁击伤飞机24架，有力地配合了正面战场作战。

战斗在古长城 沙飞摄

北挺进。8月30日，日本投降已经半个月，据守山海关的上万日伪军却仍然负隅顽抗。八路军在苏联军队炮火的掩护下，向东罗城发起进攻，仅用2小时就收复了这座被日军占领将近13年的长城雄关。

　　没有人统计过，从1933年以来，华北长城沿线共发生过多少次战斗和多少可歌可泣的故事。经历了现代化战争的炮火之后，不屈的长城和创造它的民族依旧巍然挺立。

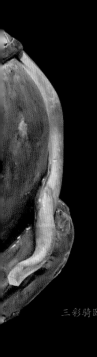

第五章

长城连内外

三彩骑卧驼陶俑 唐 中国国家博物馆藏

　　长城两边的使节往来穿梭，有时带去问候和礼品，有时是檄文和兵戈。中原的皇帝渴望有序往来，互不侵犯，草原上的大汗却把长城看作进攻的地标，有时是因为贪婪，有时也是为了生存。两边的统治者各说各话，两边的人民却不约而同，要的是实惠。加强经济联系，形成你中有我、我中有你的局面，可以最大限度地抑制战争，争取和平。当边境被封锁时，逃亡与走私不绝如缕。不堪压迫的底层民众，时而逃离故土，到长城的另一边去寻找新的生活出路。战争也改变了长城沿线的人文景观。南方的士兵驻守北疆，并扎根下来，他们的后裔成为地道的北方人。中原的军队学会了骑马射箭，牧民也开始在草原上筑城池和种庄稼。长城从来不曾隔绝南北，反而如同熔炉，使两侧的人民血肉相融。

皇帝的国书

外交文书里的唇枪舌剑，反映了长城内外的实力消长。草原民族用它窥探大墙之内的底细；中原王朝用它进行政治宣示，争回战场上得不到的利益和尊严。

一

汉文帝四年（前176），长安。

匈奴使者为汉文帝带来了一封匈奴冒顿单于的信。先前，匈奴的右贤王破坏了和亲约定，举兵骚扰河套。汉朝予以坚决还击。而后文帝致信单于质问此事，要求解释。单于的来信，正是对文帝的回应。

汉匈和亲，使匈奴不需要用武力就能获得一大笔财物，冒顿单于乐见其成。但通过和亲来保证和平，是一厢情愿。草原上的治理结构比中原要松散得多，匈奴诸王对单于的效忠，并不像大臣对皇帝一样令行禁止。汉朝赠与匈奴的丝绸和财宝有限，只能满足少数上层贵族的贪欲，难免分配不均，底层牧民更难受益。因此，匈奴小股部队对汉朝的骚扰从未停止。单于要比皇帝更加小心翼翼地维持自己的统治，对此并不能过多干涉。汉朝习惯以中原的政治理念看待草原，对此并不完全理解。

冒顿单于有他的无奈，但强大的武力是他的优势。此时的匈奴刚刚统一草原，攻灭大月氏，控制了西域，势力正盛。与此同时，汉朝立国20余年间经历了一系列的平叛和宫廷斗争，国家依然凋敝，需要休养生息。

单于看清了形势，他在回信中回避对事实的澄清，以咄咄逼人的语言对汉朝百般挑衅。他自称"天所立大单于"，历数匈奴的武功，以胜利者的姿态"要求"恢复和亲。

这封信戳中了汉王朝的痛点。汉文帝和群臣不会忘记汉高祖和30万汉军被围困在白登山，靠贿赂单于之妻阏氏才得以脱身的窘境，也不会忘记高后吕雉曾被这位单于用轻浮的语言百般调戏的屈辱。

孤偾之君，生于沮泽之中，长于平野牛马之域，数至边境，愿游中国。陛下独立，孤偾独居。两主不乐，无以自虞，愿以所有，易其所无。

——《汉书·匈奴传》记载冒顿单于写给吕雉的"情书"

但皇帝很快冷静下来，他知道汉朝的实力还不足以与强大的匈奴抗衡。尽管如此，汉朝也有自己的武器，那就是礼仪之邦的道德与秩序。

后元二年（前162），汉文帝复信老上单于，他首先强调了汉朝的天下观和伦理观：长城以北善骑射的勇士听命于单于，而长城以内的冠冕博带之家则由皇帝来控制，让百姓耕织射猎以获取衣食，父子相亲，君臣互安，杜绝暴虐和叛逆。接着他指桑骂槐，斥责右贤王的贪图小利和背信弃义，借此对冒顿单于不点名批评。占据道德高点的汉文帝话锋一转，表示不计前嫌，愿意恢复和亲，并给予匈奴"赏赐"。

先帝制：长城以北,引弓之国,受命单于;长城以内,冠带之室,朕亦制之。

——《史记·匈奴列传》

匈奴王金冠 战国 内蒙古博物院藏

东丹王出行图　辽　李赞华绘　美国波士顿美术馆藏

　　皇帝用高超的措辞艺术挽回了颜面，但这对汉匈关系的进程并没有造成根本影响。和亲符合双方利益，皇帝与单于本有共识。于是他们一边各说各话，一边达成了协议。但利益的捆绑，无法掩盖文化上的隔阂与误解。

　　汉文帝将长城视为一条人文地理界线，视匈奴为秩序的破坏者和贪婪的强盗，但他和他的臣民并不知道，匈奴人的政治结构与文化习俗，依托于他们的生存环境和经济形态。在匈奴人看来，中原人口中的秩序所体现的无非是他们的傲慢。

　　相互的误解让两种文明缠斗千年，但他们为了避免不必要的冲突，努力保持着理性的沟通，也在沟通中不断相互学习和增进了解，并将长城从身份的界限变成了交流的舞台。

二

　　辽重熙十年（1041）二月，春捺钵。

　　此时的宋朝正在西北与西夏人打仗，胜少败多。

　　辽人认为，宋夏战争是个搅局的好时机，于是兴奋地向宋朝发出了国书，通

过外交途径向他们提出了领土要求，同时在幽州一带集结大军以张声势。

这封国书是以兴宗皇帝口吻写就的，他首先以"弟大契丹皇帝"的身份向"兄大宋皇帝"宋仁宗致以问候。然后高度评价了两国澶渊之盟以来的友好关系。紧接着话锋一转，他重申瓦桥关以南的两州之地，五代时期后晋石敬瑭已经割让给了契丹，而其后后周侵夺关南之地，他对此表示愤慨。接着又指责宋太宗不应该和辽朝争夺燕云十六州。紧接着他提到了宋夏战争，强调西夏已经向辽称臣，两国名为君臣，实为父子。宋朝作为兄长不应该欺负弟弟家的外甥。此外，他还不忘指责宋朝建设水长城和榆塞破坏宋辽两国的互信。最后，他提出了核心要求：宋朝应当将关南之地还给辽朝，停止损害两国关系的行为。

营筑长堤，填塞隘路，开决塘水，添置边军，既潜稔于猜疑，虑难敦于信睦。

——契丹兴宗致宋仁宗书

西北用兵，河北空虚。宋朝无法承受双重的军事压力。然而宋人虽然军事孱弱，但不缺乏政治头脑。很快，朝廷作出了准确的基本判断：辽朝是为了转嫁矛盾和要钱。宋夏大战之时，辽朝过得也并不好。当时正值法天太后专权，重用外戚，滥杀功臣，朝堂上朋党相争，乌烟瘴气。挑起外部矛盾，是一个凝聚人心的好办法。

宋朝的应对办法已经成竹在胸。

辽朝一方，经过一年多的焦急等待，终于盼来了宋朝的反馈。在回信的开篇，宋朝也是先表达了问候："大宋皇帝谨致书于契丹皇帝阙下。"仁宗没有用兄弟二字，看来是不太高兴的。接着他也肯定了两国30多年的和平交往，但并没有展开，而是很快地切入正题，直截了当地反驳了辽兴宗的每一条指责和要求。

四时捺钵

"捺钵"是契丹语"营帐"的音译。四时捺钵是指辽国君主每年四季分别去往不同的行宫或营帐居住，处理政务和举行时令的游猎等活动。春捺钵就是辽朝皇帝春季行营。

对于关南之地，他反问道：石敬瑭割地，后周又收复，那都是往事，和我宋朝无关。

关于太宗兴兵，是一段精彩的狡辩：当年我们太宗皇帝确实率军北上，可是你们怎么知道我们是来讨燕云十六州的？问也不问，你们就派出了大军，仗打起来，贵国是有责任的。

说到西夏，那本是大宋的臣属，李元昊竟然敢僭越称帝，还骚扰我们的边境，我们怎能无动于衷？况且我朝兴兵之时，也不是没和贵国打过招呼，你们并没有提出异议啊！

还有塘堤和设塞调兵的问题。前者是为了治水，后者那是边将的职责和边地的常态。换作贵国，你们肯撤走戍边的军队吗？

仁宗一口回绝了辽朝的领土要求，顺便将球又踢回给了兴宗，他敦促辽朝遵守澶渊之盟，各守边境，除了盟约规定内容不要再得寸进尺。

> 至于备塞隘路，阅集兵夫，盖边臣谨职之常，乃乡兵充籍之旧。在于贵境，宁彻戍兵？
>
> ——宋朝回契丹书

宋朝在外交上义正词严地回复了国书，同时也在军事上做了最坏的准备。他们加固了大名府和澶州城的城墙，并且调集重兵防守。辽朝内部不稳，国力又无法和宋长期抗衡，其实并不想打仗。在看到宋朝的坚决回复后，也没有太好的应对办法。

双方决定坐下来谈判。这场谈判，让我们领略了什么是妥协的艺术。

宋朝向辽派遣使臣，提出了两个解决方案：和亲，或者增加岁币。二者事实上都算是一种妥协。但宋朝认为，增加岁币还是比和亲要更有尊严一点。毕竟宋朝摸准了辽朝的逐利的心思，于是宋使劝辽兴宗说，宋朝公主年幼，当下和亲，只能选其他宗室女子，嫁妆不会太多，不如直接增加10万岁币。如果辽朝愿意在宋夏之间居中调停，那么价码可以再加10万。兴宗欣然同意了最后一个方案。

北宋庆历二年（1042），双方订立了《关南誓书》，规定宋朝的岁币由每年30万提高到每年50万，其中10万算是"购买"辽朝的外交"服务"——为宋夏两国调停。而辽朝则不再索要关南之地。次年，宋夏议和，夏向宋称臣，毫不意外，宋朝每年要给西夏一笔"赏赐"。

"关南争地"事件，没有输家。宋朝获得了领土安全，辽得到了经济利益。但双方谁也都没有赢。宋朝"买"下了本来就属于自己的东西。而辽朝获得了新的岁币之后，没有用于发展生产，而是挑起了和西夏的战争，最后落得两败俱伤。

这个故事让我们看到了国家实力和国家利益的多面性。前者是政治、经济、军事的综合能力，而后者除了经济利益，还有安全和尊严。宋人失去了燕山上的城墙，却必须要建起长堤和榆塞，而辽人的恐惧和不满，正来自宋人对备塞隘路的坚持。另一方面，实力的发挥，要靠充分的准备。谈判桌上的从容，背后是调兵遣将和团结一心。面对外部安全威胁，国家要做好应对能力的建设，既包括有形的国防工程，也包括无形的政通人和。

当女真人建立的大金国在辽朝背后崛起时，宋朝也玩起了趁火打劫的把戏。他们与金人相约攻辽，瓜分辽国的领土。宋朝计划一举收复燕云十六州，把赵家的王旗插到长城脚下。

> **关南誓书的主要内容**
> 辽不再索取关南土地，放弃和亲。
> 宋向辽纳岁币由30万增加至50万。

所有五代以后陷没幽蓟等州旧汉地及汉民，并居庸、古北、松亭、榆关，已议收复，所有兵马彼此不得过关外。

——宋金海上盟书

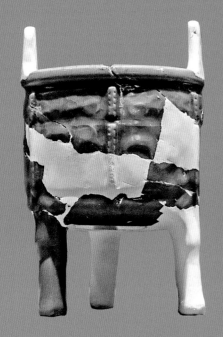

宋代青釉饕餮纹鼎

而金人则有更远大的志向。他们看到的是宋朝的朝廷腐败、军事虚弱和对盟友辽朝的背信弃义。宋朝不知道，自己早已成了别人的盘中餐。他们对辽的进攻一败涂地，不但再也没能回到燕山长城脚下，还在接下来的几年里丢掉了半壁江山。这已经不是靠几封国书能解决的问题了。

三

太祖欲通西域，屡遣使招谕，而遐方君长未有至者。

——《明史·撒马儿罕传》

明洪武二十年（1387），南京。

朱元璋趁着新兴王朝的蓬勃朝气，满怀期望地发出了招谕，邀请西域各国使节前来访问。明朝渴望得到承认。可日子一天天过去，朱元璋连一个使节也没有盼来。正当他愁眉不展的时候，好消息来了。帖木儿的使节满剌哈非思带着15匹贡马和2头贡驼到访。皇帝很高兴，设宴款待了来使，并给予了价值更高的回赐。满剌哈非思的到来，意味着大明朝得到了中亚第一强国的承认。

此后，帖木儿帝国年年进贡，对明朝尊敬有加。帖木儿甚至在明洪武二十七年（1394）向朱元璋呈上了一封极尽谦恭的奏表：

恭惟大明大皇帝受天明命，统一四海，仁德洪布，恩养庶类，万国欣仰。咸知上天欲平治天下，特命皇帝出膺运数，为亿兆之主。光明广大，昭若天镜，无有远近，咸照临之。臣帖木儿僻在万里之外，恭闻圣德宽大，超越万古。自古所无之福，皇帝皆有之。所未服之国，皇帝皆服之。远方绝域，昏昧之地，皆清明之。老者无不安乐，少者无不长遂，善者无不蒙福，恶者无不知惧。今又特蒙施恩远国，凡商贾之来中国者，使观览都邑、城池，富贵雄壮，如出昏暗之中，忽睹天日，何幸如之！又承敕书恩抚劳问，使站驿相通，道路无壅，远国之人咸得其济。钦仰圣心，如照世之杯，使臣心中豁然光明。臣国中部落，闻兹德音，欢舞感戴。臣无以报恩，惟仰天祝颂圣寿福禄，如天地永永无极。

他热情地歌颂洪武皇帝的功德，赞扬大明的壮丽富庶，表达自己的钦佩和敬仰。

这封言不由衷、很可能是翻译者加工出来的信令朱元璋非常感动。第二年，他派遣傅安率领1 500人的庞大使团回访帖木儿帝国，并在一年后到达了撒马尔罕。这时，刚刚取得对钦察汗国战争胜利的帖木儿如日中天。他在见到傅安的第一时间就撕下了面具。他让傅安投降，遭到严词拒绝，于是他扣留了傅安一行，命人带领他们巡行四方，以炫耀帝国的广袤强盛。这一走就是6年。明朝这才明白，帖木儿一直在做着对大明的战争准备。他派去明朝的使节和商贾表面上是去朝贡和做生意，背地里，已经把西域和明朝西北部的军事部署情报带回了撒马尔罕。

帖木儿梦想恢复蒙古帝国，将疆土扩展到华夏大地。朱元璋的去世和朱棣的反叛让他看到了机会。明永乐二年（1404）冬，他中止了对奥斯曼帝国的战争，驱逐了全部外国使节，在傅安面前宣告他对大明的东征正式开始。20万帖木儿大军浩浩荡荡向东而来。两个月后，得知消息的永乐皇帝急令甘肃总兵宋晟做好军事准备。此时，由帖木儿的孙子哈里·苏丹率领的先头部队已经攻占了吉木萨尔。嘉峪关前，明军严阵以待，准备迎接一场旷世大战的到来。

事情的进展出乎所有人的意外。帖木儿在渡过锡尔河后不久突然暴病身亡。这场还未发生的大战以一种戏剧化的方式消于无形。帖木儿身后，他的帝国很快陷入内乱和分裂，再也无力东窥。

明永乐五年（1407），继承王位的哈里派人护送滞留中亚近13年的傅安回国。堪称"明代苏武"的傅安壮龄出使，回到嘉峪关时须发尽白，同行的御史姚臣和太监刘惟均已经故去，1 500人的队伍仅17人生还。

此后傅安又曾6次出使西域。而他的传奇一生，成了丝绸之路上的绝唱。

四

君之祖宗昔起沙漠，弯弧执矢，入城中国，横行天下，九夷八蛮尽皆归之，非天命不至是也。

——朱元璋祭元顺帝文

明洪武三年（1370），应昌。

明军刚刚攻克了这座北元惠宗皇帝孛儿只斤·妥懽帖睦尔据守的城池，但惠宗这时已经病逝多日。捷报传回南京，满朝文武上表庆贺，朱元璋却惆怅不已。他为妥懽帖睦尔上了"顺帝"的庙号，又亲自为他写了祭文。

当年他打着"驱除胡虏，恢复中国"的旗号推翻了元朝的统治，如今却为何要祭奠被自己驱除的"胡虏"？朱元璋并没有糊涂，这恰恰表现出他的务实与自信。

让我们看看朱元璋当时所面对的形势。明朝取得了全国政权，但并没有消灭元朝的残余势力，占有它的全部疆域。朱元璋的理想是恢复汉人的故地。他设立了大宁、开平、东胜三卫，意味着大明的疆域到此为止。而退守草原的北元政权一直寻机反扑。草原作战不同于内地，明朝是深入敌后，而北元则是守卫家园，以逸待劳。想要寻找并消灭他们的主力谈何容易。

北方的威胁依然在，而坐了江山的朱元璋这时最需要考虑的是稳固自己的政权。他发现攻克应昌后，群臣上的祝捷贺表中没有一封是来自元朝旧臣的。这些人中有蒙古人，也有汉人士大夫，他们怀念着元朝，这说明蒙古人的统治必有可取之处。

朱元璋生于元天历元年（1328），一共在元朝生活了40年，前面的20多年，他和他的父辈、祖辈过着太平日子。元顺帝前期政治也算清明，只是到了后期，他开始懒政昏聩，天下才乱了起来。朱元璋出身社会底层，遭受的冲击自然比这些士大夫要大，如果不是活不下去，他可能也不会选择走上反元的道路。事实上，朱元璋致祭元顺帝，并不是临时起意。他曾在很多场合多次表达了对元世祖忽必烈的赞扬和对元朝前期统治的肯定，甚至力主将忽必烈的牌位供奉在历代帝王庙中。对于元朝的失败，他归结于两个字：天命。

> 惟我中国人民之君，自宋运告终，帝命真人于沙漠入中国为天下主，其君父子及孙百有余年，今运亦终。
>
> ——朱元璋登基诏书

现如今，他需要的是这些旧势力的支持和承认。他需要一个场合、一种理论来证明大明政权的合法性问题。明朝的建立与汉唐不同。朱元璋的内战和外战，对象是同一群人。他在南方参加义军，随后又作为领袖率领他们推翻了元朝。回到草原的蒙古人本就是他的手下败将，朱元璋对他们有着天然的心理优势。他相信总有一天，能够彻底打服他们。这时候，通过一篇祭文对蒙古统治者及其臣属表示尊重，既可以从心理上分化瓦解北元政权，又可以拉拢归附明朝的遗老，还能体现新朝开明的气象和取代旧朝的合理性。这不能不说是一种政治智慧。

现让我们来读一读朱元璋写的祭文：

> 生死废兴，非一时之偶然，乃天地之定数，古之圣贤于是四者一或临之不为之变，何也？盖知天命而不惑者也。君之祖宗昔起沙漠，弯弧执矢，入城中国，横行天下，九夷八蛮尽皆归之，非天命不至是也。及君之父子，正当垂衣守成之时，而盗生汝颍，华夏骚然，号令不行，以致失国，此人事欤，天道欤？朕于其时，非有三军六师以威天下，乃代君家而为民主，亦莫非天命也。

全文197字，这前面的144字都在强调，元明易代是上天的安排。忽必烈顺应天命取得天下，朱元璋本人也是。但最后一部

乾隆款掐丝珐琅缠枝莲纹嵌石多穆壶　清　故宫博物院藏

分内容，朱元璋还是忍不住流露出了得意的情绪：

"曩者，君主沙漠，朕主中国，君与群臣乃固执不移，致边警数兴。今闻君殡于沙漠，朕用恻然，特遣人致吊，奠以牲醴，以享尔灵，尔其鉴之。"

"君主沙漠，朕主中国"是中外有别，把北元视作异域。他用说教的语气把"边警数兴"的责任完全推给了北元，又用"尔"代替了"君"来称呼元顺帝，让他"鉴"之，一篇悼词变成了教谕和施舍。

情感在最后一刻战胜了理智。朱元璋的这篇祭文，并不是对蒙古人的平等相待或对敌手的惺惺相惜，而是一种居高临下的教化。"华夷有别"的思想在朱元璋的心里根深蒂固。

历史证明，这篇祭文效果不佳。洪武、永乐两朝，明军十几次远征，都未能彻底消除北方的威胁，明朝自己的安全环境却越来越差。朱元璋的子孙们没有他的胸襟和见识，他们把面子看得比实惠更重要。明朝人自诩超越前朝的一大事绩，是从不与北方游牧民族和亲结盟或纳贡称臣。这份骄傲，其实是缺乏审时度势、调整政策并争取利益最大化的能力和意愿。

我朝国势之尊，超迈前古，其驭北虏西番南岛西洋诸夷，无汉之和亲，无唐之结盟，无宋之纳岁薄币，亦无兄弟敌国之礼。

——〔明〕敖英《东谷赘言》明成祖朱棣语

"周公吐哺，天下归心"的胸怀让位给了8 000千米的新长城。他们不懂得"形胜固难凭，在德不在险"的道理，也读不懂朱元璋的"天命"理论。更想不到，天命终将再次传给被他们挡在长城外面的人。不过那是后话，大明君臣在力所能及的范围内认真经营着长城防线，尽管战略战术越来越消极死板，但不到万不得已，绝不轻启战端。皇帝的国书向北而去，守边的勇士却从南而来。

北守长城的南方精锐

来自江浙的战士，撑起了明代北方边塞的半边天。

一

天下之国，莫强于越。

——《管子·轻重甲》齐桓公语

明隆庆三年（1569），蓟镇。

一队新调防的士兵前来报到。这些士兵很特别，他们手持藤牌和火枪，军容严整，跟随口令迈着整齐的步伐，下令的人操着明显的南方口音。

总兵戚继光命令他们在郊外等候。他们在指定位置站定，老兵三三两两走出营房，凑上前来围观。适逢天降暴雨，从早晨一直下到了中午。围观的士兵一哄而散，纷纷躲雨，但新来的3 000名战士屹立雨中，纹丝不动。蓟镇的将领们看得瞠目

（左页）明代《抗倭图卷》中的明军出征情形 中国国家博物馆藏

结舌，从此便知道了什么是军令如山。

这支纪律严明的部队是戚继光从浙江调来的子弟兵。他们曾在闽浙沿海抗击倭寇的战场上势如破竹，威名赫赫。在16世纪中叶的大明朝，他们是精锐中的精锐。

戚继光在东南抗倭时，曾经对浙江各地的兵源进行过非常细致的观察和分析。他认为处州（今丽水）兵守信义、有冲劲；绍兴兵聪慧耐劳；义乌兵有血性，能坚持；台州、温州兵易激励。但南兵也有桀骜不驯、好打架斗殴、贪小利、不耐久战等诸多缺点。

他根据不同地区兵源的特点进行有针对性的训练，最终让这些彪悍的乡民脱胎换骨，将他们锻造成了一支令行禁止、战无不胜的戚家军。

戚继光北上之初，蓟镇守军军纪废弛，战斗力很差。而且自将官以下大多目不识丁，每逢军令下达，别说记住这些规定，就连传达都很困难，甚至军事将领自己的命令自己都能忘记。这样的素质，根本无法满足长城防守的需要。

江南自古出强军

都说"江南的才子，塞北的将"，然而历史的真实却与人们的刻板印象相距甚远。从春秋战国以来，吴越便是民风剽悍之地。春秋霸主齐桓公就曾发出过"天下之国，莫强于越"的感叹。

汉有越骑，是最为精锐的京畿卫戍部队。晋宋南渡，又将千万燕赵锐士的血性注入了江南。到了明代，浙江处州、绍兴、义乌、台州、温州等地的男丁都是理想兵源。

相比之下，南兵训练有素，吃苦耐劳，文化素质高，战有所长。戚继光于是申请从浙江调南兵北上，一是示范令行禁止，二是激发北军的勇气。此后一批批南兵来到长城沿线，发挥了巨大的作用，成为长城守军中的模范部队。

南兵善于使用鸟铳。这是一种在抗倭作战中缴获的长杆步枪，随后在浙江仿造，再后来又推广到长城沿线。北方军人一开始不会使用这类武器。于是，蓟辽总督谭纶就征调南兵铳手编入蓟镇。

严明的军纪、彪悍的战斗力和先进的武器装备，使南兵成为最适合守长城的军队。戚继光于是让他们专门驻守敌台。来到蓟镇后，他们很快就发挥了作用。在蒙古军队经常进攻的黄崖关、义院口等地，每当危急时刻，南方士兵力挽狂澜，力保城墙不失。

南兵坚韧，因此经常负责承担最艰巨的战斗任务，防守最艰苦的长城地段。除了鸟铳手之外，南兵中还有一个特殊的军种，称为"杀手"，他们的职责就是站在城墙最前面，砍杀冲上来的敌人。

蓟镇山峦起伏，夏季多雷电。即使不打仗，守敌台也是高危的任务。《明实录》中常见雷电击毁敌台、击死南兵的记载。也许是过于优秀，这些客兵有时也会遭"主人"的嫉恨，遭受赏罚不公的待遇。但这些并没有消磨他们为国奉献的信念。在他们的示范引领之下，蓟镇军队的战斗力得到了大幅提升。戚继光镇守长城16年，他所管辖的蓟州、保定、辽东各镇几乎成为了蒙古军队的禁区，这与南兵的贡献是分不开的。

据考证，南兵不只存在于蓟镇，他们的脚步遍及华北、西北。而中国历代长城守军中也都会聚来自全国各地的战士。

在汉代，河西戍卒们告别河东（今山西夏县）、弘农（今河南灵宝）、陈留（今河南开封陈留镇）等地的父老；在唐代，西域的烽子怀念着远在幽州的亲人。所到之处，他们戎马半生，也把从家乡带来的风俗融入了当地文化，成为中国移民文化的重要组成部分；他们在长城脚下的故事，亦成为中华民族团结一心、无私奉献和坚韧不拔的不朽明证，永载史册。

二

明万历二年（1574）三月二十日，蓟镇亓连口。

属夷史大官部落从慕田峪关讨赏归来，正在溪水边惬意地宰牛，正好被两个南兵吴道弘和吴青看到。他们私自用大米和蒙古人换了些肉。在交易的时候，吴青看到蒙古人身上有一把精致的小刀，甚是喜爱。他没有选择交换，而是把它偷了回来。

属夷
归附明朝的北方游牧民族部落。

小刀是草原民族重要的生活工具。他们走南闯北，宰牲吃肉，很多时候要靠它。很快那个蒙古人就发现心爱的小刀不见了，他断定是两个南兵所为，于是返回亓连口关前，设法把吴道弘诱骗了出来，然后抢走了他的铁斧等物品。

重建的亓连口关 张依萌摄

　　这个蒙古人很有政治头脑。他没有私自留下这些东西，而是直接把它交给了守关的官员史继鲁，然后叮嘱他为自己取回小刀。吴道弘灰头土脸地回到关内，把这件事告诉了吴青。于是两人找史继鲁去索要斧头，史继鲁不给。

　　南兵的彪悍果然名不虚传。怒不可遏的二人做出了惊人之举，他们竟带了几个弟兄连夜从亓连口的水门出关，一路冲到蒙古人的营地偷袭，还用鸟铳打死了两个人，斩了他们的首级，其他蒙古人四散逃走。

　　大仇得报，可是这两颗人头不知如何处理。这两人一合计，直接点了烽火假传敌情，这样就可以用首级领赏了。

　　他们的上级并不糊涂。很快东窗事发了。这是很严重的事件。他们先是利欲熏心盗窃财物，紧接着擅自出击，滥杀无辜，接着又私放烽火，还冒功领赏。最重要的是，如果事件持续发酵，会挑起边境事端，甚至导致属夷的反叛。

　　这件事惊动了蓟辽总督刘应节。在他的严令下，吴道弘、吴青二人依军法被处斩，其他参与的士兵也都受到不同程度的惩处。接着明朝又对史大官部落进行了安抚。这次边塞危机事件得到了妥善的处理，没有酿成更严重的后果。

　　事件发生时，戚继光正在蓟镇总兵任上，而这两个士兵很可能就曾经是他的旧部。听闻此事，戚继光定然十分痛心，但纪律是一支部队的灵魂，如此不负责任的行为，必须受到严厉制裁。在戚继光的调教下，蓟镇守军可以称得上威武之师，但从各种史料观察，他们的诸多作为，实在不是一支文明之师应有的样子。军纪严明的南兵尚且有这样的事发生，何况北军？

　　明军基层的困苦生活使"杀敌领赏"成了很多士兵的唯一追求。而靠战功维持的军队，一旦没有仗打，就难免作奸犯科，生出事端。吴道弘和吴青是聪明人，他们不会不知道自己的行为有可能带来什么样的后果。或许他们是故意挑起冲突，从而创造新的立功机会。看来明军缺乏的不仅仅是良好的待遇，还有必要的政治教育。一支不知道自己为什么打仗的军队，战斗力再强，也终究会走向失败。

铜胄　明　南京城墙博物馆藏

到长城的另一边去

> 长城就像双面胶，把内地和草原的历史紧密联系在一起。同时，它又像过滤器，筛选出"杂质"，并挡在对面。千百年来不知有多少人毅然拥抱长城另一边的世界，直把他乡作故乡。他们的目的也许并不高尚，但也不足鄙视。

美国著名汉学家和地缘政治学家拉铁摩尔对长城曾有一个经典论断："对于汉族是边缘的长城地带，对整个的亚欧内陆却是一个中心。"被"大一统"思想和"中原中心"史观滋养了几千年的中国人，需要这样一个理性看世界的标尺。

一

西汉甘露二年（前52），西北长城要塞肩水金关。

一份朝廷下发的通缉令送达关前。通缉对象是一个名叫丽戎的婢女。她的主人广陵王刘胥是个野心家，曾经用巫蛊之术先后诅咒昭帝、废帝（也就是著名的海昏侯刘贺）和当朝的宣帝，想着把他们咒死好取而代之。然而事与愿违，眼看着皇帝走马灯似的换，却始终轮不到自己，最后东窗事发，落得个自缢身亡的下场。在那个年代，谋反大罪牵连甚广，除了广陵王本人，连他的家人，甚至车夫和仆从都要连坐。丽戎于是脱籍逃亡，不知所踪。到通缉令下发之时，她已经逃亡了20多年。通缉令要求各地官员和百姓根据文件中描述的丽戎相貌体态协助排查嫌疑人。20世纪70年代，考古工作者在距离肩水金关以北约250千米的甲渠候官遗址中，也曾发现了这份通缉令的残件。甲渠候官是汉长城以北的一座前哨。这表明通缉令不仅发往边关，还发到了塞外。逃亡20多年的丽戎，可能早已受够了汉帝国的追捕，越过边境，做了草原牧民。而朝廷显然考虑到了这种可能性。

在汉朝时，中原人或主动或被迫来到长城外生活，已不是什么新鲜事，其中有逃犯、降将、叛徒，更不必说嫁给单于的和亲公主及其侍从。

两千年间，不堪忍受各自政权压迫的百姓，不断向长城的另一边逃亡。中原王朝与草原政权的战争，也从来不只是农耕民族和游牧民族之间的战争。汉朝军队中就有不少匈奴人；在明代前期，仅留驻京城的"达兵"（即指明军中的蒙古族官兵）就有上万人。塞北的弓马弯刀，也不乏汉人操持者。王琼在他的《北虏事略》中曾经记载了明朝边军和蒙古哨探之间一段生动有趣的对话：

一日早，虏贼五骑至兴武营暗门墩下，问墩军曰："我是小十王、吉囊、俺答阿卜孩差来边上哨看，你墙里车牛昼夜不断做甚么？"答曰："总制调齐千万人马，攒运粮草勾用，要搜套打你帐房。"贼曰："套内多多达子有哩，打不得，打不得。"又言："我原是韦州人，与你换弓一张回去为信。"墩军曰："你是韦州人，何不投降？"贼曰："韦州难过，草地自在好过，我不投降。"

明朝文献的直言不讳，使人性有血有肉的一面跃然纸上。在当时，边疆的对峙，并不只是血肉拼杀，还有脉脉温情。

肩水金关遗址 张依萌摄
该遗址位于甘肃省金塔县境内黑河东岸，是汉朝河西走廊重要的长城关口。20世纪70年代，肩水金关遗址经过考古发掘，出土了3 000余枚汉代简牍，记录了丰富的汉长城军事档案。丽戎的通缉令就出土在这里。

二

　　西汉天汉元年（前100），苏武出使匈奴被扣，单于为了让他投降，软硬兼施，可谓绞尽脑汁，苏武坚决不从。可单于并没有杀他，而是把他丢到北海去放羊。这一去，就是19年。

　　就在苏武被扣的第二年，"飞将军"李广之孙李陵带领5 000步卒出征漠北，却不幸遭遇匈奴8万铁骑。李陵率部沉着迎击，且战且退，在距离长城百余里的地方，最终箭尽粮绝，突围不成，被迫投降。李陵的本意是诈降，伺机归汉

苏武牧羊图 清 任颐绘 故宫博物院藏

据《汉书》记载，苏武于武帝天汉元年（前100）出使匈奴被扣，因坚决不投降，而被流放到北海（今贝加尔湖）19年，到昭帝时才放归，成为民族英雄。"苏武牧羊"的故事遂传为佳话。

境，可是当他投降的消息传回汉朝后，本以为李陵战死，欲加表彰的汉武帝感到颜面尽失，恼羞成怒，杀掉了李陵全家。李陵悲愤交加，心灰意冷，从此投靠了匈奴。

李陵原与苏武交好。单于让李陵去劝降，又遭苏武断然拒绝。李陵既惭愧又羡慕，此时他虽已不愿回去，却仍然秉持一颗向汉之心。

公元前1世纪初的匈奴，在汉朝的持续打击下已经日薄西山，但当时的且鞮侯单于未尝不是爱才的君主。这一点表现在他对待苏武和李陵的态度上。反而是那个雄才大略的汉武帝一时的小气，把一代名将推向了敌人，也葬送了一段佳话。

20世纪以来，考古学家们在今蒙古国和俄罗斯境内也曾发现了很多汉代中原风格的墓葬、遗物，甚至还有汉式的宫殿。2019年1月，网上报道了一则不寻常的考古发现。韩国文物厅国立文化遗产研究所在蒙古国境内发现了一座两千多年前的墓葬，男性墓主人的干尸身着汉式服装。墓葬发现的地点，正与李陵投降后的驻牧地阿尔泰山中部相吻合。他在那里留守二十余年，直至终老。这不禁使人浮想联翩。死者会不会与李陵有关？甚至会不会就是他本人？

感情与好奇心使我们不愿放弃追寻和附会，理智则告诉我们，历史的片段也许永远拼不出一幅完整的图画。无论这个流落他乡的汉家子弟有着怎样的人生，他对汉地生产生活方式的坚持，已然为华夏民族内心那一道不朽的长城增添了珍贵的一瓦。

三

西汉元狩二年（前121），长安。

霍去病出击河西之后，休屠王年仅14岁的儿子金日磾（mì dī）跟随母亲和弟弟一起投降了汉朝，并被安置在黄门署，做了一名马夫。

在一次宫廷宴会上，汉武帝下令赏马助兴，他第一次见到了身材魁梧、品貌不凡的金日磾。武帝对他甚是喜爱，当得知是休屠王子后，就将他封为御马监，相当于孙悟空在天宫所担任的弼马温。尽管品级低下，但由于受到武帝的宠爱，得到了侍驾的机会，常伴君王左右。金日磾行事谨慎恭敬，武帝对他日加信任，不断加官进爵，最后竟做到了光禄大夫。金日磾对汉朝忠心耿耿，曾协助汉武帝平定马何罗叛乱，又成为托孤之臣，在武帝驾崩后继续辅佐昭帝直至病逝，成为汉家的一代名士。

在两千多年前的东亚大地，血缘并没有我们想象的那样重要。汉朝的皇帝和匈奴的单于都本着唯才是举、不论出身的态度招揽人才。在对匈奴的战争中取得战略优势之后，汉朝君主对前来归附的草原部众更是礼遇有加。在金日磾和浑邪王之后，投降的名单上陆续增加了日逐王、呼韩邪单于这样响亮的名字，而他们又带来了上万的部众。他们中有些人在长城边驻牧，另外一些则登籍造册成为了汉朝的民户。

在长城内外的人员流动中，草原受到了华夏的滋养，华夏也不断获得新鲜的血液。

同样的人间悲喜剧反复上演，人们建起了最宏伟最坚固的长城，试图彻底隔绝内外，但他们注定失败，肃杀的要塞，竟成纽带和桥梁。尽管过程中充满曲折动荡，但最终狼烟消散，荒滩化桑田，城堡为家园，农人与牧人把酒言欢。那又是另一个故事了。

咏史上·金日磾

〔南宋〕陈普

牵马胡儿共拥昭，同功同德不同骄。

麒麟阁上尘埃面，羞见芬芳七叶貂。

四

明妃出塞

〔南宋〕刘子翚

羞貌丹青斗丽颜，为君一笑静天山。

西京自有麒麟阁，画向功臣卫霍间。

西汉元封六年（前105），乌孙。

大汉派来了使臣，意欲与他们结盟，共抗匈奴。河西之战后，从金城（今兰州）直至盐泽（今罗布泊）一线畅通无阻。汉朝与大宛、大月氏的使节不绝于道，途中他们都会经过乌孙南部。这引起了匈奴的不满。乌孙的昆弥猎骄靡此时并不了解汉朝的虚实，但由于惧怕匈奴，还是决定接受汉朝的结盟邀请。作为交换条件之一，猎骄靡请求迎娶一位汉家公主，并赠送了1 000匹骏马作为聘礼。

昆弥
乌孙国王的称谓，又译"昆莫"。

弃市
汉代称死刑为弃市。

汉武帝迫切需要一个有实力的西域盟友，为表达诚意，就派宗室江都王之女细君公主与猎骄靡成婚。细君公主身世十分悲惨。她的父王刘建荒淫无道，后因谋反落得个全家弃市的下场。细君因年幼幸免于难。作为罪臣之女，她无法拒绝皇帝的命令，只得启程前往异国他乡去救赎上一辈人的罪孽。

细君来到乌孙后，生活很不习惯。她自己修建宫室居住，每年与老昆弥相聚数次，又经常给他身边的贵人赏赐很多财物，相处还算融洽。但猎骄靡年老，语言又不通，而且细君还要与一位匈奴公主平起平坐，共事一夫。她万分悲愁，思乡心切，于是作歌而唱：

《千秋绝艳图》中的王昭君像 明 仇英绘 中国历史博物馆藏

吾家嫁我兮天一方，远托异国兮乌孙王。
穹庐为室兮旃为墙，以肉为食兮酪为浆。
居常土思兮心内伤，愿为黄鹄兮归故乡。

按照乌孙的收继婚制度，丈夫去世后，妻子要下嫁给他前妻所生的儿子。匈奴等很多草原民族都有这样的习俗，但这与中原的伦理相悖。猎骄靡死后，细君就要嫁给他的下一代。她无法接受，于是写信给汉武帝，希望皇帝能够帮她拒绝。武帝十分怜悯细君，每年派人送去帷帐锦绣。但为了抗击匈奴的大业，他只能让细君公主在他乡继续孤独地生活，并接受他们的习俗。细君嫁给了猎骄靡的孙子军须靡，并为他生了一个女儿。

西汉太初四年（前101），细君公主在乌孙去世。她的继任者是楚王刘戊的孙女解忧公主。史书中的解忧公主是一位干练的政治家。昭帝、宣帝时期，匈奴和车师联军攻打乌孙。解忧上书汉廷求援。宣帝发兵15万将匈奴击败，从此匈奴彻底退出了西域，这才有了长罗侯常惠经悬泉置出使乌孙，和后来的大汉西域都护府。

西汉神爵二年（前60），乌孙人背信，没有遵守约定立解忧公主的长子元贵靡为昆弥，汉朝于是断绝了与乌孙的联盟关系。但解忧公主仍然留在乌孙，继续为祖国奔走。她在险恶的政治环境中九死一生，成功地帮助元贵靡消灭政敌，登上王位，使乌孙成为大汉的属国。

解忧公主在乌孙生活了几十年，先后侍奉三位君主，育有四男两女。西汉甘露三年（前51），或甘露二年，古稀之年的解忧公主从阳关入塞，回到了长安，两年后走完了她传奇的一生。她以非凡的勇气和智慧，为西汉王朝走向极盛作出了卓越贡献。

时隔18年后，南匈奴单于呼韩邪以藩臣的身份朝觐汉元帝，请求和亲。这时的汉朝已经不再需要城下之盟，元帝也无意将自家千金嫁给胡人。元帝于是挑选了一位宫女赐予呼韩邪。这位女子名叫王嫱，字昭君。当年，她被封为"宁胡阏氏"，带着大汉天子安定远方的理想，出雁门关，走向茫茫草原，客死他乡。阴山下，匈奴人民为她立起的衣冠冢至今香火不绝。

汉朝远嫁匈奴的和亲公主很多，但史书上留下名姓的只有上述三人。她们没有办法决定自己的命运，但都毅然接受了自己的使命，用另一种方式守护着家园。她们是国家的英雄，为保卫家园奉献了自

"单于和亲"砖范 汉 中国国家博物馆藏

己的青春与生命；她们也是文明的桥梁，将长城内外的民族合为一家。她们的功勋超越丝路往来的商旅和使者，不输疆场拼杀的将士，值得我们永远纪念。

谒昭君墓

董必武

昭君自有千秋在，胡汉和亲识见高。

词客各摅胸臆懑，舞文弄墨总徒劳。

五

招民开垦至百名者，文授知县，武授守备。

——清顺治十年《辽东招民开垦条例》

清顺治十年（1653），辽东。

这里已经不再是国防前沿的半军事区。明末战乱导致当地人口锐减，土地荒芜。休养生息，恢复经济成为稳固新政权的重要基石。于是，清朝开始鼓励内地汉人出山海关开垦。

清廷给了新移民十分优惠的政策，包括每人每天发粮一斗，每一垧地发六升种子，每百人发二十头牛。而且还可以免三年的税。内地流民为了生计，纷纷响应清廷的号召，来到辽东，建设他们的新家园。

这便是"闯关东"的先声。

辽东地区的人口开始急剧上升，大有冲出辽东，与东北满族争利的趋势。为了保护"龙兴之地"的安全，维护东北旗人的文化和利益，清康熙七年（1668）开始，招民开垦的政策中止，辽东被彻底封禁。

它不止一次地让入侵者过了关。它把两边的景色都隔开了。结果更多是制止了出逃而不是制止了入侵。

——［法］阿兰·佩雷菲特《停滞的帝国——两个世界的撞击》

严格的禁令抵挡不住肥沃土地的吸引。内地百姓仍然突破重重阻力，设法到达辽东，甚至更北的地方。东北的人口仍然在不断增长。在明代，辽东归山东布政司管辖。辽东镇钱粮多走海路直接运抵山东，辽东半岛与胶东半岛间早已存在的海上交通线，也成了清代出关常走的路线，山东人也因此成为东北移民的主要来源。

到清乾隆年间，全国人口膨胀，土地资源越来越紧张。接连发生的几次水旱灾害，导致了山东民变。在这个背景下，清廷再次允许贫民和灾民出关，而当地旗人也乐见更多的劳动力为自己开垦土地，增加租税。

鸦片战争之后，东北边疆危机加剧。连年的内外战争导致国家财政拮据，而由于满禁政策导致的东北空虚，也让沙俄轻易地侵占了黑龙江以北、乌苏里江以东的大片土地。

满洲故地已不能再像"自然保护区"一样封禁了。清廷终于在咸丰十年（1860）采纳了黑龙江将军特普钦的建议，将东北的大门彻底向内地百姓敞开。山东移民如潮水般涌向了东北，推倒了柳条边，走向吉林和黑龙江。他们携家带口，甚至整村迁徙，移民队伍比当年出关作战的明军声势还要浩大。到1910年，关外的人口已经从1840年前的约300万增长到了1 800万。到1949年前更是达到了4 000万人。移民的队伍中除了原有的贫民、商人，又多了实业工人，其中不乏近代名人及其先祖，比如东北抗联将领赵尚志和军阀张作霖的祖父。

板升

汉语"百姓"的蒙古文音译，本意指城堡或屋子，这里引申为明后期韦州滩的汉人聚居区。

在山东百姓"闯关东"开发东北的同时，西北边民也在"走西口"谋生。早在明代中期，西北边疆地区的百姓就越过长城到韦州滩（今内蒙古自治区呼和浩特一带）筑起板升。那里正是北朝文献中的敕勒川所在。汉民的到来，改变了当地"天苍苍，野茫茫"的景观，草原上也升起了袅袅炊烟。

清代前期为了恢复明末因战乱而遭到严重破坏的草原游牧经济，在陕北长城以北的原烧荒之地划出了50里宽的"禁留地"，禁止汉人边民越过长城去耕种，蒙古牧民也不准南下牧羊。但民族隔离政策，拗不过边民迫切的生存需要，汉族边民不断私自越界

国画《闯关东》 韦辛夷绘

开垦，蒙古贵族也常偷偷招募汉人佃农耕种收租，甚至很多蒙古人自己也弃牧从农。

受气候条件所限，长城以北的土地虽然广阔，但地力有限，农时紧张。于是，汉人采取了广种薄收和土地轮耕的方式，这样一来，为了获得尽可能多的收成，就要耕种尽可能多的土地，这就需要多人协作完成。起初他们只是临时伙聚盘居，春去冬回，后来这些"伙盘地"逐渐演变成定居的村庄。

几百年间，陕西、山西、河北的流民和商旅从陕西府谷口、山西杀虎口、河北张家口和独石口涌向草原务农或经商，在那里定居繁衍。清廷无法阻挡，索性顺应历史趋势，对汉人移民从默许到放开，曾经的无人区慢慢转变为汉蒙两族人民共同的新家园。

"闯关东"和"走西口"的移民行动，起于长城时代的末期，兴于长城时代终结之后，但已经成为长城文化不可分割的一部分。那些逃离家园的人们主观上是为了生存，但客观上，他们彻底打破了长城的内外之分，也打通了长城南北的交通，为边疆的开发和巩固作出了不可磨灭的贡献。

长城内外的经贸交流

> 长城两侧的人们渴望交流。和平时期，长城打开大门，关隘和城堡成为互通有无的场所，个别关口因此而建，还有一些甚至发展成国际商贸中心。经济交流拉近了彼此，消解了战争，让国家和普通人都获得了实惠。

一

公元1988年，山西省天镇县。

一位来自县城北郊平远头村的村民向县文物管理所的干部上交了一个破旧的锦囊。这是他在平远头村北面的长城墙洞上挖出的宝贝。干部打开锦囊，只见里面装着49枚年代久远的银币。这些奇怪的银币并不是中原的产品，而是来自遥远的西亚。

经过文物专家的鉴定，它们制造于波斯萨珊王朝的卑路斯至卡瓦德一世（457—531）在位期间，正当中国南北朝的北魏

（左页）三彩马 唐 西安博物院藏

时期，距今已经有1 500年的历史。

这些波斯银币为什么会出现在山西？北魏时期的钱币又为什么会出土在明长城中？这些问题都与一座城市的变迁有关，这座城市就是大同。

天镇县和平远头村隶属于大同市。在明代，这里是九边重镇之一大同镇的前沿要塞。然而再往前推1 000年左右，这里并不是边疆，而是北魏王朝的京畿。大同当时被称作平城，是北魏都城所在。根据《魏书》的记载，波斯与北魏之间至少曾有过四次官方交往，沿丝绸之路西来的客商也在平城云集，这里是他们旅途的最终目的地。只是这些钱币的主人可能并不知道，当时的北魏皇帝孝文帝正在酝酿一个惊天的行动：他决定把都城迁到洛阳去，并很快付诸实施。平城的使节和客商也随北魏的皇室和贵族一起南下，银币的主人可能也在队伍中。他可能在仓促中将银币遗失，或临时埋藏起来。之后这些银币沉睡了上千年，直至明朝

丝路沿线出土的古代外国货币
左：贵霜金币　公元1世纪上半叶至3世纪中叶　甘肃省博物馆藏
中：波斯银币　公元5世纪中叶至6世纪上半叶　天镇平远头长城出土　大同市博物馆藏
右：拜占庭金币　公元5世纪末至6世纪初　东魏茹茹公主墓出土　北朝考古博物馆藏

在这里修长城时，它们又机缘巧合地被发现，并由于种种原因被埋在了长城之中，直至几个世纪后再次重见天日。

平远头长城波斯银币的发现不是一个孤立事件。从20世纪50年代起，中国境内已经发现了数千枚来自西方世界的钱币，还有无数世界各地的奇珍异宝。它们共同编制了一张遍布整个旧大陆的巨大贸易网络。最晚从汉朝开始，中国的产品就沿着这些道路被带往丝路西端。

长城用自己的身体，留住了不同文明友好交往的久远记忆。在它的寸砖片瓦间，不知还藏着多少秘密。一枚枚域外的钱币向我们讲述着神奇故事，有时城关的大门为奇货流通而吱呀开启，而另一些时候，最普通的商品反而成为武器。

二

夏人仰吾和市,如婴儿之望乳。

——《西夏书事》司马光语

北宋大中祥符二年（1009），庆州（今甘肃庆阳）边境。

环庆都铃辖曹玮在这里大修壕堑，引起了党项人首领李德明的恐慌。后者向宋朝致牒，希望能够停止这一行动。

李德明害怕的并不是宋朝的军事行动，而是壕堑的开挖会影响到他的生意。他曾多次派人与宋朝进行走私贸易。彼时的党项人还没有正式独立，私市是他们进行叛宋军事行动的重要后勤支持。后来他们以宁夏为中心建立的西夏政权，全盛时期曾占据了整个河西走廊和内蒙古西部。但这里地广人稀，物产相对匮乏，很多生产生活必需品依然要靠与宋辽的贸易获得。

西夏拿得出手的出口商品主要有马匹、牲畜和青盐。但前两者是买方市场，辽朝的同类商品占据着市场。于是质优价廉的青盐成为他们唯一有竞争力的出口商品和最主要的财政收入来源。经济结构

> **铃辖**
> 宋朝武职。根据职权可划分为路分兵马铃辖和州兵马铃辖两种；按资历则可以分为兵马都铃辖、兵马铃辖和副兵马铃辖三等。曹玮所任的环庆都铃辖就属于兵马都铃辖。

青盐

从盐湖中直接开采，或用盐湖水晒制而成的盐。

解盐

山西出产的池盐，宋朝时主要供应河南、河北和关中东部。

大白高国

根据西夏王陵 7 号陵出土的西夏文残碑考证，党项人建立的国家，正式国号是"大白高国"。但在汉文文献中，他们对外自称"大夏国"。因其地处宋朝西北，所以宋朝称之为西夏。

榷场

宋、辽、金时期的边境贸易口岸。

单一也就成为了西夏的软肋。

反观宋朝一方，地大物博，经济繁荣。因此，他们将贸易战看作对党项人斗争的重要的手段。

北宋太平兴国二年（977），宋朝开始实行食盐专卖。当时为了安抚党项人，青盐却被允许自由买卖。到了端拱元年（988），反叛宋朝的党项首领李继迁对宋朝的骚扰加剧，宋太宗就下令停止进口青盐，最后迫使李继迁投降。但青盐贸易重启，贸易量猛增，宋朝反而对它产生了依赖。后来宋夏关系紧张时，宋朝又先后几次试图禁止青盐贸易，并且严厉打击走私。可宋朝自己出产的盐质量一般，价格昂贵，并不是理想的替代产品。没有了青盐，宋人的生活品质受到极大的影响，没有盐吃的西北各族开始反抗宋朝，甚至还发生了内附宋朝的吐蕃部众为了青盐而投靠西夏的情况。而先前靠着青盐贸易而实力大增的西夏也开始有了与宋朝对抗的经济资本。因此，后来的几次贸易战，宋朝都没有占到便宜。

到宋仁宗景祐五年（1038）十月，李元昊称帝，正式建立"大白高国（大夏国）"，与宋朝分庭抗礼，宋夏战争爆发。宋朝又是一败再败，被迫和谈。果不其然，李元昊最重要的和谈条件就是开放青盐贸易。宋朝又重新想起了贸易战。

这一次，名臣包拯总结了前面几次禁盐失败的教训之后，向宋仁宗提出了更好的贸易战策略：

第一是建立统一战线，稳住后方。只禁止汉人贩卖青盐，不禁止吐蕃、羌族等少数民族贩卖。

第二是发起食盐价格战。往西北边境调集大量的解盐以供西北，同时鼓励商人在当地贩盐，将自产盐价压低至与青盐同等水平。

第三，关闭榷场，禁止向西夏出口粮食、布匹、茶叶等生活用品。

另外，面对强悍的西夏骑兵，宋军虽然野战能力不足，但守城有余。此时，正担任延州知州的范仲淹还没有写成《岳阳楼记》，而是戎马西北。他带领宋朝军民采取了一种可以最大限度发挥宋军优势的作战方式，那就是在宋夏边境的西夏一侧要冲之地大修堡砦，稳扎稳打，步步紧逼。李元昊的军队竟然无法取胜。这也成为宋朝贸易战的后盾和谈判加分项。

宋仁宗采纳了包拯的建议，又依托范仲淹的堡垒战术，一文一武，双管齐下。西夏逐渐陷入了被动。

为了支持对宋战争，人口稀少的西夏维持了数量庞大的军队，人民生活负担本就很重。如今，青盐贸易也遭受了沉重打击，官方渠道卖不出去，由于丧失了价格优势，走私也没有利润空间。西夏被宋朝卡了脖子，财政收入锐减，物资短缺，百姓开始逃亡，国内出现了强烈的反战呼声。

国家（西夏）自青白盐不通互市，膏腴诸壤寖就式微，兵行无百日之粮，仓储无三年之蓄。

——《西夏书事》卷三十二

曾经叫嚣要"亲临渭水，直据长安"的李元昊陷入内外交困，撑不下去了，

西夏文铜币"大安宝钱"　中国国家博物馆藏

唐人百马图卷 唐 故宫博物院藏

终于在宋庆历四年（1044）与宋朝达成"庆历和议"，被迫俯首称臣，以此换取青盐贸易的开放和北宋15万匹币绢、7万两银和3万斤茶叶的"岁赐"。

北宋的"岁赐"表面看是吃了亏，但和宋朝的财政岁入相比，这代价不过九牛一毛。宋朝的茶叶、瓷器、丝织品等大量涌入西夏，换回了巨大的经济收益。仅仅通过每年互市贸易的税收，这些岁赐就可以全部赚回来。

北宋付给辽的"岁币"，情况也大体如此。

盖祖宗朝赐予之费，皆出于榷场岁得之息。取之于虏而复以予虏，中国初无毫发损也。

——《三朝北盟会编》

　　宋仁宗还曾下诏保安军（今陕西志丹县）、镇戎军（今宁夏固原市）等地的榷场每年从西夏各买2 000匹马和10 000只羊，同时继续严格管控青盐贸易。西夏人就像婴儿渴望母乳一样，期待着与宋朝的互市。这样，宋朝也就控制了西夏的经济。

　　1 000年前的这场贸易战使宋朝获得了战场上所没有获得的一切。战争的胜败，决定因素往往在战场之外。不断发展经济和改善人民生活，是一个国家立于不败之地的信心和底气所在，但这不意味着国防建设可以放松。宋朝的壕堑和堡砦对西夏军队的牵制，也对经济战场形成有力的支援，成为宋朝打赢"贸易战"的重要保障。

《明宪宗元宵行乐图》中裙摆张开的马尾裙 中国国家博物馆藏

三

行天莫如龙，行地莫如马。马者，甲兵之本，国之大用。

——《后汉书·马援传》

西汉元封六年（前105），大宛（今乌兹别克斯坦费尔干纳盆地一带的古国）。汉武帝的军队兵临城下，国王被迫向汉军献出了他们的宝物——"天马"。

马是古代战争中最精良的武器和最有效率的运输工具。在商周时代的中原，它们拉着战车冲破敌阵。赵武灵王"胡服骑射"之后，它们成为中原战士最忠实的战友，在对抗草原骑兵的战争中，发挥了不可替代的作用。然而，赵武灵王和后来的雄主们都不得不面对一个严重的天然劣势：中原不产马，战马主要靠引进。在中原政权与北方民族关系缓和时，对方会向中原进贡良马，但贡品的数量十分有限。要大规模装备骑兵部队，只能靠购买或交换，但经常是好马难求。

汉武帝听西域归来的汉使介绍了大宛"天马"的情况，这是一种原产中亚的骏马。它们身材高大，四肢修长，奔跑速度快，耐力强。由于这种马皮肤薄，汗腺发达，同时还经常感染一种导致皮肤渗血的寄生虫病，几种特点综合作用下，当它们奔跑时，可以看到脖颈处流出血红色的汗，因此又称为"汗血宝马"。

武帝希望能够获得这种宝马用于对匈奴作战，于是派人携带千金求购。可没想到大宛国王不仅拒绝，还截杀了汉朝使臣。武帝震怒，派遣大军远征大宛，终于得偿所愿。汉军驱赶着3 000匹天马向玉门关归来。好马往往娇惯难养。经过长途跋涉，这3 000匹宝马一路病累而死，当它们到达玉门关时，数量只剩下了三分之一。

剩余的马匹，经过配种繁育，大量配备了军队。但由于水土不服，这些马寿命很短，并且在一两代之后就出现种群退化。军马要进行阉割，战争中也会大量死去。战马损失的速度往往赶不上需求。在上千年的时光中，战马在中原总是呈现一种供不应求的状态，因此需要不停地购买。马匹也就成为古代长城沿线市场上最多见的"进口产品"和国家财富的象征。

> 古者掌兵政，谓之司马，问国君之富，数马以对。
>
> ——《典故纪闻》明成祖朱棣语

明代从洪武年间开始，就在边疆各地购买马匹。从永乐朝开始，长城沿线延绥、大同、宣府、辽东等地的诸多关口和城堡逐渐成了明朝与蒙古之间固定的马市，其中又以辽东马市规模最大，持续最久。

马匹除了作战和运输，肉可食，血和奶可饮，在明代竟然还衍生出一种时尚消费品。

明成化年间（1465—1487），朝鲜半岛曾刮来一股连长城也无法阻挡的新潮流。一种被称为"马尾裙"的服装悄然流行起来。这种裙子的内侧装有一个马尾编成的支架,把裙摆撑起来,看上去就像一把撑开的伞。它的好处是可以掩饰身材的缺陷,遮住胖人的大肚腩和大象腿。体形瘦的穿起来,看上去也更加壮实。

> 发裙之制,以马尾编成,系于衬衣之内……使外衣之张,俨若一伞。
>
> ——〔明〕王锜《寓圃笔记》

马尾裙刚传入的时候,明朝并不掌握织造工艺,完全依靠进口,价格昂贵,穿得起的一般都是高官巨贾,或者官宦子弟、"富二代"。后来,马尾裙实现了国产化,寻常百姓群众都能弄到一件。到了成化朝末年,连大明宗室、内阁大臣、六部尚书也都穿起了马尾裙。据说体形清瘦的礼部尚书周洪谟的裙子,总是戴两层裙撑,以使马尾裙蓬张效果更加明显。

除了制作马尾裙,马尾也是明朝各种头戴饰品的制作原料。在江南地区,士大夫阶层就好戴马鬃编成的网巾。

马尾裙和网巾的流行,导致马尾需求量大增。当明朝与蒙古关系紧张、互市关闭时,稀缺的马尾居然成为奢侈品。随着官方往来中断,走私贸易蓬勃发展起来。在明代,走私是轻则发配、重则杀头的大罪,但在暴利驱使和高品质生活的召唤下,内地居民"八仙过海各显神通",冒着巨大的风险走私马尾。有的不法商贩偷偷潜入军马场盗剪马尾,有的管马军士监守自盗,剪了马尾卖钱换酒喝,甚至还有人结成马尾和马鬃走私集团,偷偷越过长城,去找蒙古人大量采购。

明隆庆年间曾发生过这样一件奇事:大同守边军士马西川与榆次人李

《天工开物》中所见用马尾制成的头饰——网巾

位于山西省左云县的镇宁空心敌台　张依萌摄
该敌台原为大同镇一处关口，明隆庆年间开放马市，因此这座敌台又被称为马市楼。

孟阳、偏关人李义等十数人组成团伙，"与虏私易马尾"。事情败露后，马西川竟然带着8 000蒙古骑兵攻打明军要塞老营堡。为了马尾不惜造反，这正是明朝马尾需求的真实写照。

　　长城挡不住汉族和蒙古族普通人民的交流。私市上，紧俏的货物又何止是马尾。据说当时一件七八两的估衣可以换一匹马驹，转手就能卖到十几两，走私贩子获得丰厚的回报。而蒙古人用马匹贿赂明朝的长城守军，让他们放自己进关交易，从而得到急需的铁器和粮食。边地走私几乎演变成一场人民战争。明嘉靖年间，大同镇总兵周尚文都加入了走私大军。明蒙在私市上交易的不只是军需和生活用品，还有情报。守长城的士兵，甚至会被请去蒙古人的帐中饮酒。

　　访得各边墩军中间，多有擅离信地，及交通虏贼，易卖布匹、针线、铁锅等物，遂至稔熟，透露消息，虏贼往往乘机而入，抢至内境，方才举放烟炮，甚属误事。

　　　　　　　　　　　　　　　　　——《翁万达集·饬边防以恢戎务疏》

以"驱除胡虏，恢复中国"为口号，推翻百年异族统治而建立的大明，背负着沉重的政治包袱，再加上土木之变、庚戌之变的奇耻大辱，与"胡虏"通商成为当时最大的政治不正确。而无论是匈奴人、党项人，还是蒙古人，脆弱的草原经济让他们对中原生产的生活必需品存在着严重的依赖。一旦发生天灾，饥肠辘辘的牧民们就被迫拿起武器，到富庶的中原抢掠求生。长城内外的结构性矛盾，导致明蒙双方陷入无休无止的零和博弈。

历史就是如此奇幻，一次蒙古贵族的叛逃事件，竟成为了明朝开放贸易的借口。

四

明隆庆四年（1570），大同。

几个蒙古人来到城下，要求守军打开城门。

领头人名叫把汉那吉，是俺答汗的孙子。事情的起因是他的爷爷强夺了自己的聘妾。把汉那吉一气之下，就带着家人投靠了明朝。俺答汗连忙派人向明朝请求归还把汉那吉。虽然祖孙两人因夺妾事件闹得很不愉快，爷爷还是十分疼爱这个亲孙子。俺答汗日夜焦虑，担心明朝会伤害他。

从当时的历史背景看，俺答汗的担心不无道理。

从明朝中期开始，朝廷上的国防政策讨论呈现出一种诡异的局面。兵部一众没上过战场的热血书生极力鼓吹向蒙古人发动进攻，而来自北方前线久经战阵的将军们却一个劲儿地主张守长城。但双方争论的焦点只是战术，战略上却高度一致，那就是要把蒙古人困死，宁可两败俱伤也决不和他们做生意。

在长城的另一边，由于明廷几十年的经济封锁，脆弱的游牧经济失去

鲁荒王九缝皮弁 明 山东博物馆藏

了赖以维系的交换贸易，已到崩溃的边缘。俺答汗不能眼睁睁看着自己的子民饿死，于是他向明朝发动了一波又一波的攻势。与此同时，他也抓住一切机会向明朝派遣使者，指望通过一文一武两种手段双管齐下，逼迫明朝开放互市。

予我币，通我贡，即解围，不者岁一虏尔郭！

——《四夷考·卷五》俺答汗致嘉靖皇帝书

明嘉靖三十年（1551），明朝曾在俺答汗的军事压力下，被迫开市。但这次城下之盟助长了俺答汗的傲慢。他开始不把明朝放在眼里，一边与明朝通商，一边纵容部下沿边抢掠。这种行径遭到了明廷的诘问，俺答汗却推脱说"贫虏掠食，我不能禁"。他以为明朝会忍气吞声，然而事与愿违。明朝再次闭关。此后，俺答汗为了恢复互市不断派出的使者一次次被明朝杀掉，明蒙双方的互信降至冰点。可他又不得不继续派出使者前去送死。如今他的孙子落在明朝手中，在如此深的敌意之下，恐怕是凶多吉少。

但他没有想到，明朝的局势正在发生变化。新登基的隆庆皇帝很务实，他对明朝既有的对蒙政策进行反思，认为存在比紧闭城门更好的方案，决心改变。把汉那吉归降后，他认为时机已经成熟，于是在阁臣高拱、张居正的协助下，与俺答汗展开和谈。

这年冬天，明朝归还了把汉那吉，同时也将赵全、李自馨等几个早年投奔瓦剌的"明奸"引渡回来。

第二年，明朝册封俺答汗为顺义王，互市恢复。从此边警长熄，军事壁垒变成贸易口岸。据文献记载，宣府各口开市之日分外热闹，"各行交易，铺沿长四五里许""六十年来塞上物阜民安，商贾辐辏，无异于中原"。凋敝的土默川也因此受益，焕发了勃勃生机。俺答汗与夫人三娘子请来大批汉人工匠，在他们的帮助下，草原上崛起了一座新的城市，它的名字叫归化，也就是今天的呼和浩特。

自是边境休息。东起延、永，西抵嘉峪七镇，数千里军民乐业，不用兵革，岁省费什七。

——《明史·王崇古传》

然而有趣的是，长城的修建并未因此而停止，反而更加如火如荼地开展了起来。我们现在看到的砖砌长城，大多是隆庆和议之后建成的。我们从内阁首辅高拱上奏的《虏众内附、边患稍宁，乞及时大修边政以永图治安疏》中可以一窥明人的想法。他认为明蒙和谈只是一个备战的新契机，朝廷应当趁机整顿边防，多和平一年，就可以多做一年准备，到时兵精粮足，长城坚固，才能够掌握战争的主动权，进退自如，实现长治久安。

另外，由于明蒙关系的缓和，原先归附明廷的边外"属夷"，作为屏障的战略地位相对下降。明朝对他们的格外优待也就失去了意义，进而逐渐停止封赏。失去了特殊照顾，他们的生活也开始陷入窘困，成为边疆新的不稳定因素。而万历朝，辽东局势也开始恶化。这些也是明长城持续修建的重要原因。

五

张家口
〔明〕穆文熙

少小胡姬学汉装，满身貂锦压明珰。

金鞭骄踏桃花马，共逐单于入市场。

明万历初年，张家口。

一队蒙古人来到城下。明军没有向往日一样点燃烽火，而是从容地打开了城门。这些蒙古人不是寇关杀人的敌骑，而是贩马的商人。

隆庆和议之后，宣大马市正式开市。张家口是明朝指定的贸易场所之一。警惕的明朝人在原本封闭的长城上开设了仅能容一人通过的西境门。但这不影响蒙古牧民与汉人开展贸易的热情。仅仅一年的光景，张家口马市上就收购了18 000匹马。曾经肃杀的军事要塞，呈现出从未有过的祥和与繁荣。

清顺治元年（1644），宣府长城彻底放下了戒备。西境门西侧不远处，建起一座宽敞的大境门。北方的商人远远地望见它，即兴奋地呐喊：张家口到了！

张家口大境门
在蒙古语和俄语中，张家口被称为"卡尔干"，就是蒙古语"大门"的意思。

　　俄国和中国的茶叶贸易，可能是1792年开始的……茶叶陆续由陆路用骆驼和牛车运抵边防要塞长城上的张家口堡（或口外）……再从那里经过草原或沙漠、大戈壁，越过1 282俄里到达恰克图。

——《马克思恩格斯全集》五十卷第二册《资本的流通过程》

　　到了清代，以张家口和独石口为起点北上库伦（今蒙古国乌兰巴托）的张库大道贯穿长城南北。康熙二十八年（1689），中俄《尼布楚条约》签订，中俄通商成为其中的正式条款。马匹已经不是张家口市场上的主要货物，蒙古人也不再是唯一的客商。从那时起，俄罗斯商人也越来越多地出现在了张家口的集市上。本地商人从内陆采购布匹、绸缎、茶叶、瓷器、粮食、金属器具、马等，换购蒙古人的牲畜、皮货和俄罗斯人的天鹅绒，等等。

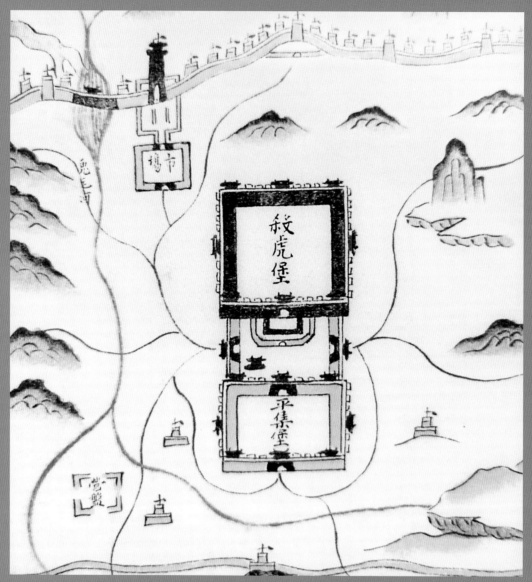

整饬大同左卫兵备道造完所属各城堡图说（局部）　引自《中国长城志·图志》（江苏凤凰科学技术出版社，2017 年）

　　以张库大道为主干，南起湖北汉口，经河北或山西到达内蒙古、外蒙古和俄罗斯的"万里茶路"在丝绸之路中断一个多世纪后再次联通了世界。张家口成为万里茶路上最重要的枢纽和口岸，各类商铺一时如雨后春笋般在大境门内外兴起。

　　1909年京张铁路的建成和1918年张库公路的开通，加速了张家口的城市扩张和经济发展。至民国初年，张家口的大小商号已经多达7 000余家，美、俄、法、英、德、日、荷等国也纷纷开设洋行和领事馆。张家口已经从一座边塞小城发展成除天津以外的华北第二商埠，成为名副其实的国际贸易中心。

当大境门开关揽客时，晋商在万里茶路的另一条路线上崛起。他们的商队从太原出发，经雁门关、杀虎口出长城到达集宁、商都、归化，再经苏尼特右旗，沿浑善达克沙漠赴库伦和恰克图。

清顺治七年（1650），杀虎口设立税关，清朝规定山陕赴长城外经商者必须从此出入交税。雁门关和杀虎口一线成为太原通向内蒙古的必经之路。商贾的马车从南北两个方向涌向这两座关口，车流量过大，在紧靠山崖的雁门关北路，甚至发生了交通拥堵的情况。乾隆年间，官府在东侧另开车道，并订立交通规则，"凡南来车辆于东路行走，北来车辆从西路径由"。长城雄关，不仅为商贸的繁荣作出了贡献，也促进了中国交通管理事业的发展。长城与商道的水乳交融绝非明清新气象，而是从2 000年前就已经开始了。

清乾隆三十六年雁门关分道碑　瞿禹摄
【碑文】正堂禁示：雁门关南路紧靠山崖，往来车辆不能并行，屡起争端，为商民之累。本州相度形势，于东路另开车道，凡南来车辆于东路行走，北来车辆从西路径由，不得故违，干咎未便。特示。乾隆三十六年三月吉日立。

长城与丝绸之路

作为丝绸之路畅通的保障，长城发挥了不容忽视的作用。某种意义上，它是丝路的血脉。

一

断匈奴之右臂，张中国之臂掖。

——《大明一统志》

西汉建元三年（前138），长安。

张骞拜别了汉武帝，带领一个100多人的使团从长安出发，向西开始了他的"凿空"之旅。汉武帝派他去寻找一个叫作大月氏的国家。汉朝想要联合大月氏，东西夹击匈奴，将匈奴的这条臂膀斩断，阻断他们与青藏高原上南羌民族的联系。

这是一个极其危险的任务。自战国时代起，临洮就一直是华夏的"尽头"。秦始皇的长城修到这里也便停止了，再向西，对于中原人来说，几乎是完全未知的世界。一个汉朝

敦煌莫高窟第 323 窟壁画《张骞出使西域图》

人要想到千里之外的大月氏去，他必须穿过河西走廊的匈奴人领地，再穿过塔克拉玛干沙漠北缘、天山脚下断断续续的片片绿洲，翻越险峻的葱岭（今帕米尔高原）。之后是否找得到大月氏，回不回得来，也都是未知数。完成这次任务的人，要有坚定的信念和非凡的勇气。

张骞的使团果然吃尽了苦头。他们在西去和东归的路上曾两次被匈奴扣押。在侥幸逃离之后，他们没有后勤补给，缺衣少粮，又要避开匈奴的追捕。队伍沿路死的死，逃的逃。

经历了九死一生的张骞终于回到了汉朝，此时距离他离开长安已经过去了13年。出发时100多人的队伍，如今只剩他和一名随从。

汉武帝夹击匈奴的战略并没有实现。但张骞一路走来，熟悉了从河西通往中亚和北方草原的道路，极大地扩展了汉朝人的地理知识。

西汉元狩二年（前121），霍去病的大军沿着张骞的足迹西进，彻底消灭了盘踞河西的匈奴浑邪王部和休屠王部。此后的半个世纪间，大汉的声威远播西域，长城也从临洮向西延伸到西域。随着交通安全环境的持续改善，中原汉地与西域和中亚地区的交往逐渐热络。伴随着张骞的足迹和汉朝的威名，一条丝绸之路把整个亚欧大陆联结起来，使节和客商来往穿梭，一派繁荣景象。汉朝从大宛获取品质优良的"汗血宝马"作为战马，成为对匈奴作战的重要武备，还引进了"坎儿井"水利技术，葡萄、石榴等水果；中原的冶铁技术和丝绸则传到了安息帝国（今伊朗及其附近国家），甚至更远的罗马帝国。

走在丝绸之路沿线，你会看到长城或笔直地穿越戈壁，或在群山间蜿蜒。成排的烽火台指明了前进的方向。其中一些烽火台的脚下建起驿站，供旅人歇脚和补充给养。长城为保障丝路的畅通发挥了不容忽视的作用，也成为丝路的一部分。

二

　　2013年，在一次丝绸之路申报世界文化遗产的论证会上，联合国教科文组织的专家提出了一个大家意想不到的问题：丝绸之路的"路"，在哪里？

这并不是故意刁难或者吹毛求疵。古代道路不只是史书里的几段文字，也不是两点之间的直线距离。如果找不到看得见摸得着的证据，丝绸之路申遗项目也就不存在了。

那么对于国际专家的质疑应当如何回应呢？与会的中国专家胸有成竹。要证据，我们有！

这第一份证据来自居延。从肩水金关到居延泽之间的汉代烽燧和要塞分布区，在汉代属于居延都尉府，相当于居延军区。因此当代学者称之为居延遗址。1974年，考古工作者在居延遗址范围内一个名叫破城子的古城中，发现了很多汉代的简牍。在纸张普及之前，用竹木制作的简牍是中国古人最常用的书写载体。简牍的出土，往往意味着珍贵的古代公文和图书的发现，其中不乏失传的名篇。

破城子出土的简牍中有一份名为《驿置道里簿》的文件，这是一份从长安到武威之间的里程表。在汉朝，驿站被称为置，或者亭。前者属于高级驿站，后者则规格比较低。相当于现代的村长兼派出所所长。在汉代的边疆地区，很多亭都设在长城烽燧的围院内。《驿置道里簿》中详细记载了沿线各置的名称和间距。关于置的记录，表明长安到河西走廊之间有一条"官道"存在。汉朝公文档案自然比传世文献的转述要可信，却仍然停留在文字上。那么置到底长什么样呢？

悬泉汉简

1990—1992年，甘肃敦煌甜水井东南3千米处的汉代悬泉置遗址经考古发掘，共出土汉简35 000余枚，其中有字简牍达23 000余枚。简文内容包括河西驿站名称与里程、过所与乘传（出入关证件）、诏书、法规与行政命令、官府新政文书和司法文书、账簿、名册、信件、文献典籍等。

还记得长罗侯在出使乌孙的途中停留的那座悬泉置吗？20世纪90年代初，考古工作者在荒凉的戈壁滩上真的找到了它。驿站遗址位于敦煌市东部，是一座边长50米的正方形院落，北边不远就是汉长城。遗址的平面布局保存得非常完好，它的西北侧分布有27间房屋，西南角有马厩，地面上甚至还留下了当年的马粪。在马厩附近还有一座魏晋时期的烽火台。遗址中一共出土了7万件文物，其中最重要的发现是多达35 000枚汉简，因而遗址出土的这批简牍也被称为"悬泉简"。更令人兴奋的是，悬泉简中竟然发现了另外一份《驿置道里簿》，记录的内容是从武威到敦煌之间各置的里程，与破城子发现的里程表恰好相接，一条从长安到敦煌的完整汉代驿路呈现在世人的面前。

此外，悬泉简也保留了西域和中亚诸国与中原政治经济往来的丰富记录。无数使者、贵族、质子、商人和归附者在悬泉置留下了足迹，他们来自康居、大宛、大月氏、罽宾、乌孙、扜尔、折垣、莎车、精绝、于阗、渠犁、疏勒、焉

居延遗址与居延汉简

　　19世纪末开始，中外学者在额济纳河流域的汉代长城遗址进行了多次考古调查与发掘工作。遗址中出土了大量汉代遗物，其中最为重要的发现，是数万枚汉代木简。其上用隶书记录了自汉武帝太初三年（前102）至东汉光武帝建武七年（31）共130多年间的大量珍贵史料，其中绝大部分为长城军事档案，此外还有法律制度、行政和商业文书、儒家经典以及科技类书籍、历谱、私人信件，等等。通过对汉简文字的考证，确认额济纳河流域就是汉代的居延都尉府和肩水都尉府所在地，这就是著名的居延遗址。这里出土的木简也被统称为"居延汉简"。居延汉简帮助我们基本复原了西北地区汉代的长城军事区划、兵力部署，丰富了对汉代法律、经济、交通、邮驿、养老、抚恤等制度和科技发展情况的认识，是不可多得的文化宝库，它与清宫档案、安阳甲骨、敦煌文书并称20世纪中国档案界的四大发现。

敦煌汉简《驿置道里簿》　甘肃简牍博物馆提供

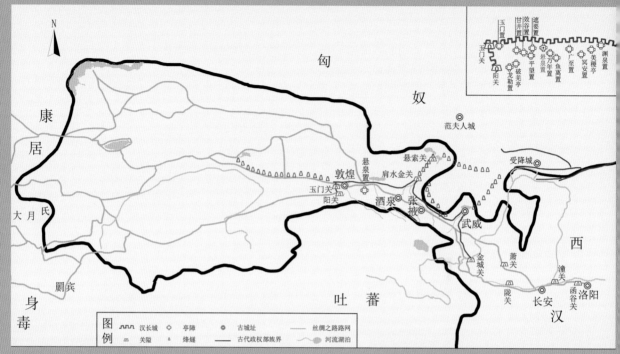

丝绸之路与汉长城、悬泉置的关系

耆、乌垒，还有匈奴等国，其中一些国家到底在哪里，至今还在考证。悬泉置为
他们提供住宿和饮食，他们为中原带来了异域的奇珍异宝，中原的产品和技术也
传到了西方。

康居王使者杨伯刀、副扁阗，苏薤王使者、姑墨副沙囷、即贵人为匿等皆叩
头自言，前数为王奉献橐佗入敦煌……

——悬泉简《康居王使者册》

其一只以食折垣王一人师使者，□只以食钩盾使者迎狮子。

——悬泉简Ⅱ90DXT0214S:55

　　悬泉置遗址和两份里程表的发现，将汉代长安至西域之间的道路清晰地勾勒出来。丝绸之路的"路"找到了。这一切，都是长城的功劳。

　　2014年，在卡塔尔多哈举行的第38届世界遗产大会上，"丝绸之路：长安——天山廊道的路网"项目成功列入世界遗产名录，作为长城防御体系重要节点的悬泉置遗址也正式登记为丝绸之路的遗产要素。

赋饮马长城窟（节选）
〔唐〕袁朗
长城连不穷，所以隔华戎。
规模惟圣作，荷负晓成功。
鸟庭已向内，龙荒更凿空。
玉关尘卷静，金微路已通。

汉灰陶壶

"S" 形龙玉佩 西汉 徐州狮子山楚王陵出土 徐州博物馆藏

第六章

长城古今观

秦兵马俑塑像 秦 秦始皇帝陵博物院藏

在古代，政治家用长城维护理想秩序，知识分子用它构建文化认同，文学家用它表达心中的苍凉、悲壮、激情万丈或郁郁寡欢。普通大众出于对现实的不满和对美好生活的向往，编织着有关它的神话。在它的两边，人们带着不同的情感讲述相同的故事；或在同样的生活中，各有各的坚持。近代以来，华夏各族人民围绕它建立起同一个信仰；在危亡关头，它又让虚弱的民族重拾信心和力量。长城是中国对世界的宣言，也是世界对中国的印象。它曾塑造中国，也曾改变了世界。它由中国人建起，也被全世界所诠释。我们听到它的无数传说，对它展开无尽想象。长城是一种观念，它在山巅，也在人们心里。它的一砖一瓦，饱含着古老文明的智慧与记忆，它是中华民族的文化归宿和精神家园。

长城内外的秩序与认同

看不见的长城以超越血缘和地缘文化的力量凝聚人心，塑造理想的华夏世界秩序。

一

中国有礼仪之大，故称夏；有服章之美，谓之华。

——《春秋左传正义·定公十年》

华夷本是同根生。

大约在距今 5 000 年前，全球气候比现在更加温暖湿润。那时的中国北方长城地带是一片宜居的土地，生活在当地的人们创造出了定居农业文明。但到了大禹的时代，气候急剧变冷，那里变得不适合耕作，人们的经济生活方式开始向半农半牧转化。生活在内地的人不能理解这种变化，他们自称为"华夏"，而把那些在边地生活的畜牧族群称为"蛮夷"。公元前4世纪，匈奴突然出现在亚欧草原上，没有人说得清他们的来历。他们与华夏语言不通，风俗迥异，血缘关系比原先的蛮夷更远，并且对后者构成了现实的军事威胁。中原的政治领袖效法齐楚，在北方也建起长城，以防止匈奴的侵扰。在南方，多山的地形限制了华夷的交往。直到明朝，西南山中还居住着"生苗"，他们生活的区域被汉人和"熟苗"包围。明朝借鉴北方的长城，也在南方建起边墙，隔离生苗。这道边墙与北方的长城一样，不再是单纯的军事防线，也被视为华夏身份的标志。

> 《尚书·禹贡》中的五服
> 天子之邦的甸服
> 诸侯所封的侯服
> 环卫诸侯的绥服
> 夷人所处的要服
> 蛮人所居的荒服
>
> 五等爵
> 周朝按照"公、侯、伯、子、男"五个等级分封诸侯。在《左传》中常见的如"秦公""燕侯""郑伯""楚子""许男"等。

诸侯用夷礼则夷之，进于中国则中国之。

——韩愈《原道》

有的古代民族，选择主动融入华夏。公元5世纪，鲜卑人建立的北魏政权统一黄河中下游，成为第一个入主中原的游牧民族。他们弃牧从农，全盘接受中原的语言、服饰和政治制度。他们也曾大举兴建长城，但当代考古所见的北魏长城遗迹大多低薄简陋，前不如秦汉，后不如齐隋，因此它的象征意义可能大于实际意义。也许，修长城成了北魏政权的正统地位和合法性证明之一。

本朝之为满洲，犹中国之有籍贯。舜为东夷之人，文王为西夷之人，曾何损于圣德乎?

——〔清〕雍正帝《大义觉迷录》

满族统治者比鲜卑人要小心谨慎得多。他们建立的国家把农人、牧人和猎人的世界合而为一，要在汉、蒙古、满之间拿捏分寸。他们强调满洲人的正统，害怕被汉人同化，又忌讳汉人对他们以"胡""夷"相称，强调满汉一家。他们的矛盾心理，波及了长城。和唐人一样，清朝虽然口称长城无用，但并不是一寸不修。他们一边建新长城，一边拆明朝的旧长城，甚至把明代碑刻中的

苗疆边墙

　　明清时期将湘、贵、川、滇等地少数民族统称为"苗"。苗人与汉族的聚居区被汉地包围，一部分与汉人经济文化交流较多或归附中原王朝的苗人被称为"熟苗"，而与汉人接触较少的原始部落被称为"生苗"。生苗经常与熟苗和汉人之间为争夺土地和资源发生冲突，甚至大规模叛乱。明清两代于是在南起贵州铜仁、北到湖南湘西一线修筑了数百里长的"苗疆边墙"，用以"镇苗抑汉"，进行民族隔离。客观上，苗疆边墙确实曾起到维护地区稳定和社会秩序的作用，但并没有断绝汉苗的联系。随着各民族交往与融合不断加深，苗疆边墙也逐渐失去了作用。

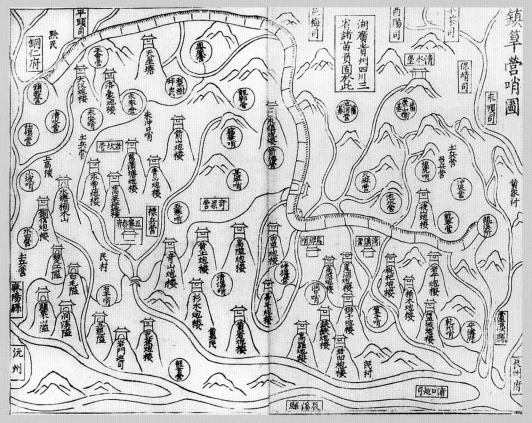

明代《楚边图说·镇箪营哨图》中湖南凤凰县至贵州铜仁市的苗疆边墙

匈牙利人的中国情节

在匈牙利民族的传说中，他们的祖先来自遥远的东方。19世纪中期，长期附庸于奥地利哈布斯堡王朝的匈牙利民族不断觉醒并爆发了独立运动。一些匈牙利人启程向东，踏上了万里寻根之旅。塞切尼·贝拉伯爵（Grof. Széchenyi Béla）带领一个三人小队，于1878年在清朝北洋大臣李鸿章和恭亲王奕訢的协助下来到中国考察。他发现匈牙利人和中国人的名字都是姓在前，名在后，于是他愈发相信匈牙利人的祖先来自中国。

真实的历史上，公元5世纪，有一个名为"匈人（Hun）"的部落在东欧出现，频繁入侵罗马帝国。曾有学者考证认为，他们就是东汉时期被窦宪击败而西迁的北匈奴。而"匈牙利（Hungary）"的称谓很容易让人将他们与匈人联系在一起。后来语言学家和历史学家已经否定了匈牙利、匈人和匈奴三者之间的联系，但一部分匈牙利人却乐于将错就错，并为此感到自豪。

北魏长城遗址　内蒙古长城资源调查队提供
现存北魏长城分布很广，但与秦汉和北齐长城相比保存状况极差，可能兴建之初质量就不好。

"胡""虏""奴酋"等字抠去。直至清嘉庆、道光年间，朝鲜燕行使的笔记中，还有这方面的记载。上述欲盖弥彰的举动，无不反映了满洲统治者的纠结。

　　但华夏接受了满洲，如同它曾经接受了匈奴、鲜卑、柔然、契丹等很多其他民族一样，它以博大的胸怀不断吸收着新鲜血液，扩展着自己的内涵，模糊了"华"与"夷"的边界，使二者成为超越地缘和血缘的概念。

二

遗民泪尽胡尘里，南望王师又一年。

——〔南宋〕陆游《秋夜将晓出篱门迎凉有感二首·其二》

伪齐阜昌七年（1136），岐州（今陕西凤翔）官学。

金朝扶植的傀儡政权不得人心，已经难以为继。泪尽胡尘的陕西学子怀念大宋故国，日夜企盼王师。学官决定用一种知识分子特有的方式宣示反抗之志。他命人绘制了一幅巨大的地图，并把它镌刻在石碑上公之于众。

学官将这幅地图命名为《华夷图》。它以唐贞元十七年（801）宰相贾耽绘制的唐朝疆域全图《海内华夷图》为底本简化、改绘而成，范围东起朝鲜半岛，西抵葱岭，北至阴山以北，南达海南岛。图中有一条长长的粗线十分引人注目，它从辽东连到黄河，又从居延延伸至玉门关，这就是长城。《华夷图》是中国历史上最早标注长城的地图之一。

为适应现实的需要，激发学子们的家国情怀，图上新绘了昔日北宋全境的州府地名，但地图所展示的又不是时局。那时西域与内地隔绝，占据河西的西夏、长城南北的金朝与南方的宋朝三分鼎立，图中并没有表现这些信息，甚至金、夏这两个政权都被刻意忽略掉了。然而唐代在西域设置的安西都护府，还有那条已经废弃，并且远在宋朝疆域之外的旧长城，却被坚定地保留了下来。

除了对恢复故国的渴望，《华夷图》似乎还有更多的期待。它在四周空白处用详细的图说（文字说明）总结了先秦至北宋的中国疆域变迁和人文地理沿革。在图说的概念中，"中国之地方五千里"，完全覆盖了华夏和蛮夷居住的五服之地；在地图中央，广袤的"冠带之国"已经"尽秦汉故地"，四方环绕着上百个"藩夷"。

伪齐政权

金太宗天会八年（1130）在北宋故地建立的傀儡政权，国号"大齐"，由于是宋朝叛臣建立的伪政权，史称"伪齐"。金熙宗天会十五年（1137）十一月被废，仅仅存在了7年多。

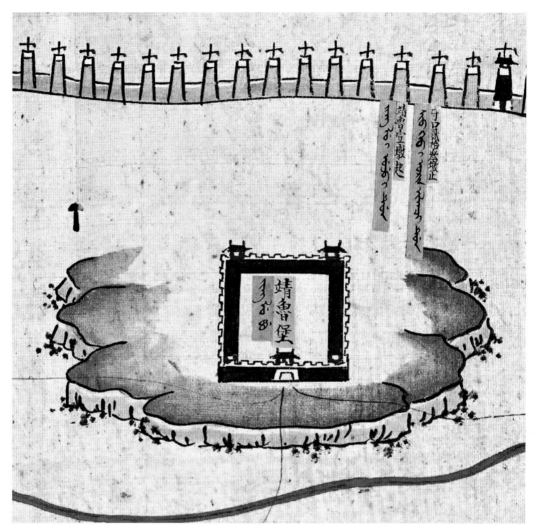

《大同镇图本》中的靖鲁堡　引自《中国长城志·图志》（江苏凤凰科学技术出版社，2017 年）
明代称"靖虏堡"，清代统治者避身份之讳，改"虏"为"鲁"。

岐州学官描绘的并不是大宋江山，而是一个理想中大一统中原王朝应有的气象，它包括了两个要素：一是汉朝所确立的中国固有疆域，长城以内就是它的核心；二是以中原为中心的理想世界秩序，长城就是它的象征。

《华夷图》中的长城与北魏长城有异曲同工之妙。它用十分具象的城墙符号加以表现，并且用专门的说明文字描述了其由战国至隋的兴建过程，宣示着它

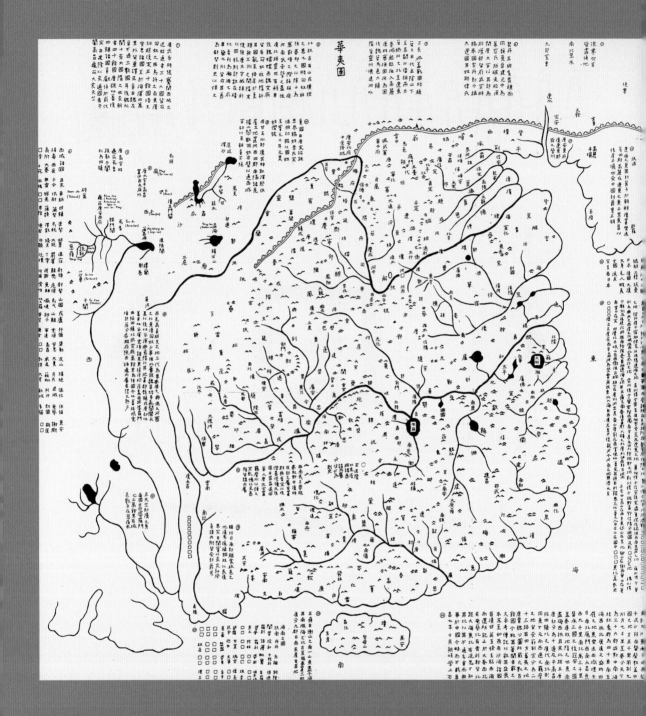

华夷图 南宋绍兴六年（1136） 西安碑林博物馆藏 引自《中国长城志·图志》（江苏凤凰科学技术出版社，2017 年）
它的底本来自唐贞元十七年（801）贾耽所绘《海内华夷图》。贾耽的地图并没有流传下来，《华夷图》就成了
目前已发现最早的中国地图。图上的长城清晰可见。

与"秦汉故地"一样得到中原王朝的有序传承；另一方面，历代长城线路众多，走向各异，在图上却被简化成一条单线。这样一来，长城反而变得更加醒目。当它出现在地图上的那一刻，也已经作为秩序与认同的符号刻进了中国人的文化基因。

　　　　在人们的头脑里建立起一座分隔文明和野蛮人的纸的长城，它同凝聚着鲜血的石头长城同样有效。

　　　　　　　　　　　　——［法］阿兰·佩雷菲特《停滞的帝国——两个世界的撞击》

《华夷图》刻成之后一年，伪齐灭亡。金人一度将陕西、河南的部分土地归还宋朝，这让岐州学官和他的学生们看到了恢复汉唐气象的希望。但历史没有按

彩绘女乐俑　十六国　西安博物院藏

照宋人期待的方向继续发展。金兵很快再度南下，宋朝永远失去了中原，偏守淮河以南的半壁江山，直至灭亡。

王莽更改的地名、官名举例

地名：长安——常安
　　　北方边郡：
　　　　陇西——厌戎
　　　　云中——受降
　　　　白狼——伏狄
　　　　定襄——得降
　　　河西四郡：
　　　　武威——张掖
　　　　张掖——设屏
　　　　酒泉——辅平
　　　　敦煌——敦德
宫殿名：长乐宫——常乐室
　　　　未央宫——寿成室
烽燧名：临木燧——推木燧
官　名：匈奴单于——降奴服于
　　　　大司农——羲和／纳言
　　　　郡太守——大尹
　　　　县令——宰

三

新莽天凤四年（17），玉门关。

一封来自西域的紧急求援信送到了玉门都尉府的大煎都候官面前。先前派去西域平叛的五威将王骏兵败身亡，西域都护李崇孤保龟兹，从此再无音信。同行的左帅何封和戊已校尉郭钦退守车师，可先是被焉耆半路截击，后来又被匈奴大军围攻，军队损失惨重，粮草已尽。在这种情况下，他们不得已向王莽发出了求援信。当九死一生的郭钦、何封在两批援军的接应下勉强回到玉门关时，匈奴和焉耆的联军也追到了关前。新朝的军队从此再也没有踏上西域的土地。

这场战争的直接起因是西域诸国杀掉了前任西域都护但钦，根本原因却是王莽的一系列错误政策。

王莽是个头脑发热的理想主义者。在代汉自立之后，他梦想着恢复周朝的礼制，于是进行了大刀阔斧的改革，大到国家礼仪和祭祀建筑，小到官名、地名，无一不变。可他脑海中的完美世界与现实之间存在着无法调和的结构性矛盾。

他在环境恶劣的青海地区强迫南羌人出让土地，设立西海郡，并强行迁徙内地居民去填充，只是为了和已有的东海郡、南海郡和北海郡拼凑出一个"四海"。他采用非常不道德的方式对待匈奴，一气分封15个单于，让他们互相争斗，结果引来匈奴人的军事报复，王莽不得不在长城沿线集结重兵，结果又造成了边疆地区的大饥荒。他还对少数民族一律采取歧视政策，要求更换汉朝颁发的

贾耽与《海内华夷图》

唐贞元元年（785），时任工部尚书的贾耽接受了德宗皇帝交给他的一项任务：绘制"国图"。贾耽年轻时曾担任掌管外事的鸿胪寺卿，因此他能从各少数民族和外国人士口中了解到大量边疆及海外地理知识。后来他又外调多地任职，最后进入中枢，从工部尚书一路做到宰相，故也有机会考察内地，接触国情机要。他凭借这些经验积累，花费17年心血，不辱使命，终于在贞元十七年（801），在宰相的高位上，以72岁高龄完成了旷世巨作《海内华夷图》。

这是中国制图史上划时代的作品，它遵循"制图六体"，即西晋地图学家裴秀提出的"分率（比例尺）""准望（地物相对方位）""道里（道路距离）""高下（高程）""方邪（坡度）""迂直（投影换算）"6项制图原则进行绘制。图高三丈三尺，宽三丈。按照"一寸折成百里"（约1∶150 000）的比例足足覆盖了方圆三万里以上的范围，描绘了唐朝的山川地理和历代地名，还记录了域外数百个国家的名称。《海内华夷图》开创了一个新的制图原则，即将古今地名用不同颜色加以区分。20世纪80年代，历史地理学家谭其骧教授主持编制的《中国历史地图集》，也继承了这一传统。

遗憾的是，贾耽绘制的原图已经佚失，但后人以此为底本制作了不同版本的舆图广为流传。伪齐阜昌七年《华夷图》碑就是其中的代表。

金背瑞兽葡萄镜　唐　西安博物院藏

印绶，将汉朝在周边归附的民族和部落中册封的"王"都降格为"侯"，甚至直接把"匈奴单于"的称呼改成"降奴服于"这样带有侮辱性的称谓。短短几年，他的倒行逆施几乎得罪了全天下人，新朝陷入了前所未有的政治孤立。长城沿线重新回到了烽火连天的状态，西域各国也相继反叛，归附了匈奴。

得道多助，失道寡助。

王莽臆想出来的世界体系严重脱离现实，完全没有实践基础。他所制定的不切实际的政策措施，违背广大人民的意愿，把自己的臆想强加给社会，对各民族也没有给予足够的尊重，不能平等视之，因此得不到认同，也注定无法取得成效。

旧秩序摧毁了一位臆想家，却也曾引出了一段家喻户晓的传说。只是这个传说在上千年的传唱中形神俱变，已经没有了它最初的半点痕迹。这又是下一个故事了。

新莽钱币 契刀五百

敦煌汉简中郭钦等人发给王莽的求援信片段 甘肃简牍博物馆提供
文中最后提到"诚恐误天时、失战利，不敢入塞"。信件字迹潦草，言辞哀切，反映了战事危急和求援者的焦虑。

孟姜女的前世今生

　　孟姜女的故事在主观上既适应古代王朝统治者的需要，又反映底层民众的愿望；在客观上，其流变过程也见证了国家的整合与社会的进步。

一

　　春秋齐后庄公四年（前550），临淄。

　　齐国的将军杞梁在讨伐莒国的战争中阵亡。他的妻子到郊外去迎接丈夫的灵柩。国君恰好经过，与扶灵队伍相遇，于是派人上前祭奠。将军的妻子并没有感恩戴德，反而是认为国君临时的祭拜过于草率，郊外行礼也有辱烈士，因此拒绝接受。惭愧的君主没有怪罪她，而是亲自到将军的家中去祭拜，以示尊重。

　　一般人难以相信，这段来自《春秋左传》正史中的陌生记载，就是孟姜女故事的原型。

　　故事诞生的春秋时代，被后世评价为"礼崩乐坏"。西周时期以"礼"为中心建立起的等级社会开始崩塌。开明的政治领袖尝试逾越宗法的鸿沟，吸纳新兴地主阶层为自己服务，表现在日常行为上，就是打破周礼的繁文缛节。与此同时，守旧势力也在为恢复传统秩序，维护他们的既得利益与尊严而做着努力，而礼就是他们的武器。杞梁妻就是一位旧贵族的代表。她的故事全篇都在强调两个字："守礼"。

春秋史官绝不会想到，他们精心记录下的故事将在此后的1 000多年中变得面目全非，甚至连中心思想都走向它的反面。

二

汉武帝年间，塞北。

匈奴的大军向长城外一座汉军城障发起进攻。守城的范将军拼死战斗，最后壮烈捐躯。匈奴人的攻势未减，城池危在旦夕。这时，将军夫人站了出来。她代替将军率领守城将士继续顽强抵抗，匈奴人终于退去，城池得以保全。将军夫人没有留下姓名，但为了纪念她，从此这座城池就被称为"范夫人城"。

这又是一个阵亡将军遗孀的故事，但它与杞梁妻所表达的思想完全不同。这时的中国，诸侯纷争与宗法礼乐都已成为明日黄花。汉武帝罢黜百家，独尊儒术，孔孟之道开始以一种全新的面貌泽被天下。另一方面，长城已经挡不住皇帝的壮志雄心，王师出塞，追亡逐北。万众一心、忠君守道与强汉武威成为时代的主旋律。

托生于新历史背景的范夫人，多了忠诚与血性。而杞梁妻的故事也在这时被重新提起。她在汉朝人的笔下已经不再是那个中规中矩的贵妇，而是成为性格鲜明的贞洁烈女。只不过，她的"烈"更多是为了宣扬儒家的女德。她为丈夫哭泣了10天，城墙为之崩塌。她本人也因举目无亲，又不肯委身二夫，投淄水以死立节。

宗法制
西周时期建立的由贵族按血缘关系分配国家权力和世袭统治的制度。

周礼
西周时期建立的一整套森严的社会等级制度和规范，又称"礼乐制度"，即用礼节规范人的身份和行为，以音乐的形式作为制度运行的辅助和保障。

八　齊杞梁妻

齊杞梁殖之妻也莊公襲莒
殖戰而死莊公歸遇其妻使
使者弔之於路杞梁妻曰今
殖有罪則君何辱命焉若令
殖免於罪則賤妾有先人之弊
廬在下妾不得與郊弔於是
莊公乃還車詣其室成禮然
後去杞梁之妻無子內外皆
無五屬之親既無所歸乃枕
其夫之屍於城下而哭之誠
動人道路過者莫不為之揮
涕十日而城為之崩既葬曰
吾何歸矣夫婦人必有所倚
者也父在則倚父夫在則倚
夫子在則倚子今吾上則無
父中則無夫下則無子內則
無所依以見吾誠外無所倚
以立吾節吾豈能更二哉亦死
而已遂赴淄水而死君子謂
杞梁之妻貞而知禮詩云我
心傷悲聊與子同歸此之謂
也

頌曰
杞梁戰死　其妻收喪
齊莊道弔　避不敢當
哭夫於城　城為之崩
自以無親　赴淄而薨

明代刻本《列女传》中表现的杞梁妻"哭夫于城，城为之崩"的场景

杞梁战死，其妻收丧，齐庄道吊，避不敢当，哭夫于城，城为之崩，自以无亲，赴淄而薨。

——〔西汉〕刘向《列女传·齐杞梁妻》

汉代的杞梁妻和范夫人仍然与我们所熟悉的孟姜女相去甚远。故事里没有长城，没有秦始皇，也没有千里寻夫。但中国历史发展的进程，已经让两个女子走上了同归的殊途。在新的发展阶段，杞梁和范将军逐渐合二为一。而他的夫人，也不再是大一统封建国家树立的榜样。

山海关贞女祠孟姜女雕像

三

杞梁妻

〔唐〕贯休

秦之无道兮四海枯，筑长城兮遮北胡。

筑人筑土一万里，杞梁贞妇啼呜呜。

上无父兮中无夫，下无子兮孤复孤。

一号城崩寒色苦，再号杞梁骨出土。

疲魂饥魄相逐归，陌上少年莫相非。

公元前3世纪末，秦朝北方边塞。

传说有一个名叫杞良的人，被征发了修长城的徭役。他这一去就没有了音信。他的妻子孟仲姿决定去寻找丈夫。当她辗转来到边塞，才发现自己的丈夫已死，尸体被筑进了长城。仲姿失声痛哭，哭得天崩地裂，狂风呼啸，最后竟哭塌了长城，而长城的废墟之下露出了丈夫的骨骸。

在唐代传奇小说集《同贤记》中，前面介绍的两个陌生故事融化在了同一个熟悉的传说中，并广泛传播开来。"孟仲姿"这个名字也被讹传为了"孟姿"或"孟姜"。更奇妙的是，在这个没有大规模修长城的朝代，长城却成为了故事里不可或缺的元素。

为什么是唐朝？答案依旧要在当时的历史背景中寻找。

那时的中国空前统一，疆域空前广大。它吸取了前朝耗尽民力的教训，在开国之初奉行轻徭薄赋的政策，促进社会经济的快速恢复。它继承了前朝开创的科举制度，社会各阶层之间有了更大的流动余地。所有这些都标志着古代中国已经进入了一个崭新的纪元。

在民间，传奇小说这种新文学体裁的出现，意味着普通大众拥有了属于自己的精神世界，他们的声音开始被释放出来。暴君、烈女和积劳而死的役夫取代了明君、贵妇和为国捐躯的英雄。贵族变成平民，维护变成反抗，杞梁妻变成了孟女。这一系列颠覆性的剧变，预示着平民社会正在萌发。

人民并不关心杞梁妻的阶级属性，他们只看到一位寡妇的苦难与忧伤。爱情是人类永恒的主题，东周作品的《诗经·国风》虽经孔子删改，但传世篇目中仍不乏对男欢女爱的朴素向往。这也解释了为什么发生在上层社会的故事能够飞入寻常百姓家。

孟姜女故事的演变，一方面与中国社会的进步息息相关；另一方面与国家力量的推动也密切相连，隐藏着统治阶层的意愿。长城元素的出现，就是证据。

唐朝代隋而立，但在国家治理层面，对前朝的继承多过改弦更张。伟大的运河工程，使南方的经济和交通跟随漕运的风帆蒸蒸日上，国家经济重心从北重南轻趋向于南北平衡。今天一提到隋炀帝，人们只知他滥用民力，却不知他留下的运河工程造福大唐近300年，可谓"罪在当代，功在千秋"。可千秋之功，难抵当代之罪。君主也许有造福万世之志，但百姓只拥有短暂的今生。也正是他让唐朝的统治者明白了"水可载舟，亦可覆舟"的道理。唐朝要感谢隋朝，又要证明自己推翻它的正当性，因此它需要找到自己胜过前代的证据。这个证据就是对民力的爱惜。唐朝需要运河，于是，孟姜女就哭倒了长城。此外，隋唐皇室还是无法割裂的血亲，于是同样二世而亡和大修长城的秦朝，成为了完美的替罪羊。

新的形势造就了新的故事。它既满足了新政权对于体现合法性和缓和社会矛盾的需要，又表达了人民反抗压迫的精神需求和对美好生活的向往。它第一次让统治者和被统治者的需求并行不悖。然而一个动人的故事，不足以弥合王朝的主人与奴仆之间的根本矛盾。无论长城还是运河，它们的建造初衷都是成为维护皇权的工具，而与百姓无关。

一个政权能否长期存在，终究还是要看它能否做到将国家意志和人民的利益相统一，是否能够代表最广大人民的根本利益。唐朝注定无法摆脱历史的局限做到这一点，但它顺应时代的要求，向前迈出了关键一步。

在社会的激变中，杞梁妻完成了化身孟姜女的涅槃。她哭倒了长城，她的传奇却沿着长城远播四方。

四

秦始皇年间，辽东近海。

传说孟姜女哭倒长城后投海自尽，突然间霞光万丈，孟姜女化作巨石从海上升起。这块岩石至今仍然屹立在渤海之滨。

清光绪二十六年（1900），敦煌莫高窟。

一个道士偶然发现了装满唐代文书的藏经洞。其中有一份名为《雕玉集》的

辽宁省绥中县渤海湾中的姜女石
传说孟姜女投海后化作此石

写本，引述了唐传奇小说集《同贤记》中孟仲姿的故事。在这个故事中，她的丈夫杞良来自燕地。同出的写本中，第一次出现了孟姜女的名字，而她的夫君却变成了燕山逃犯。

> 孟姜女，犯梁情，
> 一去燕山更不归。
> 造得寒衣无人送，
> 不免自家送征衣。
> 长城路，实难行。
> 乳酪山下雪纷纷。
> 吃酒则为隔饭病，
> 愿身强健早还归。
>
> ——敦煌写本P. 2809《捣练子·孟姜女》

清宣统二年（1910），上海。

老北门的道路改造工程施工工地上挖出了一座石棺，人们打开棺材，只见里面躺着一个三尺多高的石像，他的胸口刻着"万杞梁"三个字。

孟姜仙女宝卷（节选）
佚名
姑苏有个万喜良，一人能抵万民亡；
后封长城做大王，万里长城永坚刚。

从辽宁到云南，从山东到甘肃，孟姜女的故事衍生出无数版本，随中国的政治、经济或文化中心转移，在大江南北遍地开花。

东周时，齐地经济最盛，又近孔孟之乡，守礼的杞梁妻就生活在那里。两汉以来，政治中心西移，于是杞梁妻从山东哭到了陕西。武帝用兵塞北，因而范夫人的事迹可以发生在蒙古。唐朝控诉长城，山东的杞梁又变成了燕人犯梁，而孟姜寻夫的小曲发现于敦煌。到了宋代，开封取代长安、洛阳成为国都，河南接纳了范郎。南宋的半壁江山繁荣在江南，于是从江浙、两湖到福建、广西、云南，都把孟姜女的故事传唱。元明清、民国前期，以至当代都定都北京，而经济中心又常在江南，于是姜女庙建到了山海关、古北口，范郎夫妇的籍贯却在姑苏和钱塘……

两千多年的"添油加醋"之后，孟姜女的故事满载时空烙印，汇聚九州文化，见证了国家统一，完成了社会整合。它由全体中国人塑造，也成为了华夏民族的集体记忆。在孟姜女的哭声和长城的废墟中，中国历史的创造者逐渐从帝王将相走向人民。

汉代朱雀纹瓦当

信仰的长城

> 长城易守，人心难防。精神的角力也是长城战守的重要内容。

2020年，陕西靖边清平堡。

一座消失在地平线下已久的明长城古堡在考古学家的妙手中重见天日。城内的衙署、社仓、庙宇、营房和民居，城外的桥梁、道路、护城墩，一如几百年前刚刚被尘封时的样子。有人将这座城堡称为"长城上的庞贝"。

古城中心位置有一座规模宏大的庙宇。通过对庙宇遗址出土石碑文字的释读，考古学家考证出，这座庙宇名叫"显应宫"，是一座城隍庙。

> 朕立城隍神，使人知畏；人有所畏，则不敢妄为。
>
> ——《典故纪闻》卷三朱元璋语

城隍在中国道教信仰中是城市的守护神，中原汉地每座城

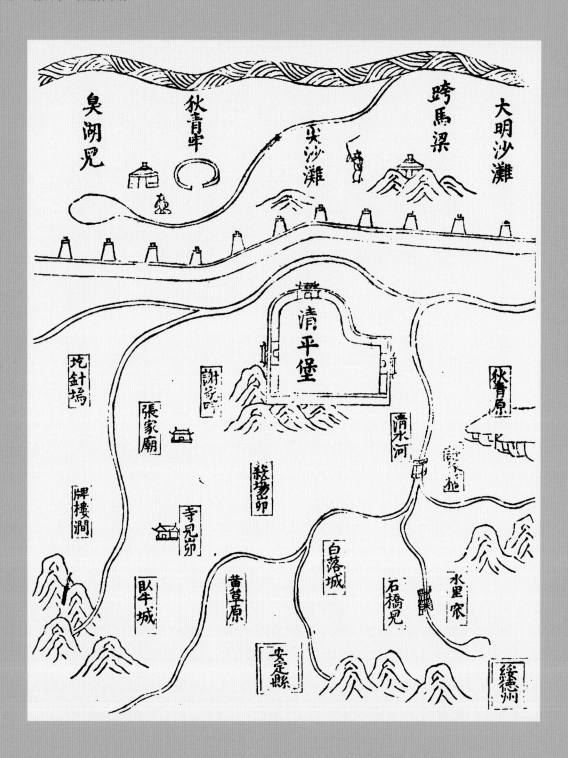

《陕西四镇图说》中的清平堡

池一般都会建有一座城隍庙。在明代，城隍信仰甚至成为官方的规制。明朝要求县城、卫所和军堡以上的城池都要建城隍庙。因此，清平堡的官兵们捐资修建一座显应宫，并不是什么新鲜事。可让考古学家兴奋不已，又迷惑不解的，是这座显应宫的规格。

从出土的《重修显应宫殿》碑记看，发生在明万历二十六年（1598）的这次重修工程，主持者竟然是远在定边的延绥镇副总兵和驻扎榆林的分守参将，相当于明朝的"陕西军区副司令"和"榆林军分区司令"。如此高级的军事将领为什么要亲自督修一座普通城堡里的城隍庙呢？这还要从明朝当时的边防形势说起。

清平堡显应宫建成的时候，隆庆和议已经订立了二十多年，陕西长城边塞大战不多。怠惰的明军寻找着精神寄托。这时，明朝和蒙古和平交往已经相当频繁和深入，一种来自塞外草原的信仰也被蒙古人带到了长城沿线，并开始在军中蔓延。这种信仰被称为"黄教"，也就是藏传佛教格鲁派。

明朝初年，对藏传佛教采取了兼容、支持的态度。明成祖甚至迎请噶玛噶举派活佛哈利麻在南京灵谷寺建普渡大斋，为朱元璋和马皇后祈福。万历三年（1575），俺答汗与黄教领袖索南嘉措在青海湖畔共建察卜恰勒寺，万历皇帝还曾赐名"仰华寺"，并捐赠了建材。三年后，俺答汗在新建成的仰华寺与索南嘉措会晤，并赠与其"圣识一切瓦齐尔达喇达赖喇嘛（即三世达赖）"的封号，黄教领袖从此称"达赖喇嘛"。索南嘉措也尊称俺答汗为"大梵天法王"。而在俺答汗的支持下，黄教不但成为藏传佛教的第一大派，也在蒙古地区传播开来。在明朝支持下，俺答汗开始在草原上大力推行黄教。可此后事态的发展出乎明朝和蒙古的预料之外。黄教不仅摧毁了蒙古人的萨满信仰体系，与汗权紧密结合，并且逐渐具有了

明代长城沿线的城隍信仰

城隍信仰大约起源于北齐，唐代已经相当繁盛。宋元明三代将城隍祭祀纳入国家祀典。明代规定县、卫、堡以上均要立城隍庙。新官上任都要先拜谒城隍，还要在庙里斋宿。城隍既是一方土地，也是城池的守护神，在明代长城沿线，城隍信仰更是不可或缺。

格鲁派和噶举派

藏传佛教格鲁派创立于15世纪初，以强调严守戒律为主要特点。格鲁派僧人戴黄色僧帽，因此汉地又称之为"黄教"。

噶举派创立于12世纪，他们强调通过口传的形式修炼密法，由于该派祖师常着白色僧裙，因此也称"白教"。噶玛噶举派是噶举派的一支。

册封汗王的权力，控制了蒙古的政治，而后又开始向中原渗透。

　　发生在塞外和边疆的危机引起了明廷的警觉。他们必须采取应对措施。可长城易守，人心难防。信仰的力量是难以靠武力消除的，唯一的办法就是寻找另一种更强的信仰来对抗。他们首先想到的自然是最深入民心的道教，城隍就是道教的官方代表。由此看来，清平堡的显应宫很可能是国家力量支持本土信仰对抗外来宗教的举措。战马的嘶鸣声渐远，长城又从军事防线变成了意识形态斗争的前沿。

　　除了城隍，参与到这场斗争中的还有真武大帝、关公、马神等，汉传佛教也扮演了重要角色。佛教从东汉进入中原开始，就在汉地与道教和儒家思想不断碰撞融合，已经完成了中国化，成为华夏民族信仰体系的有机组成部分。明长城边的佛教寺院充分满足现实的需要，也不免带有鲜明的军事背景与战争色彩。明初于各县设立了佛教管理机构僧会司。延绥镇城榆林的僧会司乃是由正德十年

清平堡显应宫遗址发掘现场　陕西省考古研究院提供

位于张家口的明宣府镇长城洗马林堡玉皇阁 张依萌摄
此处既是宗教活动场所，又可以登高瞭敌。

（1515）延绥镇总兵戴钦为其母所立的生祠发展而来。榆林东门外儒释道三教合一的无量寺、延绥东路参将驻地神木县（今神木市）的九龙山万佛洞等，一同供奉着大明开国以来延绥镇战殁的英魂牌位。

佛教解决了来世的问题，却难以做好现世的约束与教化。儒家文明用它特有的务实，恰好补上了边疆信仰体系中这最重要的一环。

坐落在榆林城北的款贡城与易马城，本是明蒙互市场所。明万历三十五年（1607），款贡城的一隅建起了被誉为"长城第一台"的镇北台，一为监视市场，二也成为化育军民的灯塔。台南三层券洞

长城沿线最主要的祭祀对象
真武大帝
关公
城隍
马神

之上镶嵌的匾额，为万历年间延绥巡抚涂宗浚所题"向明"二字，取《周易·说卦》"圣人南面而听天下，向明而治"之意。镇北台旁榆溪河畔的红石峡中，自

长城沿线的真武大帝、关公和马神信仰

明军的真武大帝信仰与明长城防御

中国古人将二十八星宿按方位和季节划分为东、西、南、北四宫，每宫七宿连缀，按照形状，分别以青龙、白虎、朱雀、玄武象形，称为"四象"，又神化为"四神"。玄武神为北方神，北宋为避赵玄朗的名讳，改称真武神。明成祖朱棣在北方发动靖难之役成功，自称受到真武神庇护，于是大力提升真武神的地位，将其封为"北极镇天真武玄天上帝"，也就是"真武大帝"，从此成为明军主神，也是明长城守军信仰体系中最重要的神祇。

明长城沿线关堡中，往往在城中部偏北或北城墙上建玉皇阁供奉真武大帝，玉皇阁既是长城守军的宗教活动场所，也是登高瞭敌的绝佳设施。

关公信仰

关公也是明代官方认可的正神。他是中国本土信仰体系中比较特殊的一个，有着多重的神格和全能的神力。他是忠义的化身，也是战神。他不但能战胜人间之敌，还能降妖除魔和辟邪。他又是财神，同时还是汉传佛教中的寺院护法伽蓝神。在西北干旱地区，人们拜关公祈雨；东部多洪涝，祈求关公还能排除水患。明万历四十二年（1614），关羽被封为"三界伏魔大帝神威远震天尊关帝圣君"，从此由王升级为帝。关帝庙遍布明长城沿线，有些重要的关堡，还不止建有一座。

马神信仰

灵官马元帅是中国民间十分尊崇的神祇，也就是人们常说的马王爷。俗话说"马王爷三只眼"，信众认为他具有洞察一切的能力。与民间求"妻财禄"不同，马王爷在长城边塞所扮演的是"军政要员"的角色。军政莫急于马。马匹的养、调、买、用，是长城沿线最关键的军事活动之一。因此，马王也就成了管马的王。由此还衍生出一种说法，认为马王的原型就是汉代的伏波将军马援。马王神的祭祀也是明朝的国家正祀。

曾经供奉着大明开国以来延绥镇战殁英魂牌位的神木九龙山万佛洞　赵现海摄

成化以来直至现代的185方摩崖石刻或铭记战功，或咏叹山河，或倡导国家统一和民族团结，循着题记一路通向峡口的西夏古刹雄山寺。往来的明蒙商旅，在完成交易之后，来此听一听潺潺溪水和古刹的晚钟，心灵亦可受到一番洗涤和净化。

　　从历史的进程看，明朝的意识形态斗争似乎取得了效果。终明一世，黄教没有对中原产生过太大的冲击。可当清平堡的城隍爷警惕地注视着北方的活佛时，从西域而来的另一种完全不同的宗教早已在陕甘宁大地生根发芽。

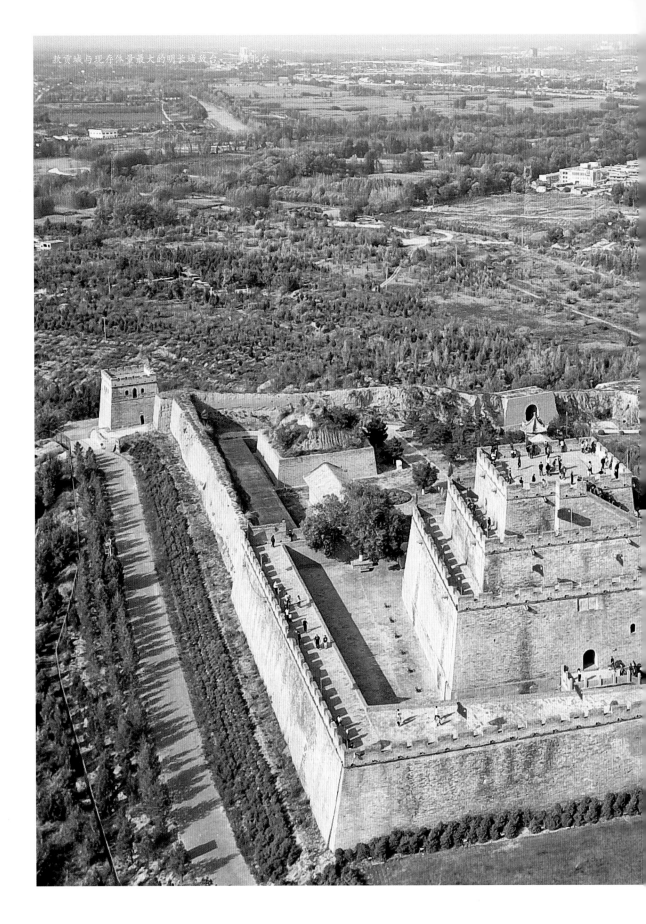

红石峡岩壁摩崖石刻

　　明永乐十四年（1416），帖木儿帝国苏丹沙哈鲁致信永乐皇帝，希望他能够皈依真主。沙哈鲁应当不是在开玩笑。此时的大明，确实存在伊斯兰教传播的土壤。

　　西方为回教发源之地，自昔以产圣物，著名四方，为能超过尔者，恐无人也。

——永乐皇帝给沙哈鲁的回信节选

　　从公元9世纪末10世纪初起，伊斯兰教传入西域，一路向东高歌猛进。400

年后，哈密以西佛教几乎绝迹。元朝时大量信仰伊斯兰教的色目人又把真主的教谕带到中原。大明朝的开国功臣中，就有不少是回族，这其中就包括七下西洋的著名航海家郑和。

永乐皇帝决定顺其自然。他相信儒家文明自有它深厚的根基。古往今来，中国接纳了祆教、景教、犹太教和来自世界各地的其他宗教，嘉峪关也没有将古兰经拒之门外。但在无数长城要塞，你看到明军的主神真武大帝在北城墙上注视着远山的烽火；武圣关公襄助明军克敌制胜；马神带来马政顺通，马市繁荣；杨家将激励将士杀敌报国；逝去的忠魂化作山神、土地和城隍，护佑山河，保障人马平安，城池永固……也许在文化的自觉和自信面前，刻意的信仰角力根本没有必要。

中华文明终究不是一个闭环世界，它赢在开放与包容。它不会拒绝吸纳任何精神文明的优秀成果，但更不会让任何一种宗教超越世俗或其他信仰之上。

千百年来，历代中原王朝的统治者从未放弃对各种宗教善加利用的探索，试图从中找到最大公约数。最终，他们发现了一种能够将各族人民团结在一起的信仰。这信仰不是道，不是佛，也不是长城，而是中国文化。

山西忻州雁门关杨六郎石雕像

晋归义羌侯金印 西晋 甘肃省博物馆藏 引自《丝路孔道——甘肃文物菁华》（北京时代华文书局，2021 年）

长城与大一统的华夏政治格局

中国以汉族为主体的多民族国家的形成有着深刻的历史渊源。古代中国的边疆民族管理思想为当代国家治理提供了借鉴。

一

中国与夷狄有羁縻不绝之义。

——《汉书·陈汤传》

周慎靓王五年（前316），西南。

秦惠文王攻取了川渝一带的古巴国和蜀国。他并没有在当地建立郡县，而是让巴国原来的首领继续做西南蛮夷的领袖。秦王让他的家族世代娶秦国女子为妻。巴蜀的百姓也都获得了相当于秦国二十级爵位中第四级"不更"的地位。他们犯了法，还可以用爵位来抵罪。

这大概就是"羁縻"政策的雏形。

秦统一之后，从汉魏历南北朝、隋、唐、宋至明清，羁縻统治一直是中原王朝管理边疆民族地区的一种有效方式。中央政府尊重当地的习俗，向他们让渡行政权，对他们的内部事物不做过多的干涉。他们则向中央政府表示效忠和纳贡。这些民族与中原汉地建立经济文化联系，不断交流融合，中原的政治制度也逐渐向这些地区传播。

南北朝时期，长城以南政权林立，此消彼长，"羁縻"成了各政权纵横捭阖、互相牵制的工具。弱小政权的君主大多选择成为更强势政权的职官。客观上这也对四分五裂的黄河流域起到了整合的作用。

唐朝继承和发展了南北朝的羁縻职官，在长城以外设立羁縻州县，直接让少数民族首领做都督和县令，最多的时候，唐朝的羁縻州县超过800个。借助这一制度，唐朝的影响力扩展到了中亚地区。

元明两朝，羁縻制度得到明显的发展。朝廷在少数民族聚居区设立"宣慰司""宣抚司"，比照中原的官制设置府、州、县和卫所，直接任用民族首领担任长官，统称土官或土司。这些土官除了不需要经过科举考试和能够世袭之外，与流官具有同等的品秩、职权和俸禄。

羁縻

根据《史记·司马相如传》索隐的解释，"羁"就是套在马头上的绳套，"縻"就是牛鼻绳。羁縻引申为牵引控制，用在政治领域就是指将周边民族地区的首领分封为王侯，从而将他们纳入中原王朝统治，并给予一定自主性的政策。

流官

与土官相对应的概念，即朝廷派遣的有任期的官员。

改土归流

明清时期实行的用流官代替土官的政策。

在北方长城地带，羁縻统治还有更大的作用。归降的游牧部落驻牧在长城外围，成为中原政权北方的外围屏障和长城防御体系的战略纵深。呼韩邪单于和俺答汗既是草原的领袖，也是中原王朝的臣子。南匈奴和朵颜三卫的骑兵既是游牧民族的勇士，也是为中原戍边的战士。明朝也在嘉峪关外册封哈密王室为"忠顺王"统领沙州、哈密等地的关西七卫，几任河西守臣相继抚驭，形成了"百五十年来，西陲晏然无事"的局面。羁縻统治在政策层面帮助中原统治者将内外一体从理想变为现实。

我国建哈密、赤斤、罕东诸卫，授官赐敕，犬牙相制，不惟断匈奴右臂，亦以壮西土藩篱。

——《明史·罕东左卫传》

不可否认，羁縻政策在维护古代中国的国家统一和边疆安定方面起到了巨大的作用，但这个政策也有着明显的缺陷。

羁縻在本质上是一种间接统治，它模糊了领土和异域、少数民族和外国的概念，使边疆地区长期处在一种半独立状态，缺乏监督管理，容易形成割据。土官家族内部也会为争夺继承权和土地而不断发生内外冲突。中原王朝一直以来是东

银鎏金六世班禅像　清　故宫博物院藏

甘肃省永登县连城鲁土司衙门牌坊　梁建宏摄
衙门始建于明洪武十一年（1378），是当地蒙古族土司的府邸。一世鲁土司为投降明朝的元宗室脱欢。永乐
二十一年（1423），脱欢之孙失伽因战功升任指挥同知，被永乐帝赐姓鲁。鲁土司家族的统治历明、清、民国，
一直到1932年改土归流才结束。

亚最先进生产力的代表，生活在这片土地上的人民拥有高度的文化自信与制度自信，但它的副作用就是让汉民族在对待其他民族的时候产生了心理上的优越感，不能做到完全平等相待。中原王朝有时会采取一些歧视性的民族政策，导致少数民族的不满，从而引发羁縻统治的不稳定，产生离心力。为了弥合这一缺陷，至迟从宋代开始，中原王朝就尝试将一些羁縻州县改为直接统治，这是具有深远意义的举措。

　　明朝时，为了革除土官不听朝廷号令的弊端，开始用流官逐渐代替土官，将羁縻州府逐渐转变为普通地方行政区。但土官势力树大根深，难以撼动，从明朝一直持续到清朝前期的"改土归流"行动收效并不明显。

　　清雍正四年（1726），云贵总督鄂尔泰上疏建议彻底取消土司世袭制度，得到了雍正皇帝的支持。鄂尔泰采用多种策略综合推进，先鼓励土司主动归流，积极者给予奖赏，消极者以敕令强制实施，拒不执行的就设计降服首领。若上述三种办法都行不通，再以武力强行攻取。鄂尔泰恩威并施多管齐下，仅用两年的时间就完成了云南、广西的改土归流。到雍正九年（1731），滇、黔、桂、川、湘、鄂的土官基本被废除。

亲藩众建堪同例，外域羁縻岂近情。

——〔清〕乾隆帝《经喀尔沁部》

清乾隆朝开始，改土归流的大潮席卷西北边疆。公元1930年，青海长城脚下设立了互助县，标志着新疆、青海土司制度的彻底废除。30年后，西藏民主改革完成，延续两千多年的边疆羁縻政策，彻底退出历史舞台。边疆与内地已经联结为不可分割的整体，华夏各民族的文化与制度水乳交融，共同守护着多元一体的现代中国。

二

官分南、北，以国制治契丹，以汉制待汉人。

——《辽史·百官志》

西晋建武元年（304）十月，左国城（山西方山县境南村）。

文武百官庆祝首领称王（公元308年称帝）。但他们朝拜的并不是西晋的皇帝，而是一个匈奴人，他的名字叫刘渊。

刘渊常年生活在中原，受汉文化熏陶已经很深。因此，他并没有做大单于，而是自称"汉王"，仿照中原政权的规矩南郊设祀，册封王后，设立百官，大赦天下，建立起集权国家。他还为汉高祖以下5位帝王设立牌位，追尊蜀汉后主刘禅为孝怀皇帝，俨然是汉朝的继承者。但刘渊的理想远不止于中兴汉室，兼有汉匈宗室血统使他也有着跨越长城的文化认同。如今时势给了他施展政治抱负的机会，他立誓要成为汉匈两族公认的领袖。

西晋时的中原社会已与汉代大不相同。从东汉开始不断内附的各族在中原与汉人杂居，但中原统治者没有对少数民族的文化习俗给予足够的尊重，民族矛盾不断积累，埋下了后来天下大乱的种子。刘渊为了争取占人口大多数的汉人的支持，按照中原政权的模式设置百官，但为了维护本民族的利益，在朝廷中枢任用的却大多是胡人。刘渊的做法并没能很好地缓和民族矛盾，到他的儿子刘聪即位时，胡汉间的隔阂更深了。他意识到，汉人与匈奴等其他民族，需要用不同的方式区别管理，从而稳定社会。于是，他开始采取民族分治的措施。先是设立了单于左辅和右辅，遵循草原的传统管理匈奴等少数民族，又设左、右司隶和内史来管理汉人。这种制度使人数少的匈奴人实现了对占人口大多数的汉人的统治，也在一定程度上缓和了民族矛盾。然而这个政策没有能很好地执行，掌握政权的匈奴贵族反过来对汉人开始蔑视和欺压，这又激起了汉人的反抗。

刘聪的胡汉分治政策

设单于左辅、右辅，专治胡人事务，各辖六夷10万落，每万落置一都尉；

设左司隶、右司隶，专管汉人事务，各辖20余万户，每万户置一内史。

虽然刘渊的政策没有取得理想效果，但胡汉分治的思想产生了持久的影响，被东晋时期北方各国争相效法，又在后世历代少数民族统治者手中不断完善。

契丹天显元年（926），太祖耶律阿保机灭掉了东北地区的渤海国。10年之后，太宗耶律德光帮助后晋高祖石敬瑭登上皇位。作为回报，契丹获得了长城以南燕云十六州的广大土地。疆域的急剧扩展，带来了与600多年前相似的难题。

契丹人骑马射雕，居无定所，而渤海人和汉人却聚居在城镇和村庄中，靠渔猎和耕种为生。尤其是燕云十六州的汉人，他们有着悠久的历史、深厚的文化，也有着森严的社会等级和繁缛的礼节。契丹的社会制度并不适合治理这样的地区，契丹人也没有统治汉地的经验。

耶律德光决定参考刘渊的策略，创立一种升级版的分治制度，让契丹人和渤海人、汉人能够各得其所，和睦相处。他将契丹的官员分为北面官和南面官。北面官系统负责管理契丹四十八部，南面官系统仿照唐朝的制度设立枢密院、三省六部和台、寺、监等，负责管理汉人和渤海人。为了保证契丹人对国家的掌控，军政大权都集中在北面官手中，但南面官可以节制全国的道、州府、县。

南、北面官的设置，实现了对燕云十六州与渤海故地的成功治理，促进了当地的经济发展和契丹国力的增长，更深刻改变了契丹人的文化面貌。在南、北

三彩龙纹执壶　辽　内蒙古赤峰博物馆藏

辽三彩主要在长城以北的赤峰等地生产，继承了唐三彩的技艺，又融入了契丹民族的风格，是公元10世纪民族融合的重要产物。

契丹北面官系统主要机构

北宰相府、北枢密院掌军政。

南宰相府、南枢密院掌官员选拔考课。

北、南院大王府分掌五院部、六院部兵民事务。

夷离毕院掌刑罚。

敌烈麻都司掌礼仪。

北、南宣徽院掌御前侍应。

帐官管理皇家与亲族的衣食住行、护卫、朝仪纠肃等。

面官设置的同一年，契丹的国号改为一个汉字——"辽"。契丹人在战争中掳掠来的汉人被集中安置在长城以北的头下军州，他们带来的中原文化在北面官体系下影响了草原。

契丹人没有像历代中原王朝那样的汉族中心主义思想，或者像十六国时期的北方民族政权一样尊胡卑汉，也没有像北魏孝文帝那样强迫自己的民族汉化。他们对农耕民族和游牧民族的生产生活方式和文化都给予了充分的尊重，采用一种更加温和渐进的方式完成了与汉人和其他民族的融合。南、北面官制度所体现的政治智慧是中国古代政治文化的宝贵经验，对后续王朝的国家治理也提供了重要的参考。南、北面官制度不仅让燕云十六州北面的长城化为无形，也让不同民族在内心推倒了各自的文化藩篱，筑起了同一座新的长城。

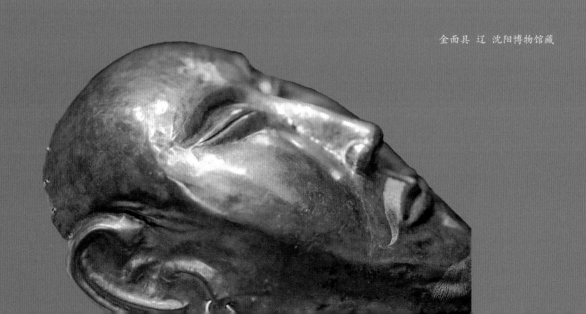

金面具　辽　沈阳博物馆藏

契丹四十八部与南院大王

耶律阿保机建立契丹国后，将契丹原先诸多的部族整合为四十八部。其中遥辇九帐族、横帐三父房族、国舅帐拔里和乙室巳族，国舅别部为皇族，统称内四部；另有六院部、五院部、乙室部、奚部等四大部，是除皇族外地位最高的部族，掌握契丹的军政大权。

金庸武侠小说《天龙八部》中的主角萧峰担任南院大王，在历史上确有这一官职，但南院大王属于北面官系统，负责管理六院部的兵民之政，并不管理汉人事务，其驻地在上京临潢府（今内蒙古赤峰市巴林左旗），而不是在燕京。

头下军州

按照契丹的制度，各部族在对外作战中所获的俘虏归私人领主所有。他们将这些俘虏集中安置管理，管理机构称为头下军州，又称投下军州。其中较大的称为节度州，由中央任命节度使管理；小的称刺史州，由领主自行任命刺史管辖。领主可以从头下军州获取除酒税外的一切税收。辽代后期，随着汉化程度加深和中央集权的加强，头下军州越来越多地成了朝廷直接管辖的行政区。

明清朝鲜士人眼中的长城

　　明清时期，朝鲜来华的游客与使臣留下了生动的长城记录。他们描绘长城沿线的风土人情，感叹长城的壮美与完备，也借长城反思明亡清兴的教训，总结治国之道。

一

　　山海关以内，十里置烟台以备烽火。过关后，又间五里置小墩立标以记里。

　　　　　　　　——［朝鲜］崔溥《锦南漂海录》

　　明弘治元年（1488），浙江临海县。

　　一艘大船在海滩上搁浅。当地的渔民们从船上救下了一群外国人，并把他们交给了官府。明朝的官员经过询问，确认他们不是倭寇，而是来自朝鲜的乘客。他们的船遭遇暴风袭击，迷失了方向，在海上漂流了14天，最终漂到了明朝的海岸。

（左页）清代《万国来朝图》中的朝鲜使臣形象　故宫博物院藏

　　倒霉的乘客中，有一个人名叫崔溥，是朝鲜李朝的官员。他本来是要回济州岛去为父亲奔丧的，结果遭遇了海上事故。可他没想到，自己竟然因祸得福，获得了一次游历大明的机会。

　　明朝官员热情接待了崔溥一行，接着护送他们沿大运河北上至京师，又转陆路到达鸭绿江边。他们一路走完了京杭大运河全线，接受了大明皇帝的赏赐，又游历了蓟州镇和辽东镇长城。途中，崔溥写成了5万余言的日记，他的后人结集出版《锦南漂海录》3册，这部书成为15世纪明朝社会史研究的重要资料。

　　崔溥是个好奇而细心的人，他的书中什么都记。在北京受赏之后，崔溥先向东行，经通州、三河县，到达了蓟州（今天津蓟州区）南五里的渔阳驿。这是崔溥长城之旅的第一站。蓟州是明朝的边塞重镇，在那里，崔溥偶遇了朝鲜来华的使臣成健。他谈起一路的见闻，成健啧啧称奇。从蓟州向北，崔溥来到了永平府（治今河北卢龙县）的榆关驿。榆关修建于隋朝，是山海关的前身。崔溥漂海之时，遗迹已不存，只剩地名。随后，崔溥从山海关跨过了蓟镇长城。根据他的日记，山海关时称"东北第一关"。关东城门上有关楼，东门外有一座望夫台。传说是秦筑长城时孟姜女寻夫之处。继续前行，经过了广宁的中前千户所和前屯卫。大约是抵近边境，为了加强防御，自此再向东北，所有的驿站都筑城守卫。之后又过宁远卫、左屯卫。根据崔溥的描述，山海关外的人文景观与内地大不相同。这里"不设州府县""人皆粗鄙，衣冠褴褛""性行尤暴悍，大有胡狄之风"。然而奇妙的是，在荒凉的明代东北，崔溥生平第一次见到了热带水果椰子，随行的明朝官员张述祖说，这是广东布政司进贡给皇帝，皇帝又赏赐给广宁太监的。在广宁卫城，崔溥又见到了来给皇帝拜寿的朝鲜使节蔡寿。两人再次攀谈起来，蔡寿也曾到过江南，但并不曾像崔溥这样深入寻访，言语间充满了羡慕之情。挥别了同胞，崔溥又踏上回家的路程。又一日，来到一个叫新关门的长城关口。有明成化年间修建的长土城与长城相接，并向南延伸，崔溥对"长土城"并没有详细的描述，但说新关门"当其正中"，推测可能是指新关门的关城。过新关门，又经海州卫、到达辽东镇指挥中心辽阳城，之后又经过了连山关、通远堡、开州城，并从鸭绿江边的九连城渡江回到朝鲜义州。

　　根据《锦南漂海录》的记录，从北京到鸭绿江，崔溥辗转2 000余里，行经

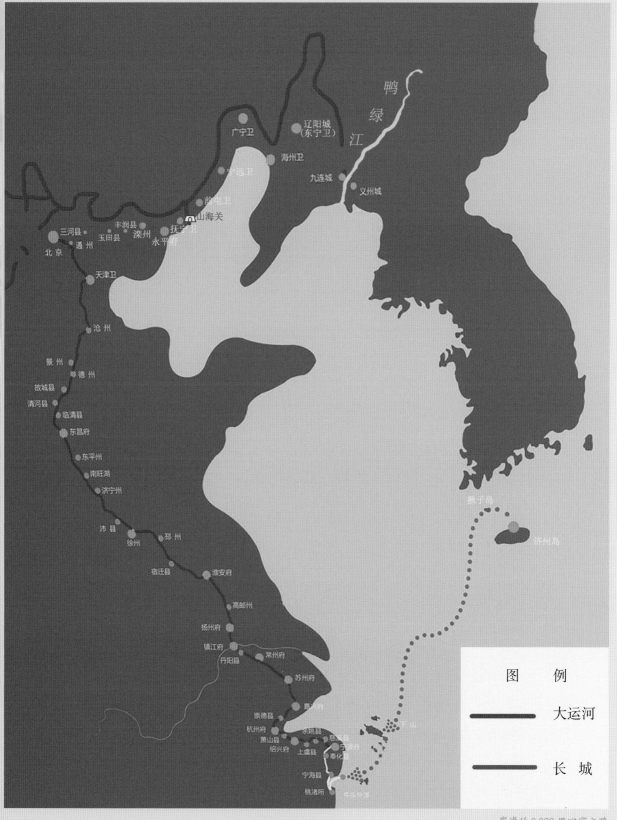

鸭绿江

广宁卫　　　辽阳城
　　　　　（东宁卫）

海州卫

宁远卫　　九连城

前屯卫　　　　　义州城

　　　山海关

三河县　丰润县　抚宁卫
　玉田县　滦州
北京　通州　　永平府

天津卫

沧州

景州
　德州
故城县
清河县
　临清县
　　东昌府

　东平州
　南旺湖
济宁州

沛县
　徐州　邳州
　宿迁县
　　淮安府

　　高邮州
扬州府
镇江府　常州府
丹阳县　　苏州府
　　　嘉兴府
崇德县
杭州府
萧山县　　东流县
绍兴县　上虞县
宁海县
桃渚所　　牛头洋

獐子岛

济州岛

下山

崔溥的 8 000 里回家之路

34座城驿，其中包括了蓟辽两镇长城沿线24个要塞。他详细描述了长城沿线各地山川形势、交通里程、民风、民俗、物产，沿途邂逅的三教九流，传说故事，旧塞新城的建制沿革，目睹了山海关内每十里一座烽火台的壮景，关外五里一座小墩标记里程的设施。

崔溥的幸运，也是我们的幸运。在《马可·波罗游纪》中，我们看不到关于长城的只言片语，因为在那时，长城已是废墟，而崔溥这个堪称"东方马可·波罗"的朝鲜人，却生活在长城的时代。他的《锦南漂海录》也为我们保留下了一座活的长城，让我们能够从一个旁观者的视角，观察正在使用的长城和生活在它身边的人们，走进他们的故事。

那些明清时期来到中国的朝鲜使臣，在崔溥走过的路上往来穿梭，他们也无不被长城的雄伟震撼。如果说崔溥更加关注边地的风土人情，那么身负政治使命的朝鲜使臣则把更多的笔墨留给了长城本身。几百年间，他们留下了关于明长城的大量文献，其间有边城营造、军事建制、山川舆图等史料，更有朝鲜人对于国防安全、东亚秩序的论述，边疆危机、明清易代的反思，乃至身份认同、家国情怀的表达。

二

不见万里长城，不识中国之大；不见山海关，不识中国之制度；不见关外将台，不识将帅之威尊矣。

——清乾隆四十五年（1780）朝鲜燕行使朴趾源《热河日记》

明嘉靖十三年（1534），山海关。

朝鲜使臣苏世让第一次来到这座雄关，被眼前的壮观景象所震撼。他登高北望，只见长城横断山腰，随山势蜿蜒起伏，宛若白龙盘踞，心情激动不已。

苏世让不是唯一如此激动的使臣。明清两朝，朝鲜作为属国，曾频繁派遣使节到北京朝贡。朝鲜的官方使臣一般从鸭绿江走陆路来华，到京城而返。像崔溥那样有机会领略天朝上国物华天宝的朝鲜人可谓凤毛麟角，蓟辽重镇就成了大多数来华朝鲜士人对大明的印象。山海关是他们的必经之地。巍巍巨塞北倚燕山南连渤海，连绵的长墙蜿蜒山巅，辽镇墩堡，蓟东楼垣，无不给过往的使者留下了深刻印象。他们和苏世让一样不吝笔墨，用最热情的语言描绘这一奇观。

除了感性的赞美，他们中也有很多人对明长城进行了认真的考察。明万历二十六年（1598）黄汝一曾写道："长城三里一烟台，一台十名军；五里一小铺，十里一大铺，三十里一大寨……中朝防戍之法，亦云周且宏矣。"细节的描绘，以万历二年（1574）赵宪的观察最为周全。他看到辽阳以西至山海关一线的长城，内外挖掘有壕堑，沿途每五里设一座烽火台，台下建有"小方城"，也就是明代文献所说的"墩院"。墩院外挖有围壕，壕外又筑墙，墙外又挖数道深坎，坎外种植成排的榆树或柳树。这样严密的防守，敌人就算人多势众，也难以快速奔袭。在靠近河流的地方，冬季河水结冰，为了防止敌人从冰上来，守军还可以"凿冰为墙，以水沃之"，这样敌人便不敢来了。赵宪还注意到了长城的纵深防御，他看到边墙内10～30里的距离内分布有土筑的长堤，可以起到阻滞敌骑长驱直入的作用。万历三十八年（1610）郑士信出使期间还注意到烽火台上加建了很高的雉堞，除了传递烽火预警，还能让行旅在仓促间躲避胡虏的抢掠。

赵宪对于山海关内外长城后勤保障体系也有细致的观察和比较：在关外，长城沿线"十五里置一小铺，三十里置一大铺"，每个城铺有五名士兵携家眷驻守，每月能够得到俸银二两五钱。他们可以开垦城旁空地作为产业。有城墙塌坏的地方，有官拨银两加以修缮。驻扎在边墙和墩台上的军士，还分发过冬衣物……关内则虽然不设墩院，但也遍地可见十五里铺、三十里铺的建制……辽东居民中，有很多是从中原流配而来的罪犯。为了阻止他们潜逃回关内，山海关专门设立了一名兵部主事，掌管城门开闭，监视人员进出。这样一来，流犯不能逃归，便"各于定配之地，人怀死守之志"……

完备的明长城防御体系，我们已经看不到了，而明代文献对长城军防制度或刻意讳莫如深，或忽略不提。多亏了客使的生动描述，我们才对正在使用中的长城有了比较全面的了解。

明代的朝鲜使者对长城建筑之宏大，防守之严密，大多持积极肯定的态度，一方面固然是长城景观本身难以被无视，另一方面，与朝鲜人的"尊明"情结也

朝阳下的山海关老龙头入海石城

有很大关系。

　　大明是朝鲜的合法宗主国，也对李王朝有再造之恩。彼时的朝鲜上下对此充满感激。虽然中朝联军取得了最后胜利，但战争却严重消耗了明朝的国力，一方面财政因而陷入拮据，另一方面，从辽东、蓟州、保定、宣府、大同等地抽调的精锐损失惨重，造成边防兵力空虚。十几年后，白山黑水间兴起的建州女真，将给大明带来致命一击。朝鲜人眼中固若金汤的辽东长城防线就将被他们彻底撕碎。

三

清康熙二十五年（1686），辽东。

朝鲜燕行使吴道一怀着复杂的心情走在去往燕京的路上。半个世纪前，这里是旧日的辽东镇长城军事要塞。如今，要塞的主人，那个被他们尊为天朝上国，曾经在国家危亡之际伸出援手，救下了李氏三千里江山的大明朝，已经灰飞烟灭了。昔日的金汤堡垒，如今只剩残垣断壁，一列列墩台坍若荒冢，四下升起炊烟，曾经肃杀的边塞，如今人去楼空，周围散居着稀落的几户人家。吴道一要去觐见的皇帝，本是明朝想要挡在长城外的民族，如今竟成了中华的主人。此情此景让吴道一陷入了深深的思索。明朝把长城修得那么好，有用吗？

明朝时，当赵宪向朝鲜国王汇报了朝天见闻之后，朝鲜国王甚至曾一度萌生了效法明朝修建长城的想法。如今辽东长城已无用，但大多数建筑尚存，气势雄浑如旧。在故国情结之下，燕行使们对旧长城依然不吝溢美之词，只是他们不再如朝天使那样一味赞叹和崇拜，而是多了几分理性的思索。

> **燕行使**
> 　　清代朝鲜来华使臣称燕行使。他们认为清朝的统治者是"蛮夷"，仍然以明朝为中国正统。

> 万里经营到海涯，纷纷调发逐浮夸。
> 当时费尽生民力，天下何曾属尔家。
>
> ——〔清〕康熙帝《蒙恬所筑长城》

吴道一在他的《丙寅燕行日乘》中对镇江（丹东九连城）以西800里的城堡和墩台分布情况进行了考察。在到达山海关后，也曾赞叹"层峰叠障，簇簇巉巉，若万马奔驰状。层城粉堞，罗络横亘于山之腰脊，真天府金汤也"，但话锋一转，就开始批判长城的无用。在他看来，辽东长城的修建，耗尽了关东民力，导致"人心怨叛，卒启倾覆之祸"。最后，他得出一个结论："固国不在金汤。"

对于明朝的败亡和明长城的无用，清代的燕行使多有评论。他们的议论中无不饱含痛惜之情。但痛定思痛，不爱惜民力或许正是大明寿终的根本原因吧。

当朝鲜人开始认真反思长城工程之时，旧大陆另一端的人们正在寻找政治改革的良药，他们把目光投向东方，竟然还阴差阳错地对中国和它的长城产生了狂热的崇拜。接下来的一个多世纪，朝鲜使者来往不绝，他们反复回味和重申吴道一等人的论点，把它奉为圭臬。殊不知，吴氏的存亡之论，已经落入时代的窠臼。18世纪的世界已经大不同了。

清乾隆五十八年（1793），新一代燕行使李在学在长城的残垣断壁间发幽古之思时，另一批来自西方万里之外的使者正在清朝官员的陪同下游历古北口。在乾隆皇帝的寿宴上，他们可能也曾碰面。李在学无法想象，这些金发碧眼、衣着古怪的西洋人，会在极度的失望中回到他们的国家。之后不到半个世纪，他们会变成比八旗铁骑更加恐怖的敌人，并用一种更加激烈的方式，让中国蒙羞；他们带来的不是改朝换代，而是一种凌驾于农耕文明之上的全新生产方式，这种生产方式将彻底终结长城时代和东亚旧秩序，也将中华民族推到了危亡关头。

18 世纪燕行使长城语录

清康熙五十一年（1712），闵镇远："每一墩费千金，胡骑未遏而民力先竭，以致败亡云，可为痛哭。"

清康熙六十一年（1722），俞拓基："徒费无限财力，筑此无用小堡。内而用宦嬖用事，外而闒茸充朝，致有甲申之变。痛哉！"

清雍正十年（1732），赵最寿："一台之费，损银千两，皇朝财力盖尽于此矣。关外千里，错落相望，而终未捍铁骑之长驱……守国之道，其不系城堡可见矣。"

清乾隆五十八年（1793），李在学："非不雄矣，而竭天下之财力，作边塞之巨墉，竟何补于开门迎如之时耶？"

清嘉庆六年（1801），李基宪："当时财力盖尽耗于此，可谓虚筑防胡万里城也。"

清道光十二年（1832），金景善："烟台未尝非备边长策，而竟致中国虚耗，流寇乘之，毕竟烟台亦归无用，虽曰天运，而亦其间岂无人谋之不臧？"

带有墩院的明长城烽火台 董旭明摄

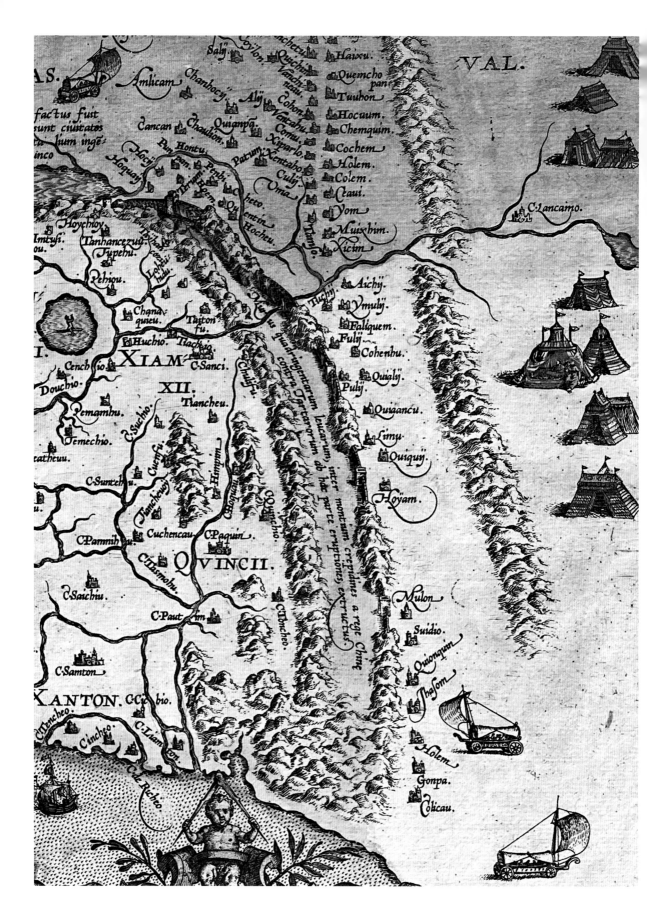

西方世界看长城

长城不仅寄托了西方世界对东方的神奇幻想，也是他们思想解放和走向现代化的武器。

一

一位宇航员神采飞扬地说："我在宇宙飞船上，从天外观察我们的星球，用肉眼只能辨认出两个工程：一个是荷兰的围海大堤，另一个就是中国的万里长城!"

——人教版小学《语文》四年级第20课《长城砖》，2001年版

公元2003年，北京。

驾驶神舟五号飞船翱翔太空的航天英雄杨利伟接受了中央广播电视总台的专访。主持人满怀期待地问了他一个

（左页）1570年《寰宇概观·中国》　［英］威廉·林赛收藏
亚伯拉罕·奥特琉斯（Ortelius）制作的《寰宇概观》地图册，于1570年出版，1584年再版的地图上第一次标出了长城，成为欧洲最早绘制出长城的地图之一。图注上写明了它是一座"长400里格（注：1里格≈4827米）的城墙，是中国的皇帝为阻止鞑靼人的入侵而在群山之中所建"。地图上还注明了长城沿线的很多地名和沙漠，具有重要的历史地理研究价值。

地球在月球地平线上升起　美国国家航空航天局网站提供

问题："您有没有看到大家都在说的长城？"杨利伟语气平静地给出了让人
有些失望的答案："看地球景色非常美丽，但是我没有看到我们的长城。"
之后，他曾特意请神舟六号和七号乘组仔细观察地球，寻找长城。但遗憾的
是，所有航天员都没有找到。随后的日子里，杨利伟和全世界所有的太空人
一样，又不止一次地被问过类似的问题。他不得不一再地向每一个人解释，
在宇宙飞船上，无法用肉眼看到任何地球上的人工地物。

　　多少年来，几乎没有人怀疑过"长城是从月球上能看到的唯一人工建筑"。
1987年，长城列入联合国教科文组织《世界遗产名录》，成为中国第一批世界

。

文化遗产，在联合国的官方文件中，这个说法居然也赫然在目。人类将它看作常识，但它真的只是一个世纪神话。

> 作为从月球上能看到的唯一人工建造物，长城分布于辽阔的大陆上，是建筑融入景观的完美范例。
>
> ——联合国教科文组织官网的中国长城世界遗产突出普遍价值描述

其实，戳破这个神话不需要多么严谨的科学论证。我们假设长城的宽度是8米，月球距离地面的距离为38万千米。当我们把长城和地月距离进行等比例缩小，当长城宽度小到80微米，也就是一根头发丝那么细时，地月距离是3.8千米。也就是说，从月球上用肉眼看长城，就相当于从将近4千米外看一根头发。这当然是不可能看见的。

> 在月球上你能看到只是一个美丽的圆球，大多部分是白色的（云），部分是蓝色的（海洋），点缀着黄色（沙漠），以及偶尔有些绿色的植被。在这个尺度上没有人造物是可见的。事实上，在首次离开地球轨道仅几千英里之遥时，就见不到任何人造物了。
>
> ——阿波罗12号登月宇航员阿兰·彼恩（Alan Bean）

人们不禁想要追溯这个说法的来源，结果竟然一直追到了250年前。1754年，英国古物学家威廉·斯图科里（William Stukeley）在给同为古物爱好者的威尔士王妃奥古斯塔（Princess Augusta of Saxe-Gotha）的一封信中这样写道："这道长达80英里的城墙（指英国的哈德良长城），在长度上只有中国的长城才能超越它。中国长城的长度在地球表面是一个相当大的数字，可能从月球上也能看到……"那是在人类登上月球之前215年。1895年，英国人亨利·诺曼（Henry Norman）在他的畅销书《远东人民与政治》（*The People and Politics of the far East*）中继承了斯图科里的说法，这可能是正式出版物中最早的版本，欧洲人从此便相信了。20世纪30年代，神话又传到了中国。直至1987

年，进入联合国的官方文件。

也许是长城太过伟大，以至于没有人忍心去打破这个神话吧。

兄弟又见法国一本书上说，假如人能到月亮里面去，俯视地球上的建筑，只有万里长城，此亦可见我们民族秦始皇的文化精神。

——《胡适日记全编》引《北平晨报》1931年3月3日载国民党元老张继演说

我们寻找中国的长城。虽然我们能够看到像飞机场跑道这么小的东西，但是长城看来主要是由与周围的土壤同一颜色的材料建成的。尽管一直有故事说它能在月亮上看到，长城在只有180英里的上空就已经几乎不可见了。

——美国航天飞机宇航员杰·埃普特（Jay Apt）

人类并不甘心神话就这样结束。虽然月球上看不到长城，但直至21世纪，还有人一直在尝试证实，长城至少在一定高度的太空中是可以看到的。这其中不乏航天工作者的身影。

欧洲航天局的官员和美国宇航员都曾经表示，在天气、光线都恰好合适的情况下，近地轨道上能够看到长城。美国宇航员尤金·安德鲁·塞尔南（Eugene Andrew Cernan）甚至十分肯定地说，在高度160～320千米的近地轨道上，用肉眼就能看见长城。但另一位美国宇航员杰·埃普特（Jay Apt）却并不这么认为。他曾在航天飞机上主动寻找长城，实际上这个高度已经能用肉眼看到很多人工建筑物，但长城的材质与周围地貌相近，很难分辨。他最后的结论是，长城在180英里的高度上就已经看不到了。

还有一些来自各国的宇航员尝试在国际空间站上捕捉长城影像。美国华裔宇航员焦立中（Leroy Chiao）、俄罗斯宇航员欧列格·阿尔特米耶夫（Oleg Artemyev）和德国宇航员亚历山大·格斯特（Alexander Gerst）先后宣称他们成功拍摄到了长城。但不管他们的结论是否可信，都已经不是人力所及，而是需要借助高分辨率的相机才能完成的任务了。

　　关于太空中是否能看到长城的问题，多位宇航员和科学家给出了正反两种结论，也许我们永远都得不到明确的答案。但这样的追问，意义恐怕也不在于答案，而在于过程。人们对自己所创造的文明有更高的期待，愿意相信人类的双手可以创造奇迹，无论长城从太空中能否被观察到，它都已经是属于全人类的骄傲。

二

　　在东方和距两个斯基泰地区以远的地方，有一用高墙筑成的圆城郭将塞里斯国（即中国）环绕了起来。
　　——古希腊历史学家阿米阿努斯·马瑟林努斯（Ammianus Marcellinus）《历史》（*Res Gestae*）卷31第23章

　　公元1563年，葡萄牙里斯本。
　　历史学家若奥·德·巴洛斯（Joao de Barros，1496—1570）的新著《每十年史》（*Terceira Decade*）正式出版。这部书里有三章是介绍中国的，尽管巴洛斯从未去过那个国家。据说他有一位有学问的中国仆人，在其帮助下，巴洛斯在写书的过程中接触了大量中文资料，其中包括一幅来自中国的地图。地图上连续的长城引起了他的注意：
　　"……关于这座长城，以前就有所听闻，以为它并不是边疆，它是行进在中国人与鞑靼人土地中间，依山脉而成的通路。而

铜镀金珐琅倒球巷帘转人钟
清 故宫博物院藏

据这幅地图，则它是全部连接的，不由极为惊奇……"

这是公元4世纪之后，长城第一次出现在欧洲的文献记载中。此时距离秦朝的万里长城建成已经过去了1800年。

《每十年史》面世之时，俺答汗正被明朝的经济封锁逼得发疯，万里之外的欧洲大陆，人在与上帝的博弈中逐渐占据上风，宗教的枷锁已经无法锁住跃跃欲试的新兴资产阶级。哥伦布和麦哲伦毅然踏上了欧洲版的"凿空"之旅，地理大发现的序幕缓缓拉开。循着他们的航迹，葡萄牙人的商船和军舰一路开到了澳门、屯门和西草湾。

此时，马可·波罗的《马可·波罗游记》已经畅销了两个多世纪。欧洲人对他所描述的富庶东方半信半疑，但充满好奇。海上航线的开通使他们有机会去印证马可·波罗的描述。果然，虔诚的教士们带回了关于中国的更可靠的信息。他们在笔记中不约而同注意到一座宏大的城墙。它横亘中国北方边境，用于抵御鞑靼人的进攻。但马可·波罗到达中国时，旧长城已经废弃，而明长城还未建起，因此他在游记里对它只字未提。对生活在16世纪中叶的绝大多数欧洲人来说，长城还是个新鲜事物。

青花花卉纹八方烛台　明　故宫博物院藏

但欧洲人对长城的好奇丝毫不逊于对新航路的探索，他们抓住各种机会记录下有关长城的一切见闻。曾旅居广州数月的葡萄牙传教士贾斯帕·达·克鲁兹（Gaspar da Cruz）于1570年出版了《中国志》（*Tractado emque se cōtam muito pol estéco as cous da China*）。他在书中对中国的风土人情有生动的描述，还有关于长城的耳闻："人们普遍认为，在中国和鞑靼之间，有一座长达100里格（注：1里格≈4827米）的城墙，还有的人认为它的长度超过了100里格……驻军在那儿日夜防备鞑靼人的袭击。据认为此城墙并不是处处相连，而是由山脉混杂其间。"

1575—1576年，西班牙教士马丁·德·拉达（Martin de Rada）根据他在福建的见闻完成了一份报告，其中对长城的介绍已经相当具体：

"在（中国的）北部有一座用方石垒起来的雄伟的边界城墙，这是世界上最了不起的工程之一，因为它的长度竟约有600里格……全部用花砖装饰。据他们史籍记载，这座边界城墙是约1 800年前的秦朝皇帝修建的……中国皇帝还任命了两个总督和三个大将军镇守于此……一个名为嬴政的皇帝登上帝座，正是他建立了前文所述的边界城墙……为了修建这座城墙，他在全国民众三人一组地征募劳力，第一次的征募是每一地区的每三个人中先征一个，而在后来的征募中，则是在每五个人里而抽两个。由于离乡背井，气候不适，大部分人都死于修建长城的工程中。由此而激发了一场反对他的暴乱，在他统治40年后，人们杀死了他和他儿子中的一个。"

上述三人都没有亲自看到过长城，他们的记录有不少接近真实的描写，但更多的是道听途说的成分，他们的作品影响力也十分有限。

真正让更多欧洲人开始了解中国和长城的，是西班牙历史学家胡安·冈萨雷斯·门多萨（Juan Gonsales de Mendoza）的《大中华帝国史》（*Historia del Gran Reino de la China*）。该书以西班牙语写成，于1585年面世于罗马，紧接着迅速畅销欧陆，以意、德、荷、法、英、拉丁等文字再版46次。

《大中华帝国史》大量抄袭了巴洛斯、克鲁兹和拉达的材料，学界对此已有公论。但该书的文字热情洋溢，感染力很强，更受普通读者青睐。在他的书中，长城是这样的："中国最雄伟的建筑就是长城，长达500里格，是为防御鞑靼人而修建的。筑造中1/3或2/5的劳工付出了生命。"紧接着，他的描写开始漫无边际地发散。先说长城西起"Ochyoy"，"蜿蜒于崇山峻岭之中，由西而往东……有400里格是建造在自然地势之上，它们由高大的岩石组成，紧密地连为一体。不过另外100里格则是建造于岩石之间，花费了大量的人力得以竣工"。然后又说长城从东边沿海的"Canton（广东？）"向西经过"Pauia（北京？）""Cansay（江西？）"，延伸至"Susuan（四川？）"。之后他基本照搬了拉达关于秦朝历史的说法。最后，门多萨还"此地无银三百两"地加了一句"有关这一城墙的报道据认为是千真万确的，因为在菲律宾群岛、在广东和澳门的所有华人，都对之加以确认并声称亲眼看见，这是该王国最遥远的部分，我们至今尚无人到过那里"。这大概也是该书的一大卖点。

意大利人利玛窦（Matteo Ricci）可能是明代来华西方传教士中最为中国人所熟知的一位。他的旅程也是从南方开始，也曾像崔溥一样溯运河而上，来到北京。这里距离长城已经很近了，但遗憾的是他却没有机会再向前一步。长城是军事禁区，像他这样的"外夷"必定是不受欢迎的。但利玛窦还是给出了他的论述："这个国家在北部则有崇山峻岭防御敌意的鞑靼人的侵袭，山与山之间由一条405英里长的巨大的长城连接起来，形成一道攻不破的防线。它在西北方面被一片多少天都走不尽的大沙漠所屏障，能够阻止敌军进攻边界，或则成为企图入犯者的葬身之所。"

即使想象多于真实，即使不够严谨，16世纪的西方人对长城的认知都还算严肃、理性。但1个世纪之后，中国和它的长城，在欧洲人的口耳相传中却变得比马可·波罗时代更加神奇。

世界七大奇迹放在一起，也抵不过（长城）这项工程，欧洲人当中流传的有关它的所有名声与我亲眼所见的比起来相去甚远。

——比利时传教士南怀仁（Ferdinand Verbiest，1623—1688）

经历了黑暗混乱的中世纪，欧洲人极度渴望人本、理性和秩序。一场伟大的思想解放运动即将进入新的阶段。如果说文艺复兴是破旧，那么思想启蒙就是立新。来自中国的知识，让西方的学者和思想家喜出望外，如获至宝。和清代的燕行使之于山海关楹联的观察相类似，他们关心的不是真实的中国，而是以想象中的中国作为一个政治标杆。长城，成了这根标杆的一截——看看中国吧，他们政教分离，以人为本；他们科举取士，政治理性；他们修建长城，秩序井然。这些不正是我们所追求的吗？

在近代欧洲社会精英心目中，长城是无与伦比的奇迹、前进的旗帜和不朽的丰碑。政治理想与情感，都比历史考证来得重要。

文艺复兴、宗教改革、思想启蒙与 18 世纪的 "中国热"

14—16 世纪，随着欧洲手工业和商品经济的繁荣和资本主义生产关系的确立，平民生活水平不断提高，人们开始追求世俗的享受，渴望摆脱天主教的精神束缚。新兴资产阶级以复兴希腊罗马古典文化为名，开展了反对封建和宗教压迫的思想解放运动，史称 "文艺复兴（Renaissance）"。该运动率先兴起于意大利，之后迅速席卷欧洲，极大地促进了人性觉醒。

在此基础上，自上而下的宗教改革运动（Reformation）削弱了罗马教廷对欧洲的控制，使上帝信仰与资本主义发展需求相适应。

17 世纪，在完成了精神、宗教准备之后，思想解放运动进入了新的阶段，扩展到政治领域，中心也从意大利转移到法国。以伏尔泰、孟德斯鸠、卢梭等人为代表的思想家提倡 "政治民主、天赋人权、自由平等、三权分立" 等现代资本主义政治思想和制度要求，这就是启蒙运动（Enlightenment）。

伏尔泰受到了 16 世纪以来西方传教士对中国的介绍的深刻影响，他阅读了大量中国经典，并从中吸取养分。这一时期，中国文化艺术对欧洲社会产生了辐射，风靡一时。

伏尔泰根据 "赵氏孤儿" 的故事创作了剧本《中国孤儿》。中国园林和建筑启发了欧洲的自然主义园林运动和洛可可式建筑风格。在法国、英国等国家，开始有人主张学习中国的政治制度。一般认为，英国的内阁制借鉴了明朝的内阁制，而现代西方国家的文官制度或许也多多少少受到中国明清时期政治制度的影响。

伏尔泰画像（François-Marie Arouet）
法国启蒙运动时期作家、历史学家、哲学家

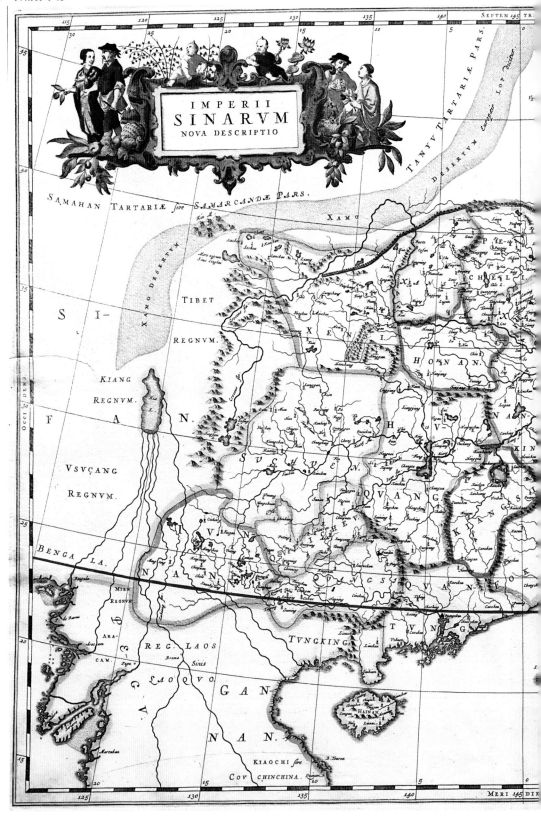

中国新图志（Novus Atlas Sinensis）
意大利耶稣会士卫匡国（Martino
Martini,1614—1661）于 1655 年在阿
姆斯特丹出版的《中国新图志》是
16—17 世纪欧洲传教士绘制的地图
中质量最好的一种。《中国新图志》
共绘制地图 17 幅，上图为中国总图
（Sinarum），此外还有两京十三布
政司的分省地图 15 幅，并附日本地
图 1 幅。其中总图和北直隶、山西、
陕西等省的地图上都标绘了长城。

英国使团团员、皇家炮兵上尉威廉·帕里什（William Parrish）绘制的古北口长城水彩画　大英图书馆藏　［英］威廉·林赛收藏

它是庞大的、雄伟的、寂静的、令人敬畏的，同时它又是孤单的、无情的、大胆的。长城是无畏的，它绵延着无尽的旅程，一里格接着一里格，直到亚洲最边远的角落。

——英国作家威廉·萨默塞特·毛姆（William Somerset Maugham，1874—1965）《长城》

马可·波罗、传教士和启蒙思想家笔下神奇的中国，使几代欧洲人为之着迷，并且深刻影响了他们的政治生活，乃至于文学、艺术和建筑。无论西方承认与否，在16—18世纪，中国是他们走向现代之路上的一盏灯，在时而明亮时而昏暗的光束下，长城如纽带，编织着影影绰绰的幻象与真实，灯光至今不绝如缕。

有些人深陷中国魔法的狂热无法自拔，他们看长城的视角，莫名其妙地从旧大陆的另一端延伸到了月球；另一些则在面对现实之后走向了反面。

　　当被五彩幻象掩盖了太久的朴素真实重新呈现在人们眼前时，强烈的反差往往导致极度失望的情绪。希望越大，失望越大。在资产阶级革命接近完成，尤其是18世纪后期法国政治改革失败，君主制走向破产，英国对华通商的外交活动失败之后，中国这个政治偶像轰然倒塌。人们开始批判中国，伟大的长城也难以幸免。在坚船利炮的面前，它已经变成了"反动"的堡垒。而让长城再次伟大的，又是一场让全体中国人刻骨铭心的惨烈战争。

　　如果我们欧洲的反动分子不久的将来逃奔亚洲，最后到达万里长城，到达这个最反动最保守的堡垒的大门，那么他们说不定就会看见这样的字样：中华共和国——自由、平等、博爱。

——卡尔·马克思

三

　　我们的整个故事只有三句话：我们进入北京时像乞丐；在那里居留时像囚犯；离开时则像小偷。

　　——［英］爱尼斯·安德逊（Aeneas Anderson）《在大清帝国的航行：英国人眼中的乾隆盛世》

1793年10月7日，北京。

　　这一天是英国人乔治·马戛尔尼（George Macartney）勋爵人生中的至暗时刻。清乾隆皇帝命令他和他的使团在一天之内离开北京。他们不得不慌乱地收拾行囊。装有英国国王和王后肖像的箱子被匆匆钉上几块木板就算打包了，使团的酒和其他一些零散物品不知所踪，狼狈不堪的英国人根本无暇顾及。

　　一年前，英国政府派遣马戛尔尼，以庆贺乾隆皇帝八十寿辰的名义出使大清，以期与东方这个占到全球四分之一以上人口的大市场建立商贸关系。

　　马戛尔尼踌躇满志，在工业革命的前夜，肩负一个新兴大国的历史重托，他率领数百名官员、学者、艺术家、医生和军人，携带精心挑选的600箱"寿礼"，怀着紧张与兴奋的心情登上"狮子号"皇家战舰的甲板，踏上前往中国的征程。他们也从传教士的文字记录中领略过那个乌托邦式的中国，如今，他们即将踏上这片土地，无不激动万分。

　　1793年8月，马戛尔尼一行抵达天津，之后又经通州入北京。此时皇帝正在热河（今承德）的避暑山庄消夏，因此使团还要继续北上。听说在去热河的途中会经过万里长城，这让大家都很兴奋。

> 全世界各种有名工程虽尽合于一处，绝不能与此中国长城之工程相敌……气象之雄厚磅礴，尤为吾毕生所未见。
>
> ——乔治·斯当东

　　9月2日，马戛尔尼一行从北京出发，在风景如画的郊外行进三日后，到达古北口长城脚下。尽管对这座东方大墙早有耳闻，使团成员还是被眼前的景象所震撼，纷纷拴马下车，徒步走近。

　　他们从一处豁口登上城垣散步，对墙体、敌台和各种结构进行了测绘，甚至还对城砖做了耐火试验。可是随行中国官员的漠然态度让他们大跌眼镜。他们对前朝的残垣断壁毫无兴趣，只是一个劲儿催促英国人：这堵墙没什么好看的，还是赶路要紧。副使乔治·斯当东还听到有人窃窃私语：这些洋人仔细研究这处破墙，怕是居心不良。英国人意犹未尽地离开了，此时他们还不知道，这次长城之行，将是他们在中国的唯一收获。

　　9月14日，英国人终于见到了乾隆皇帝，并呈上国书。此前，皇帝听说英国人拒绝向他行三拜九叩之礼，就已经有些不愉快，这时他才知道他们不是专为拜寿而来。皇帝很生气，拒绝了他们提出的所有要求，让他们从哪儿来的回哪儿去。马戛尔尼彻底失败了。

　　9月23日，使团返回北京的途中，又经过古北口。他们还想再次登上长城，却发现来时登城的豁口已经被中国人用砖石堵了起来。现在他们在中国的最后一点乐趣也没有了。两周之后，他们不得不连夜收拾行李到清晨，匆匆南下。中英

清高宗（乾隆帝）朝服画像 清 故宫博物院藏

清朝对待长城的态度

清康熙二年（1663年），顺治帝孝陵开始修建，陵墓选址在遵化昌瑞山后的马兰峪，这里恰好有一段明长城，被圈在了陵墓兆域之内。负责风水堪舆的人认为，这段长城压住了龙脉。于是为了保护孝陵的风水，就把这段长城拆除了。

康熙三十年（1691年）夏，康熙皇帝巡视漠北，与喀尔喀蒙古王公在塞外会盟，以应对准噶尔部对清朝西北边疆的威胁。在这期间，驻守古北口的总兵官蔡元上奏朝廷，请旨修葺长城，加强京畿的防卫。然而康熙皇帝并没有同意。他在上谕中讲道："帝王治天下自有本原，不专恃险阻。秦筑长城以来，汉、唐、宋亦常修理，其时岂无边患！明末，我太祖统大兵长驱直入，诸路瓦解，皆莫敢当。可见宁国之道惟在修德安民，民心悦则邦本得，而边境自固，所谓众志成城者是也。如古北、喜峰口一带，朕皆巡阅，既多损坏，今欲修之，兴工劳役，岂能无害百姓！且长城延袤数千里，养兵几何，方能分守？蔡元之言甚属无益。"在康熙皇帝看来，对喀尔喀蒙古采取怀柔政策，让他们成为北方的屏障，是比守卫长城更为有效的措施。

喀尔喀蒙古进献佛杵柄绒鞘丹书克剑 清 故宫博物院藏

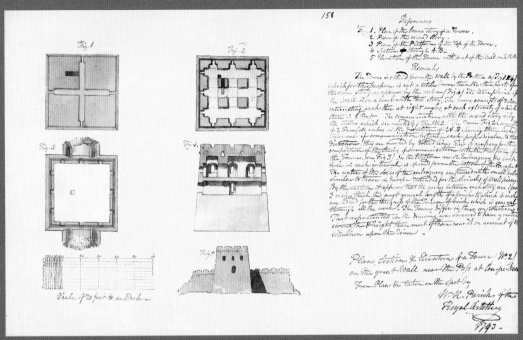

威廉·帕里什绘制的古北口长城空心敌台测绘图　大英图书馆藏　引自《万里长城　百年回望》（五洲传播出版社，2006年）

两国第一次正式官方往来就这样仓促告终。

1794年3月17日，马戛尔尼使团离开中国，半年后回到英国朴次茅斯军港。除了失败和耻辱，他还带回了乾隆皇帝给乔治三世国王的复信。实际上，这封信早在马戛尔尼见到乾隆皇帝前6个星期就已经拟好了。他的这趟中国之旅早已注定是徒劳的。

在信中，乾隆皇帝用了不到200字表扬了英国不远万里前来进贡的"孝心"，并对使团给予了赏赐；接着又用三倍的篇幅阐释了为什么不许英国派遣驻华使节：一是与天朝体制不合；二是没有什么用处；三是中国的风俗制度你们学不来。

今尔国王欲求派一尔国之人居住京城，既不能若来京当差之西洋人，在京居住不归本国，又不可听其往来，常通信息，实为无益之事。且天朝所管地方至为广远，凡外藩使臣到京，驿馆供给，行止出入，俱有一定体制，从无听其自便之例。今尔国若留人在京，言语不通，服饰殊制，无地可以安置……况西洋诸国甚多，非止尔一国。若俱似尔国王恳请派人留京，岂能一一听许？……若云尔国王为照料买卖起见……贸易之事，无不照料周备……又何必派人留京……尔国自有风俗制度，亦断不能效法中国，即学会亦属无用。

——乾隆皇帝给乔治三世的回信

回信的最后一部分，是对英国进贡之物的批评。在热河行宫，英国人向乾隆皇帝和众大臣展示了他们带来的寿礼，包括天文仪器、新式武器等。马戛尔尼本以为自己的礼物会让中国人惊叹和震撼，却没想到，他们对这些"奇技淫巧"无动于衷。据说在1860年，当英法联军进入圆明园后，一个士兵在皇帝的仓库里看到了马戛尔尼使团赠送的火枪，它们被精心地擦拭保养，成了一件件陈列在角落的艺术品。

马戛尔尼使团向清朝提出的通商条件

（1）向北京派驻大使。

（2）开放珠山、宁波、天津等处为通商口岸。

（3）按照俄国成例，允许英国商人在北京开设洋行。

（4）在珠山附近租借一个小岛供英商存放货物和居住。

（5）在附近获得与前款同样的权利，并允许英国人自由往来。

（6）对从澳门运往广州的英国货物减免商税。

（7）允许英商按照中国国内税率交税，不另行征收额外税费。

天朝抚有四海，惟励精图治，办理政务，奇珍异宝，并不贵重……其实天朝德威远被，万里来王，种种贵重之物，梯航毕集，无所不有。尔之正使等所亲见。然从不贵奇巧，并无更需尔国制办物件。

——乾隆皇帝给乔治三世的回信

好心的传教士为了不伤害英国人的自尊心，在将信件翻译成拉丁文时进行了改造，而马戛尔尼和斯当东再把它从拉丁文翻译成英文时，又做了删改。因此，乔治王读到的信是一个删改版的删改版，内容或许已经面目全非。

两种文明接触之初，误会是不可避免的代价。当一个严重问题发生时，修长城的民族，习惯于反思自身。理性的中国学者倾向于认为，中国人的傲慢要对这

清代宫廷绘画《万国来朝图》中的英吉利国使团 故宫博物院藏
在当时的中国人看来，他们只是来天朝进贡的四方蛮夷中的普通一员。

次意义深远的外交失败负有主要责任。而英国人则喜欢从外部寻找原因。马戛尔尼在总结失败教训时，除了抱怨中国皇帝的自大、大臣的欺瞒、法国传教士的挑拨离间等，竟然还曾经把问题的根源归咎于不靠谱的翻译。

20世纪90年代，英国学者沈艾娣（Henrietta Harrison）给出了一个不太一样的结论：傲慢是来自中英双方的。通过对18世纪末至19世纪初中英两国相关史料的全面研读，她发现，乾隆皇帝对当时世界的了解比我们认为的要多。在马戛尔尼使团访华期间，清朝曾经抓到一个廓尔喀间谍，并从他的口中得知英国东印度公司对印度的入侵。这可能是乾隆皇帝拒绝与英国通商的原因之一。事实上，当英国使团离开后，乾隆皇帝立即下令加强东南沿海的防卫，他还要求当地官员不得对英国商人提高税率，以免给对方军事行动以借口，正如在古北口堵死那个豁口一样。这表明乾隆皇帝对于英国可能的入侵已经有所防备。这两项措施与英国人提出的租借珠山和免税等条件不谋而合。而在沈艾娣看来，那封傲慢的回信，也许只是一种装聋作哑的外交策略。

　　或许让乾隆皇帝不高兴的，并不是英国人不愿下跪，而是他们的所作所为及其所开出的条件公然挑战了华夏秩序。

　　长城更多是一种精神状态，而不是一种军事防御物。
　　　　　　　　——［法］阿兰·佩雷菲特《停滞的帝国——两个世界的撞击》

　　在世界潮流面前，中国这艘头等战舰已然破败不堪，但毕竟还没有沉没。乾隆皇帝是一位警觉的船长，他注意到了眼前的暗礁和湍流，却没能看清航向。他认为长城的废弃意味着历史的终结，但历史又怎会终结？乾隆皇帝的错误不是自大，而是自满。当一个民族陶醉在自己的完美之中，而对外面的一切都失去兴趣时，它的衰落就成为历史的必然。

　　清政府好比是一艘破烂不堪的头等战舰，之所以在过去150年中没有沉没，仅仅是由于一班幸运、能干而警觉的军官们的支撑，而它胜过邻船的地方，只在

哥伦布指向新大陆

它的体积和外表。但是，一旦一个没有才干的人在甲板上指挥，那就不会再有纪律和安全了。

——乔治·马戛尔尼

　　法国学者阿兰·佩雷菲特（Alain Peyrefitte，1925—1999）曾这样评论中英两国的第一次官方接触："如果使臣以另一种方式提出建议，如果皇上以另一种方式处理这些建议，中国可能不必以世界为之震撼的方式苏醒过来：世界可以使这个国家更有创造力，使它进步得更快。一方的狂妄自大与另一方的骄傲自满相对抗，结果是人类失却了难以估量的财富，这些财富只能随同没有发生过的历史永远埋藏在地里。"

> **马戛尔尼使团送给乾隆皇帝的礼品**
> 蒸汽机、棉纺机、织布机
> 浑天仪、地球仪、望远镜、气压计
> 新式火炮、连发枪、步枪、战舰模型
> 自鸣钟、吊灯、纺织品
> 热气球

　　如果阿兰懂得资本主义发展规律，便不会对当时的英国有这样不切实际的期待。中国的创造力和进步也并不以外部世界的需要为目的。

　　今天我们仍然需要长城，我们打开城门，迎接来自世界的客人，以它的高大展示中华儿女的坚毅；让它的连绵诉说两千多年的灿烂；用它的一砖一瓦，重新定义一个真实、自信、和平的现代中国。

　　在马戛尔尼之后，又有无数西方的传教士、探险家来华。只要他们从陆路进入华北，就不可能不注意到屹立在山巅的长城，并为之倾倒。中华人民共和国成立之后，长城又成为国家外交和国际友好往来的重要场所。截至2019年，仅八达岭长城一地，累计已经接待了超过500位外国元首、8 000多位部长级以上的官员和数以千万计的海外游客。

　　当各国的使节和游客再次来到古北口，站在两百多年前马戛尔尼勋爵驻足的地方时，他们已经可以自由地行走，与当地的居民从容交谈。中国人不再漠视长城，而是对家门口的文化遗产如数家珍。中英两国已经成为对方重要的贸易伙伴，两国公民往来频繁。礼仪之争已成为人们饭后的谈资。在自信而开放的中国，他们再也不会遭受马戛尔尼遇到的尴尬了。

宁夏回族自治区固原市境内的战国秦长城 张依萌摄
1935年，中央红军长征途中翻越六盘山后，毛泽东同志正是在战国秦长城脚下写下了"不到长城非好汉"的名句

长城的文化价值

　　　长城凝结着中国古代劳动人民的心血和智慧，积淀着中华文明博大精深、灿烂辉煌的文化内涵。它历经岁月洗礼，造就了独特的历史景观；它是文学艺术的源泉，为古今中外文艺创作贡献永恒题材和不竭灵感；它是军事科技的集成，为当代国防建设和工程管理实践传承思想经验；它是红色文化的摇篮，为中国革命和中华民族解放事业守护不朽记忆；它是历史兴衰的见证，为当代国家治理和国际交往实践提供借鉴参考；它也是华夏文明的标志，是世界人民认识中国的窗口和中华民族的骄傲。

一

　　东汉建安十三年（208），南匈奴左贤王庭。
　　曹操的使者带来了贵重的赠礼，他要从左贤王的身边赎

文姬归汉图　金　张瑀绘　吉林省博物院藏

回一个女子。这个女子姓蔡名琰，字文姬，本是曹操的好友、东汉著名文学家蔡邕的女儿，她传承家风，博学多才，能诗善乐。汉末动荡，文姬的家乡遭受战火，之后流落匈奴，成了左贤王的姬室。如今她已在匈奴生活了12年，并生育了两个儿子。曹操同情蔡琰的遭遇，又爱惜她的才华，于是决定将她接回中原。12年来，蔡琰日夜思念着故土。现如今中原北方已经平定，她终于可以回家了，却又难以割舍亲生的骨肉。怀着悲愤与矛盾的心情，她创作了千古流传的《胡笳十八拍》。它的旋律以草原胡笳的音调写成，又以中原古琴奏出，不但表达了她深沉复杂的个人情感，也将胡汉音乐艺术相统一，成为长城内外文化融合的代表作品。

　　城头烽火不曾灭，疆场征战何时歇。杀气朝朝冲塞门，胡风夜夜吹边月。故

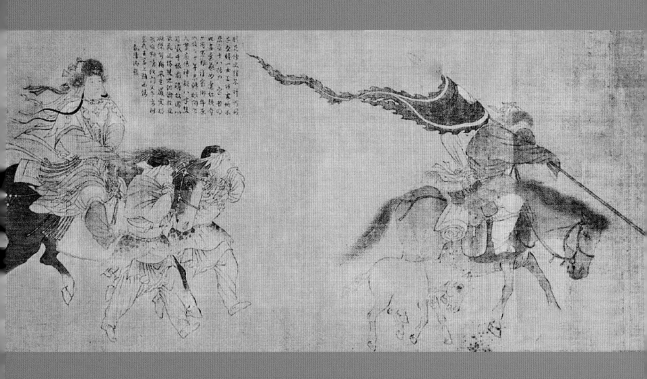

乡隔兮音尘绝，哭无声兮气将咽，一生辛苦缘离别。十拍悲深兮泪成血。

——《胡笳十八拍·第十拍》

　　蔡邕曾遗留下4 000余卷书籍，但由于战乱大部分已经佚失。在曹操的支持下，回到中原的蔡琰凭借惊人的记忆力，从中抢救整理出400余篇，成为一段佳话。她又根据个人的经历和情感，写下《悲愤诗》两首。此后，史书上再无关于蔡琰的记载。

　　东汉末年，战乱不止。蔡琰诅咒无休止的战争，殷切盼望着塞上烽火的平息。与她同时代的文学家陈琳则用一首《饮马长城窟行》抒发着不一样的情感。他在诗中描绘了边塞的恶劣生存环境，不满于修筑长城的消极策略和士卒长期戍边给人民带来的繁重负担与亲人分离，他歌颂爱情亲情，又饱含拼杀疆场的一腔

引发纪录片革命的《望长城》

　　《望长城》是一部创作于 20 世纪 80 年代末至 90 年代初的大型纪录片。该片以长城考察为线索，层层递进地介绍了长城的历史、功能、沿线民风民俗与环境生态。这部纪录片关注人与人、人与自然的关系，用朴素的拍摄手法表现了长城沿线普通人的生活与情感，在当时的纪录片大环境下，令人耳目一新，可以说引发了一场纪录片革命，将中国纪录片思想从政治引向人文，成为中国纪录片发展的转折点，也是纪录片史上划时代的作品。1991 年，纪录片《望长城》在中国中央电视台和日本东京广播公司同时播出，在当时以超过 40% 的收视率创下了中日两国电视纪录片收视率最高纪录。

纪录片《望长城》片头

热血。陈琳没有想到，几百年后，一种以长城边塞为题材的诗歌类型应运而生，咏唱千载。

唐开元二十五年（737），河西军大破吐蕃。王维奉使凉州，名为宣慰劳军，实是被排挤出了权力中枢，外放西北。他行经萧关，正遇上探路的斥候，经过询问得知主帅行军在外尚未返回。他遥望居延故塞，那是他要去的方向，路途遥远。诗人内心孤苦，感慨身世浮沉，胡雁结队北归，自己却如无根的蓬草随风漂泊。此时只见大漠中一缕孤烟直上天际，远方大河畔浑圆的残阳通红如血。这壮丽的景观让他一时忘却了官场的失意，燃起慷慨悲壮的报国情怀。他提笔疾书，即兴创作了脍炙人口的名篇：

单车欲问边，属国过居延。

征蓬出汉塞，归雁入胡天。

大漠孤烟直，长河落日圆。

萧关逢候骑，都护在燕然。

王维的这首《使至塞上》是唐代2 000多首边塞诗中最具代表性的作品之一。短短40个字，将壮美的景观、惆怅的心境、远大的志向表达得淋漓尽致。长城随着王维和历代文人墨客的笔触，在几番盛世的歌舞升平之外，勾勒出了半部中国史。

如果说以孟姜女故事为代表的民间传说反映了社会变革，表达了普通百姓惩恶向善的朴素愿望，那么以长城为题材的诗歌词赋，则托起了中国古人的文化自尊与家国情怀。除此之外，一幅幅长城画作、摄影和影视作品表达着创作者心中对爱与美的理解。

在万里之外，仅仅是"长城"这个词汇就足以激发出仰慕者非凡的想象力和创造力。

1931年，捷克作家弗兰兹·卡夫卡（出生于布拉格，1924年去世）的小说《中国长城建造时》在布拉格出版。该小说以第一人称的口吻讲述了一个叙事宏大的长城建造故事，生动描述了长城的走向、历史、用途、工程、战争，以及幅员辽阔的中国的政治和社会生活。卡夫卡自己认为，《中国长城建造时》是他最重要的作品。然而，他一生未曾踏足中国，也与中国没有任何交集，他的全部文字几乎都来自想象。卡夫卡建造了一座自己心中的长城，美国著名历史学家史景迁（Jonathan D. Spence）曾评价道，他"并没有把自己的理论同历史联系起来，而是与他的内心活动和他对中国文明的意义的感受结合在一起"。20年后，同样从未踏足长城的阿根廷文学巨匠豪尔赫·路易斯·博尔赫斯（Jorge Luis Borges）写下散文《长城和书》，展开他对中国历史文化的别样思考。1981年，博尔赫斯发表了诗歌《漆手杖》。尽管当时他已双目失明，但仍然难掩对游历长城的憧憬。他在诗中写道："我看着那根手杖，觉得它是那个筑起了长城、开创了一片神奇天地的无限古老的帝国的一部分。"几天后，他对来访的时任中国驻阿根廷大使馆一等秘书黄志良动情地说："长城我一定要去。我看不见，但是能感受到。我要用手抚摸那些宏伟的砖石。"

　　长城是一眼活泉，它为文学与艺术创作带来永不枯竭的灵感，将人类的文化生活点缀得更加五彩斑斓。

二

天高云淡，望断南飞雁。
不到长城非好汉，屈指行程二万。
六盘山上高峰，红旗漫卷西风。
今日长缨在手，何时缚住苍龙？

——毛泽东《清平乐·六盘山》

公元1935年，六盘山。

　　中央红军连续突破国民党军队封锁线，翻越了长征途中这最后一座大山，到达陕北，与陕北根据地的红十五团会合。毛泽东畅想中国革命的未来，心潮澎湃，写下了《清平乐·六盘山》，留下"不到长城非好汉"的名句。

　　1936年10月，红军第一、第二、第四方面军三大主力在甘肃会宁及将台堡

1937 年的古城延安 [美] 海伦·福斯特摄

油画《百万雄师入关》 杨克山 毛文彪绘 辽沈战役纪念馆藏

（今属宁夏西吉）胜利会师。中国革命转危为安。明长城延绥、宁夏、甘肃重镇，迎来了浴火重生的红色政权，并见证它的星火燎原。

　　1937年8月，中国工农红军改编为八路军，他们又将从这里东渡黄河，挺进抗日前线，走向民族独立和全国解放的新战场。从土地革命战争到抗日战争、解放战争，从东北到华北、西北，全国历代长城沿线各地几乎都留下了人民军队的足迹。

长城是中国革命的摇篮。它见证了中国从半殖民地半封建社会走向新民主主义的整个历程，成为红色记忆的守护者。

三

公元1954年，山海关。

正在秦皇岛考察的中共中央主席毛泽东登上"天下第一关"的城楼远眺。

他看到城外的威远城遗迹，那是吴三桂降清的地方。于是他饶有兴致地向随行人员讲起了吴三桂和李自成交战的历史，并严肃地告诫大家，要吸取历史教训，"夺取政权后保持清醒头脑，切不可骄傲自大、忘乎所以"。接着他又看到一座烽火台，之后接着讲起烽火戏诸侯的故事，叮嘱领导岗位上的同志，一定要守信。

毛泽东又望见远方的碣石山，传说那就是曹操写下"东临碣石，以观沧海"诗句的地方。曹操北征乌桓，大约也是从他站立的地方经过。凯旋之后，他登临碣石，感受大海的波涛汹涌，心潮澎湃，踌躇满志。曹操是毛泽东十分推崇的历史人物，他选贤任能不拘一格，身边人才济济。他带领着文武群英扫平北方割据的群雄，统一了黄河流域。新生的人民政权，定要以前无古人的胸怀，发挥全中国人民的聪明才智，实现国家的完全统一和富强。

600年神州风云变幻，一座山海关，便承载了这许多的历史兴衰，何况万里长城的千百座雄关要隘。

长城是一本时间之书，让我们认真地阅读过去。

春秋战国时期，列国长城的修筑，见证了中原各地人口与资源关系的变化，从地广人稀到因争夺资源而进行战争；秦筑万里长城，见证了中国从分裂走向统一；河西汉塞与西域汉唐烽燧的修筑，见证了西北边疆与丝绸之路的开拓；金界壕的开挖见证了蒙古的崛起；明长城见证了古代中原文明走向保守和衰落；宝塔山下，山海关前，从长征胜利到全国解放，历代长城共同见证了中华民族争取独立和走向复兴的光辉历程。

长城是一座政治智慧的宝库，让我们挖掘它的珍藏。

生活中无处不在的长城标识
长城早已变成了一个融入中国人血液的符号。

　　长城战守的成败，反映了其背后的政治经济环境，也体现了国家治理思想与
实践、军事战略和战术理论的变迁与得失。除了投降的吴三桂，长城也带给我们很
多积极的经验。它的修建，是历代王朝政治、经济和社会成本综合考量的结果，
它在古代政权之间、民族之间建立和维护了秩序，保障了中华民族在2 500余年的
时间里，能够在相对和平稳定的环境中持续发展。从汉代的"都尉—候官—部—
隧"，到明代的"镇—路—关堡—台"军事管理体系，从《塞上烽火品约》到明代
的烽火燃放制度，长城采用了国家统一管理，分区规划，分段、分级负责的管理模

式，权责明晰，严密高效，支撑了长城日常维护与战争应对的需要，有效保证了国家统一和政治稳定，充分体现了系统性思维，具有先进性，对当代军事管理科学也有重要的参考作用。

长城以无数的历史教训警醒当代人，又为国家治理能力现代化和当代国际关系处理提供了宝贵的经验借鉴，引领我们前进的方向，坚定我们的步伐。

四

公元1990年9月22日，北京工人体育场。

第11届亚运会的开幕式上，100余名青年手举印有会徽的旗帜，踏着整齐的步伐列队走入会场。迎风招展的旗帜正中央，亚奥理事会会标的太阳光芒照耀下，雄伟的长城组成英文"Asia（亚洲）"的首字母"A"。同时它又像一条交叉的纽带，寓意将亚洲人民联合起来。

在中华人民共和国举办的第一次大型综合性国际体育赛事上，中国人民选择用长城作为代言。因为它最有资格。

长城是世界对中国的印象符号。海外人士透过长城的传说来想象和解读神秘独特的东方文明，来到中国一睹长城的风采，成为他们毕生的梦想。

长城也是中国人的骄傲象征。在古代，它是华夏的身份标识；在当代，它依旧是中华文明最好的代表。它不仅蕴含了几千年辉煌灿烂的历史，更体现了一种团结进取的国家文化，这种文化从未改变。现如今，它已经融入了当代人的生活。仔细观察我们的身边，我们会发现长城的形象无处不在，它已经成为一个符号，一个全世界喜闻乐见、中国人无法割舍的文化元素。

小多里安的临终愿望

来自美国罗得岛州的多里安·穆雷（Dorian Murray）4岁时确诊罹患癌症。2016年，他的病情恶化。小多里安对父母说，在他"上天堂"之前，"想要在中国成名"，因为那里有一座"桥"。小多里安所说的这座桥就是万里长城。原来他的临终愿望就是在长城的故乡为人所知。

家人把他的心愿发在社交媒体上，希望有人能帮忙完成。消息引起了中外网友热烈响应，人们纷纷送上祝福，并向他的家人转发长城的照片。不幸的是，小多里安最终没能战胜病魔，在当年去世，但他的愿望却实现了。

长城的精神力量

> 长城体现着中华民族的精神品质和价值追求，已经成为中华民族的精神象征。长城蕴含着团结统一、众志成城的爱国精神，坚韧不屈、自强不息的民族精神，守望和平、开放包容的时代精神，历经岁月锤炼，已深深融入中华民族的血脉之中，成为实现中华民族伟大复兴的强大精神力量。

一、团结统一、众志成城的爱国精神

起来，不愿做奴隶的人们，把我们的血肉筑成我们新的长城！

——中华人民共和国国歌《义勇军进行曲》歌词

1934年，上海。

在闸北和长城抗战硝烟的余烬中，一部名为《凤凰的再生》的电影剧本创作完成。该剧讲述了一位名叫辛白华的诗人，因挚友梁质夫的牺牲而放弃安逸生活投身抗日的故事。在剧本最后，剧作者田汉借辛白华之口吟唱出了他创作的长诗《万里长城》。青年作曲家聂耳读到剧本后，激动万分，遂主动请缨，为长诗谱曲。

第二年春天，由《凤凰的再生》改编的电影《风云儿女》在上海拍摄完成并公开上映。影片伴随着急促的鼓声开始，众人齐声唱响主题歌："起来，不愿做奴隶的人们，把我们的血肉筑成我们新的长城！"这就是聂耳为《万里长城》谱写的《义勇军进行曲》。那高亢激昂的旋律从此响彻神州大地，感染了现实中的无数风云儿女，让他们联想起了长城内外的浴血奋战，激发了他们的爱国热情和反侵略的斗志。

在古代，万里长城既是中原王朝的边防重镇，也是华夏民族独立统一的象征，激发着无数古代戍边将士"不教胡马度阴山"的壮志豪情，齐心捍卫国家尊严，保卫家乡安宁。

在20世纪民族危亡的关头，它促使四万万同胞觉醒，更加紧密地凝聚在一起，团结一心，众志成城。在它的号召下，国共两党捐弃前嫌，不同党派、阶层、文化背景和年龄的人们携手共御外侮，为民族独立与复兴而奋战到底，并赢得了最终的胜利。

1949年10月1日，雄壮的《义勇军进行曲》作为代国歌在天安门广场响起。一个崭新的国家屹立在世界的东方。中国人民真正做到了用血肉筑起新的长城。那座古老的长城再也不是孟姜女传说中所诅咒的那个暴政和劳民伤财的象征，而是在血与火的洗礼之后，成为中华民族的精神图腾。

二、坚韧不屈、自强不息的民族精神

1937年，北平。

林徽因从山西考察古建筑归来。艰苦的野外考察测绘工作让林徽因无暇照顾女儿，只得将她托付给姑姑照顾。此时"七七事变"已经爆发，动荡的局势下，交通和通信已经不太顺畅。回到北平的林徽因于是趁局势恶化之前，给8岁的女儿梁再冰写了一封信。

在信中，她向女儿详细讲述了这次考察的经过，又向她描述了中日战争的形势，教给她爱国的道理。文后附上了河北、山西的手绘地图，图中标绘了考察路线。字里行间，家庭、事业与国家命运交织，温情脉脉而不失家国情怀。

我们希望不打仗事情就可以完；但是如果日本人要来占北平，我们都愿意打仗，那时候你就跟着大姑姑那边，我们就守在北平，等到打胜了仗再说。我觉得现在我们做中国人应该要顶勇敢，什么都不怕，什么都顶有决心才好。

——林徽因《写给女儿的信》节选

1930年，她与丈夫梁思成在北平参与创建中国营造学社，立志深入研究中国古建筑，填补建筑史的空白。从1932年起，到抗战胜利之前，为了在战乱中尽

1935年电影《风云儿女》海报

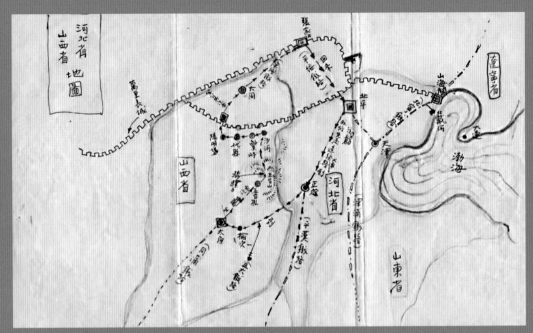

林徽因在写给女儿的信中所附的手绘地图 引自《梁思成与林徽因》（中国建筑工业出版社，2021 年）
图上清晰地标注了山海关、张家口、大同、阳明堡等长城关堡。

可能多地调查和保存中国古建筑信息，他们走遍全国15个省份的200多个县域，为中国古建筑研究留下了弥足珍贵的档案史料。

他们非常渴望现场踏访考察长城，但由于种种原因，虽然与长城近在咫尺却失之交臂。林徽因在给女儿的信中，特意交代她要注意万里长城，并且在手绘地图中认真标记了山海关、张家口、大同、阳明堡。

这些关隘城堡，凝结着中国古人的勤劳智慧，记录着他们的筚路蓝缕。他们因地制宜，以最普通的建材创造最伟大的工程；他们与时俱进，不断创新，在战争实践中不断总结经验，用先进的武备帮助中原的步兵抵抗彪悍的草原铁骑，以青砖与敌台让冷兵器时代的堡垒在热兵器时代凤凰涅槃。

长城标记了写在中华民族基因里的坚韧不屈与自强不息。在古代，它指引着范夫人代夫守城死而后生，激励着耿校尉以寡敌众不为汉耻。在现代，它又寄托着以林徽因为代表的中国学者学术报国的理想，也衬托了中国女性的自信和坚毅。

有关女性的长城历史与传说故事

　　2 500 多年来，长城沿线涌现了无数与女性有关的历史与传说故事。雄浑的长城边塞造就了她们与封建伦理相左的形象。在这些故事中的女性大多坚强自信，传世文献也对这些女性作了积极的评价。

　　《列女传》中的杞梁妻和唐代形成的孟姜女传说中，杞梁妻刚烈忠贞，百折不回；范夫人带领汉军将士坚守城池，击退匈奴骑兵；山西的娘子关相传因唐太宗李世民的姐姐平阳公主在此筑城守卫得名。她们勇敢坚定，巾帼不让须眉。

　　2012 年，延安出土一座明代墓葬，墓主人为延安参将李赋蒙的次妻孙氏。根据墓志铭的记载，来自山西的她"持家能侍姑孝，方刚正直，有男子之襟怀"。

　　这些女性很好地诠释了坚韧不屈与自强不息的长城精神。

娘子关

三、守望和平、开放包容的时代精神

明万历九年（1581），库库和屯（今呼和浩特）。

距离隆庆和议已经过去了10年，明蒙边境互市兴盛，一派安定繁荣。这一年十二月，大明忠顺王、蒙古雄主俺答汗病逝，草原上的反对势力暗潮汹涌，伺机向明朝挑衅。好不容易得来的和平局面，面临着一朝倾覆的危险。幸好一位蒙古族女政治家挺身而出，力挽狂澜。她的名字叫钟金，就是俺答汗从孙子把汉那吉

内蒙古土默特右旗美岱召壁画中的三娘子形象

手中抢来的那位夫人。

钟金是俺答汗的第三位夫人，因此人称"三娘子"。她貌美聪慧，文武双全，深受俺答汗的宠爱。三娘子是和平的积极倡导者，她辅佐丈夫处理政务，在促成贡市的过程中发挥了重要作用，因而也随俺答汗接受明朝封为"忠顺夫人"。

三娘子仰慕中原文化，一方面，她经常巡视塞前，与明朝的边关守将相处融洽，互赠礼品。她在张家口马市与时任宣化巡抚吴兑相识，后来又在吴兑府中结交了明朝的大文豪徐渭。另一方面，她在蒙古奔走于各部之间，严肃法治，调停纠纷，坚决打击劫掠明朝边地的行为，平息背离隆庆和议的反叛，有力维护了和平，也在明朝和蒙古都获得了很高的威望。

边词廿六首（十三）

〔明〕徐渭

汉军争看绣两当，

十万弯弧一女郎。

唤起木兰亲与较，

看他用箭是谁长。

草原上有"父死，子娶父之妾"的习俗。俺答汗死后，三娘子不愿下嫁体弱多病又好战的俺答长子黄台吉，准备率部西走。鞑靼蒙古眼看就要分裂。明朝的宣大山西三边总督郑洛看到这个情况，担忧互市断绝，便致书三娘子，晓之以理，劝她顾全大局，不要出走。三娘子命运多舛，无法选择自己的人生。但她深明大义，为了和平忍辱负重，以忠顺夫人的身份相继下嫁黄台吉和他的继任者，以帮助他们名正言顺地承袭忠顺王的封号，并极力说服他们继续执行互市政策。

俺答汗在青海建察卜恰勒寺时，曾留人驻守，隆庆和议之后，他们与蒙古之间的往来要借道河西，于是明朝的甘肃镇也允许他们自由出入。后来青海留守的蒙古部族反叛，起兵进犯洮州卫（今甘肃省临潭县东新城镇），关中都为之震动，三娘子又配合郑洛平定叛乱。

万里长城山海关古建复原图 常开愚绘 秦皇岛市山海关区旅游和文化广电局（山海关区文物局）提供

　　在明朝和蒙古政治家的共同努力下，两地人民的友好往来得以长期维系。长城也和他们一起守望和平。

　　纵观战国秦汉以来的中国历史，每个时代都不断涌现出三娘子和郑洛这样富有远见的政治家。胡服骑射，昭君出塞，丝路的驼铃，马市的喧嚣。长城是中华民族水乳交融的催化剂，它打开大门，开明的各族统治者和人民在这里互相交流、学习、融合，形成你中有我、我中有你的命运共同体。

　　今天的长城比旧时更加开放包容，而且多了自信。1954年，毛泽东在视察山海关后来到秦皇岛港，他特地询问了外国船只的情况。当时，以美国为首的西

方阵营对新中国采取了经济封锁政策。但据工作人员介绍，还是有很多国家的轮船到港。为了打破封锁，扩大经济交流，毛泽东指示要放宽国际船只来华的限制。

当年，山海关曾试图阻山禁海，拦截异族的铁蹄和外国侵略者的入侵，但最终归于失败。如今，它作为对外开放的窗口，又连山开海，打破了敌对势力的封锁。长城也如一艘出港的巨轮，在历史的激流中脱胎换骨，承载着中国人民向崭新的时代航行。

第七章

长城的新生

带有中国长城旅游图案的锥形斗笠

铜奔马 东汉 甘肃省博物馆藏

　　如同人的气质来自阅历，长城的壮美和价值，也寓于岁月。在当代，长城不只是纪念碑，也是文化遗产。传承长城文化与精神，首先要做好对长城本身的记录和保护，用真实的长城留住中华民族真实的过往。长城遗产既是历史的，也是现代的；是中国的，也是世界的。服务于当下的事业，才会获得社会的支持和回馈；看清来路的民族，前进的方向才会更加明确；览过世界的风景，发展的脚步才会更加自信和坚定。在中华民族伟大复兴的关键历史时期，作为国家重大文化建设工程的长城国家文化公园建设全面展开，保护长城遗产，传承长城文化，弘扬长城精神，成就人民美好的生活，展示中国的良好形象，启迪更加光明的未来，坚定文化自信，是我们义不容辞的责任。

再看长城遗产

今天的长城，早已不再是烽烟弥漫的战场，也不只是一个文化象征符号，而是成为造福全人类的世界文化遗产。保护好文化遗产，不仅需要了解它的历史文化，也要认真研究它的现状。百年考古和多学科研究让长城的价值愈发彰显，而当代测绘技术则帮助我们摸清了长城的"家底"。

"中国有座万里长城——地理学家们告诉大家的就只有这句话……长城现在有多长，或者曾经有多长？"

——［美］威廉·埃德加·盖洛

公元1987年12月8日，巴黎。

在联合国教科文组织总部召开的第11届世界遗产大会上，"中国长城"与周口店北京猿人遗址、北京故宫、秦始皇陵及兵马俑、敦煌莫高窟和泰山共同被列入《世界遗产名录》，成为中国第一批世界文化遗产（泰山是文化与自然双遗产）。

从民族精神的象征到人类文明的见证，长城价值的提升值得每一个中国人为之自豪，保护好长城遗产也成为中国对国际社会的庄严承诺。然而，荣耀的背后是一个令人汗颜的事实：从长城第一次标注在地图上开始到1987年，已经过去了上千年的时光。以长城为对象的科学研究，到那时也已经开展了300多年。一个世纪以来，不少海内外学者、探险家对长城进行过有限的踏查，但直到长城列入《世界遗产名录》之时，长城的全貌对我们来说还是模糊的，我们甚至画不出一张精确的长城分布图。

"家底"不清，许多事情也就无从谈起。但摸清长城的家底谈何容易！

公元1708年7月至1709年1月，清康熙皇帝曾命令法国传教士白晋（Joachim Bouvet）、雷孝思（Jean Baptiste Regis）和杜德美（Pierre Jartoux）等人对明长城进行勘测。他们使用了当时先进的三角测量和梯形投影法，实地测量了明长城沿线约300处关口和一些堡寨。这次长城测绘，开启了长城分布图精确绘制的先河，让地图上的长城不再只是一道示意的线条。但这次历时半年的测绘，只覆盖了全部长城的不到百分之一。

长城调查，困难重重。

两千多年的持续修建，形成了它庞大的体量和纷繁的线路。到17世纪末18世纪初，测绘技术的进步已经能够满足长城精确测绘的需要。清朝的国力积累也已经足以支持长城测绘实地勘查所需要的人、财、物力成本。更重要的是，当时开展的长城测绘勘查是一种国家行为，有中央政府的大力支持。

然而，这次勘查的目的并不是为了长城本身的研究和保护。彼时的清王朝，在东北刚刚经历了与俄罗斯的战争和边界谈判；在西北，蒙古准噶尔部的叛乱方兴。有远见的康熙皇帝意识到地图的准确性事关国家领土主权完整，会直接影响到边界划定和军事行动。长城已不是大清朝的边防重镇，只有部分段落还在用于收税和区域划分。此次长城的测绘，只是将尚在使用的部分明长城点段作为全国

（右页）清代《皇舆全览图·直隶全图》

1690—1718年间，清康熙皇帝召集在华耶稣会士和钦天监、理藩院大臣等十余人开展了全国范围的地理测绘，制成了除哈密以西准噶尔叛乱地区之外当时最为精确的全国地图——《皇舆全览图》。图中标绘了除辽东镇外的明长城，包括300余处关口和堡寨。《中国科学技术史》的作者李约瑟（Joseph Terence Montgomery Needham，1900—1995）认为该图"不仅是亚洲当时所有的地图中最好的一幅，而且比当时的所有欧洲地图都更好、更精确"。

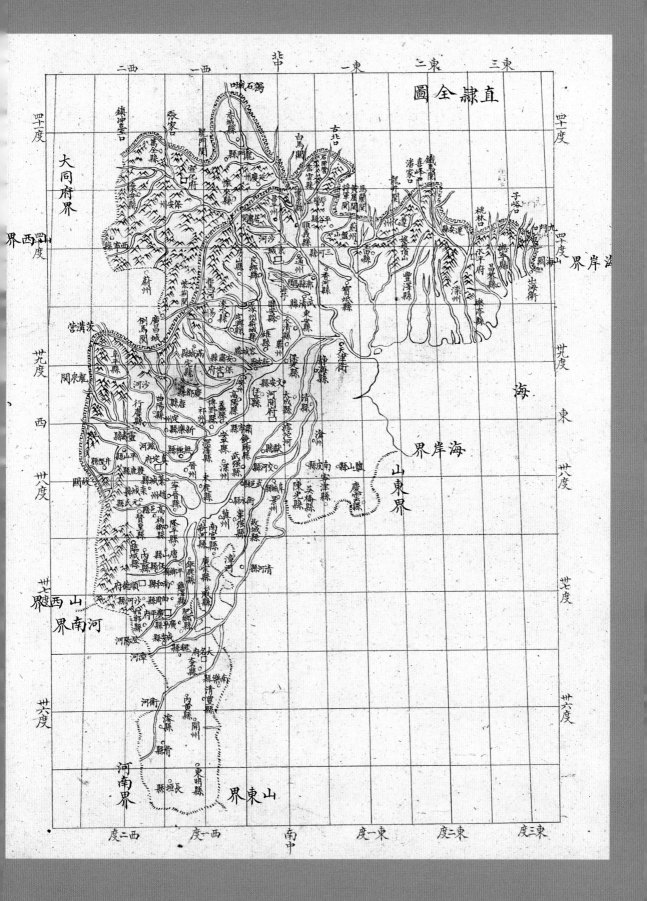

1940 年 9 月，百团大战第二阶段中，晋察冀军区所属第 1 军分区第 3 团在攻占东团堡村后登上涞源长城欢呼胜利。如今这座"欢呼楼"已经塌毁（左页：沙飞摄；右页：张保田复拍）

长城遥感调查

遥感（remote sensing）是指运用各种传感器远距离探测物体的技术，通过获取其反射、辐射或散射的电磁波信号，来寻找特定物体，分析和判断其性质和空间特征的技术。

1984—1985 年、1990—1992 年，原地质矿产部曾对北京市、宁夏回族自治区的明长城进行过区域性的航空遥感调查，用以掌握长城分布与保存状况。在对北京长城的遥感调查过程中，成功发现了明代"内长城"与"外长城"的分界点——"北京结"敌台；在宁夏的调查工作中，通过 1958 年和 1986 年两期航空影像对比，发现了长城保存状况的明显变化。

21 世纪初，中国科学院的科技人员开始对丝绸之路瓜州至敦煌（沙州）段开展遥感调查，发现了大量汉代长城遗迹。

三道长城交会的"北京结"　董旭明摄

地理测绘的前期实验和准备，当政者对长城保护并没有兴趣。而近代以来的国家衰弱和持续动荡，也让国人顾不上长城作为文物古迹去保护的问题。

直到中华人民共和国成立，国家的政治、经济和社会环境都得到了明显的改善，保护文化遗产被写入了1954年的第一部宪法，我们才第一次具备了全面研究和保护长城的可能性。但废弃几个世纪的长城此时已经残破不堪，遗迹或坍塌无痕，或隐入人迹罕至的山林和荒原，交通断绝，踪迹难寻。

历史进入21世纪。国家实力和科技不断积累，全社会对长城保护的热情日益增长。开展长城全面调查的条件已经万事俱备。

文物定性　测绘定量。
——国家文物局《长城资源调查工作手册》
（2006年）

2006年开始，国家文物局与国家测绘地理信息局合作，组织全国17个省（自治区、直辖市）的近1 300名文物和测绘部门专业人员，开展全国长城资源调查，对全部长城遗迹进行了全覆盖式的系统考古调查、测绘和认定。

考古学的基本方法

地层学：源于地质学，这里指通过不同时代形成的地层层位关系来判断考古遗址遗迹与遗物相对年代的方法。

类型学：源于生物学，这里指通过对考古遗址出土文物的形态进行分组和排序，从而判断文物和遗址相对年代的方法。

为了保证调查工作的质量，长城资源调查采用了"文物定性　测绘定量"的工作原则，即由文物部门通过田野考古调查方法判断遗迹的性质和年代，再由测绘人员运用卫星遥感影像、全球定位系统（GPS）、电子全站仪、激光测距仪等设备对长城遗存进行坐标采集、测绘，并通过地理信息系统（GIS）制作长城分布图。

从16世纪开始，海内外很多学者通过文献考证，对长城的长度进行了推测，并形成十几种不同说法。短的数百千米，长的可达50 000千米。

2012年6月5日，"长城到底有多长"的争鸣终于尘埃落定。在北京居庸关，时任国家文物局副局长童明康向世界公布了最新、最全、最精确的数据：中国历代长城分布于北京、天津、河北、山西、内蒙古、辽宁、吉林、黑龙江、山东、河南、陕西、甘肃、青海、宁夏、新疆等15个省（自治区、直辖市）的404个县域，全长21 196.18千米，沿途分布有春秋战国、秦汉、南北朝、隋、唐、宋、辽、金、西夏、明等各时代的墙体、界壕/壕堑、单体建筑、关堡和相关遗存共计43 721段（座/处）。

至此，在长城列入《世界遗产名录》25年后，我们终于第一次摸清了长城的"家底"。全国的长城遗迹从此有了文物保护的法定身份，长城的研究和保护有了坚实的基础。但这只是一个开始。战国长城上能不能站人？汉代以前的长城如何传递烽火？玉门关到底在哪里？南北朝的长城关口是什么样子的？隋唐长城到底在哪里？金界壕的戍堡是怎样的布局？明长城的每一座敌台与文献记载的名称对应关系是怎样的……如此等等，历代长城的防御体系和建筑结构，仍然有很多未解之谜。

可喜的是，长城考古因为国家层面的鼓励和大力支持而在长城遗迹的发现和研究当中大放异彩。除了常规的配合基建的抢救性发掘和保护工程前期勘查之外，国家文物局也支持各地相继实施了一批带有学术目的的主动性考古发掘项目。尽管长城考古面临着很多问题，但在中国考古学人几十年的努力下，还是取得了不小的进展。通过考古调查与发掘，我们定位了高阙塞、鸡鹿塞、悬泉置、肩水金关等历史上著名或文献失载的汉长城要塞、驿站和关口；在北京、河北、山西找到了明长城与北朝长城的叠压关系，证明了华北明长城利用北朝长城旧线修筑的历史；我们在河北、山西发现的隋朝纪年石刻，证实了隋长城的存在；通过类型学的研究，我们实现了对华北明长城空心敌台的分期……这些扎实的长城研究成果在中国考古学史上并不惊艳，却是长城研究的重要突破。长城的真实样貌，也在考古人和保护者的手中逐渐清晰起来。

2021年，新疆克亚克库都克烽燧遗址因唐代文书的发现而入围"2020年度全国十大考古新发现"初评。尽管最后遗憾落选，但对于长城遗址而言，这已经是少有的荣誉；同年，国家文物局召开的"考古中国"重大项目重要进展工作会，通报了3项长城考古重要成果。一度被人认为"性价比不高"的长城考古，开始走出迷茫，也走出迷雾，登上了中国考古学的"大雅之堂"。长城考古，成为中国特色、中国风格、中国气派考古学的有机组成部分！

2006年发掘的北京延庆明长城火焰山营盘遗址 引自《北京考古发掘与研究（1949—2009）》（科学出版社，2019年）

长城的"突出普遍价值"

　　世界遗产的价值被称为突出普遍价值（Outstanding Universal Value）。联合国教科文组织为突出普遍价值定立了10条标准，其中6条适用于文化遗产。符合其中至少1条标准，是一项遗产成为世界文化遗产的必要条件。长城符合其中的5条，具体如下：

世界文化遗产遴选标准	世界遗产委员会对长城的价值评价
（Ⅰ）作为人类天才的创造力的杰作	明长城是绝对的杰作，不仅因为它体现的军事战略思想，也是完美的建筑。作为从月球上能看到的唯一人工建造物（实际上看不到），长城分布于辽阔的大陆上，是建筑融入景观的完美范例
（Ⅱ）在一段时期内或世界某一文化区域内人类价值观的重要交流，对建筑、技术、古迹艺术、城镇规划或景观设计的发展产生重大影响	春秋时期，中国人运用建造理念和空间组织模式，在北部边境修筑了防御工程，修筑长城而进行的人口迁移使民俗文化得以传播
（Ⅲ）能为延续至今或业已消逝的文明或文化传统提供独特的或至少是特殊的见证	保存在甘肃修筑于西汉时期的夯土墙和明代令人赞叹和闻名于世的砖砌城墙同样是中国古代文明的独特见证
（Ⅳ）是一种建筑、建筑群或技术整体、或景观的杰出范例，展现人类历史上一个（或几个）重要阶段	这个复杂的文化遗产是军事建筑群的突出、独特范例，它在两千年中服务于单一的战略用途，同时它的建造史表明了防御技术的持续发展和对政治背景变化的适应性
（Ⅴ）是传统人类居住地、土地使用或海洋开发的杰出范例，代表一种（或几种）文化或人类与环境的相互作用，特别是当它面临不可逆变化的影响而变得脆弱	—
（Ⅵ）与具有突出的普遍意义的事件或传统、观点、信仰、艺术或文学作品有直接或有形的联系	长城在中国历史上有着无与伦比的象征意义。它防御了外来入侵，也是从外族蛮夷习俗中保留自己的文化。同时，其修造过程的艰难困苦，成为中国古代文学中的重要题材

甘肃金塔哨马营汉代城堡遗址古今对比照片 上：1914 年斯坦因摄 下：2013 年张保田摄

长城保护之路

新中国几代党和国家领导人对长城保护都给予了特别的关注。在他们的关怀下，长城保护工作也不断取得新的进展。21世纪的长城保护正朝着法制化、整体化、国际化、信息化和社会化方向，稳步迈进。

一

当今世界，人们提起中国，就会想起万里长城；提起中华文明，也会想起万里长城。

——习近平

2019年8月20日，嘉峪关。

正在甘肃考察的习近平总书记登上城楼。在听取河西走廊长城历史文化情况介绍之后，他强调："当今世界，人们提起中国，就会想起万里长城；提起中华文明，也会想起万里长城。长城、长江、黄河等都是中华民族的重要象征，是中华民族精神的重要标志。我们一定要重视历史文化保护传承，保护好中华民族精神生生不息的根脉。"习总书记的讲话阐明了长城对当代发展的深刻意义，也传递了历代党和国家领导人对长城保护工作的殷切关怀，表达了国家对保护长城始终不变的积极态度和坚定决心。

> 1961年，山海关、八达岭、嘉峪关列入第一批全国重点文物保护单位。
>
> 2001年，已有的200余个独立的长城文物保护单位统一以"长城"的名义合并公布。
>
> 到2013年，9个省份的长城被整体纳入全国重点文物保护单位。

时间回到1961年。经国务院批准，山海关、八达岭、嘉峪关三处重要的长城点段被列入了第一批全国重点文物保护单位。从那时起，在各级文物部门的努力和各级人民政府的支持下，各级文物保护单位名单中的长城点段持续增加。1987年，长城成为我国第一批世界文化遗产。申遗成功所带来的不仅是骄傲和荣誉，更有对长城保护更高的要求和期待。先前开展的"爱我中华 修我长城"的活动，引发了全社会对长城保护的持续关注和支持，一批长城保护修缮项目得以陆续开展。进入21世纪之后，国家财政对长城保护维修工作的支持力度空前加大，截至"十二五"结束时，全国约有十分之一的长城资源在国家财政的支持下得到了保护性修复。其中仅山海关、嘉峪关两地的保护工程，中央财政的支持就超过了20亿元人民币。

与此同时，长城保护的方向开始从具体、孤立的保护项目，发展到整体保护的顶层设计。2001年，在公布第五批全国重点文物保护单位时，名单中原有的200余个独立的长城文物保护单位统一以"长城"的名义合并公布。到2013年，已有9个省份的长城被整体纳入全国重点文物保护单位。

2003年，文化部、国家文物局、公安部、国土资源部、建设部、国家环境保护总局、国家旅游局等七部委联合下发了《关于进一步加强长城保护管理工作的通知》。2005年，国家文物局编制了《"长城保护工程（2005—2014）"总体工作方案》，开启了10年波澜壮阔的长城大保护历程。方案在长城调查、立法、规划、修缮、监测、体制机制、科研、教育宣传和经费保障九个方面制定了全面的工作计划，并付诸行动。长城资源调查工作正是"长城保护工程"的先导。

2006年，国务院颁布了《长城保护条例》，成为中国第一部针对单一文化遗产制定的国家级专门法律文件。长城这样跨行政区的大型文化遗产亟需统一协调开展保护，国家立法是实现这个目标的第一步。长城沿线各地也根据"属地管理"原则陆续颁布地区长城保护法律法规和规范，中国长城保护法律体系日渐形成。长城保护开启了全国一盘棋的新局面。

2014年之后，长城保护各项业务也陆续建立了操作标准规范。2019年，在国家统一部署、多方鼎力协作之下，经过13年的努力，《长城保护总体规划》终于编制完成，并由中华人民共和国文化和旅游部、国家文物局联合印发。目前，15个省份的省级长城保护规划，也已经全部编制完成。各市县和重要长城点段也在陆续配套编制更加详细的规划。多层级、重点突出、特色鲜明的长城保护规划体系，为建立长城保护传承利用长效机制提供了重要遵循。接下来，长城保护规划还将与其他行业进行协调，实现"多规合一"，与地区经济社会发展形成良性互动。

在顶层设计的引领之下，长城保护专业力量和社会力量也逐步走向整合。2018年，由中国文化遗产研究院、中国文物保护基金会、腾讯公益慈善基金会等10家单位联合发起成立了"长城保护联盟"，以长城为主要资源的全部5A级、4A级旅游景区，部分重要点段的保护管理机构，专业研究机构以及相关企事业单位和社会团体等41家单位成为第一批加盟成员。联盟的成立，为进一步加强长城保护协作，共享保护、研究与利用资源和成果，促进长城文化传播，提升长城旅游品质，促进文旅融合提供了重要平台。

长城的属地管理

中国文物保护工作依法遵循"属地管理"的原则，即各行政区的文物行政部门对本行政区的文物保护工作全面负责。在文物管理实践中，以长城为代表的跨行政区或沿行政区界分布的文化遗产在部分地区存在管辖权争议，需要上级文物行政部门协调。

2014年以来国家文物局出台的长城规范性文件

《长城保护维修工作指导意见》（2014）

《长城"四有"工作指导意见》（2014）

《长城保护规划编制指导意见（征求意见稿）》（2015）

《长城执法巡查办法》（2016）

《长城保护员管理办法》（2016）

中国长城保护工作取得的成绩，也吸引了世界的目光。2017年，在中英高级别人文交流机制第五次会议框架下，中国文化遗产研究院与英国英格兰遗产委员会在伦敦签署《关于英国哈德良长城与中国长城全面合作的框架协议》，时任中国国务院副总理刘延东与时任英国卫生大臣杰里米·亨特见证了签约过程。

中英两国学者和遗产保护人员迎来历史性的握手，长城保护在文明交流互鉴中走向未来。

2021年，在福州举办的第44届世界遗产大会关于遗产地保护状况报告的决议中，中国长城保护管理工作被世界遗产委员会评为示范案例。这是国际社会对中国政府为长城保护做出努力的认可。中国政府30余年不断摸索实践，履行了保护长城的国际承诺，彰显了遗产大国的责任与担当，也为破解超大型文化遗产保护的世界性难题贡献了"中国方案"。

二

2018年7月，内蒙古额济纳旗居延遗址。

国家文物局派出的专家们在一座烽燧遗址旁驻足。从2000年开始，国家实施黑河干流统一调水，已经干涸了多年的居延海重新泛起了波涛。但谁也没有想到的是，生态环境的改变竟然威胁到长城遗迹的安全。这一年夏天，居延遗址雨水很多，竟然还引发了洪水。在干旱条件下早已经达到稳定态的汉代长城遗址开始变得脆弱。烽火台本体在雨水冲刷下也出现裂缝，有几座烽火台成了洪泛区的"湖心岛"，随时可能发生垮塌。

> 文物是否危险，主要看的不是它的状态，而是它的病害是否发育。

额济纳旗文物部门向国家文物局上报了几十处长城遗址的抢险方案。专家们正是为了核实情况而来，然而大家看到眼前的情形却不知如何是好。烽火台已经塌掉了一个角，旁边的冲沟也几乎发展到了台基面前，看上去很危险。但是，这些裂缝和冲沟到底是什么时候形成的，与降雨和洪水是否有关？专家们想在方案中找到一张灾前的照片，却怎么也找不

遗产监测

　　遗产监测（Heritage Monitoring）是20世纪90年代联合国教科文组织针对世界遗产保护管理提出的一个概念，即通过对世界遗产本体、环境与保护管理状况进行全面、连续的跟踪，及时发现变化，排除隐患，对负面变化采取处置措施，进而通过海量的监测数据总结规律，预测趋势，优化保护资源的配置，达到预防性保护的目的。

　　世界遗产中心要求缔约国每6～8年提交一份本国世界文化遗产保护管理状况的定期报告（Periodical Report）。对于发生严重负面影响或破坏的情况，世界遗产中心将要求《世界遗产公约》缔约国提交保护状况报告，或派员赴现场开展"反应性监测"，对遗产保护状况进行评估，提出整改意见。

　　监测不仅是对世界遗产的要求，也同样适用于其他的不可移动文物。

长城保护员定期采集的监测照片　张依萌提供
这些照片是判断长城病害是否发育的重要依据。

到。文物是否危险，主要看的不是它的状态，而是它的病害是否在发育。由于文物部门的日常监测工作没有做好，提供不了长城遗址受灾前后的对比数据，专家们无法判断是否需要实施抢险。幸好，临行前专家们做了比较充足的准备，他们带上了调研地点的历史图片，还有近年一些专家在当地考察时拍摄的照片。通过现场比对验证，他们发现有一些看似即将倒塌的烽火台，其实和100年前的状况相比没有明显变化，而一些看上去没有那么危险的长城遗址，却在两三年间发生了显著变化。

遗产监测并不是一件多么复杂的事情，方法就是用足够高的频率对文物的状态进行反复的记录，用照相机、纸和笔，还有一些最简单的工具就可以实现。监测人员最最需要具备的素质，就是责任心。

如果没有做好监测，小的毛病不能及时发现，就会积累成大的隐患。重大灾害一旦发生，就有可能成为毁坏文物的"最后一根稻草"。本来用很低的成本、通过日常保养就能避免的破坏，最终将发展成需要花大价钱实施保护工程才能解决的问题。就像一个人，平时好好锻炼身体，注意养生，得病的概率就小。就像一个患者，如果在得病初期及时打针吃药，也许就不用做手术。

修复或者修缮，不是文物保护的全部，而是不得已的行动。长城保护的目标，是及时发现和排除隐患，预防破坏，而不是坐等塌了再修、毁了重建。这样一来，做好日常记录就成了关键。

百年来，长城研究与保护者一直在不懈追求两个目标：把长城遗迹全都找出来、留下来；把海量的长城数据全部记下来、用起来。

"四有"档案

"四有"是中国文物保护工作的四项法定基础要求。具体要求是每处文物保护单位要有保护范围，有保护标志，有保护管理机构，有文物记录档案。文物保护单位记录档案简称为"四有"档案。

为了实现这两个目标，在全国长城资源调查工作启动之前，测绘部门专门建设了"长城资源数据库"。调查期间，全国各调查队采集了每处长城遗址的坐标，并填写了电子调查登记表。这些数据连同现场拍摄的照片、视频等长城专题数据都同步录入了数据库。

2016年，以"长城资源数据库"为基础研发的"长城资源保护管理信息系统"投入运行。系统新

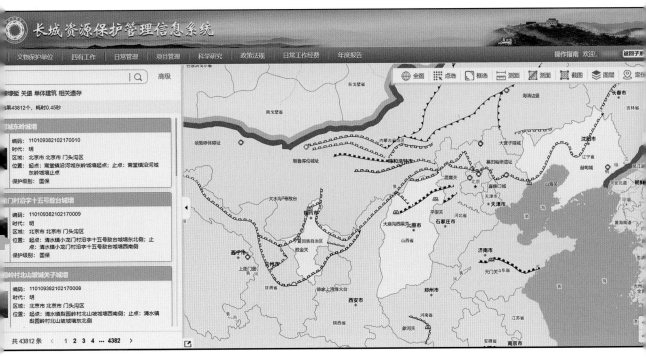

"长城资源保护管理信息系统"主页

开发了数据统计分析与展示功能，并且补充了长城资源认定信息、长城法律法规、历史文献、"四有"档案和保护项目信息等数据。用户可以浏览长城电子分布图，查询和定位长城，查阅档案信息，也可以对各项数据进行统计分析，实现研究目的，服务保护管理决策。

"长城资源保护管理信息系统"是集成了文物部门权威数据的官方长城信息平台，但不是唯一的平台。一些高校、科研机构和民间组织也通过独立调查建立了高质量的长城数据库和信息系统，成为长城研究与展示的重要工具。

空间信息技术的作用绝不限于数据的展示与分析，更为长城的遗产监测工作提供了必要的技术支持，大大提升了监测效率。

"长城资源保护管理信息系统"中的数据，可以看作是长城监测的基准数据。通过卫星遥感、遗产地填报、手持移动终端或者布设在长城上的传感器自动采集、其他行业或部门信息平台数据自动对接等方式进行周期性的系统数据更新

中国长城遗产
THE GREAT WALL HERITAGE OF CHINA

首页　　长城概览　　长城资源　　长城管理　　长城资讯　　法规文件　　长城展示　　长城研究　　我的长城

🕐 今天是2017年06月17日

[　　　　　　　　　　] 搜索

长城概览

　　长城是中华民族的精神象征，是我国现存体量最大、分布最广的文化遗产，以其上下两千年、纵横数万里的时空跨度，成为人类历史上宏伟壮丽的建筑奇迹和无与伦比的历史文化景观。做好长城保护对于展示中华民族灿烂文明，坚定文化自信，弘扬社会主义核心价值观，促进经济社会发展，见证和促进"一带一…

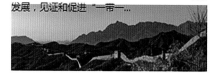

长城资讯

- 陕西"文化和自然遗产日"…　　2017-06-14
- 文化和自然遗产日各地活动…　　2017-06-14
- 关于齐长城沂源水泉淄西山…　　2017-06-14
- 人民网：首个"双料"遗产…　　2017-06-14
- 宁蒙晋邻四盟市长城保护工…　　2017-06-14
- 中国记忆也是世界记忆 —…　　2017-06-14
- 长城保护维修理念与实践论…　　2017-06-14

〉更多

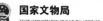
国家文物局
STATE ADMINISTRATION OF CULTURAL HERITAGE

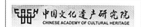
中国文化遗产研究院
CHINESE ACADEMY OF CULTURAL HERITAGE

中国文物保护基金会
China Foundation for Cultural Heritage Conservation

国家文物局文物违法举报中心
12359

长城分布

全国 ▾ [输入要搜索的关键字] 🔍　高级

图例 墙体 界壕壕堑 关堡 单体建筑 相关遗存

- 清水镇燕家台村鳌鱼涧挡马墙
- 雁翅镇大村要井沟挡马墙
- 雁翅镇马套村降路沟东台岭挡马墙
- 雁翅镇马套村北洋沟旧城蛟挡马墙
- 雁翅镇房良村南岭沟城圆挡马墙
- 雁翅镇房良村北挡马墙
- 耰茔城关堡
- 沿河城关堡
- 沿河城南山烽火台2
- 沿河城南山烽火台1
- 梨园岭敌台
- 沿字未编号敌台号敌台
- 沿字宣号敌台

⏮ ◀ 第1页／共2191页 ▾ ▶ ⏭

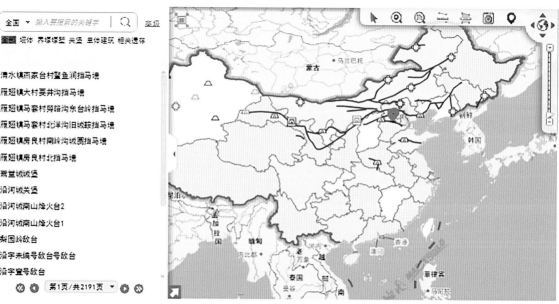

中国文化遗产研究院的中国长城遗产网主页

和比较，我们可以很直观地看到长城各点段保护机构与人员信息、本体与环境等是否发生了变化。多种技术的综合运用也能够对监测结果进行相互验证和校正。多年之后，年度数据的可视化分析能够帮助我们预测每一项监测内容的发展趋势。气象灾害、社会舆情的实时跟踪，让我们能够及时发出预警和排除隐患。

除了空间信息技术，互联网通信、虚拟现实和人工智能技术也在不断升级，它们在长城保护工作中发挥的作用日益显著。随着技术的进一步发展，长城的空间信息数据采集、存储、更新和分析都将更加迅捷和方便。我们不但要把海量的长城数据在长城保护工作中用起来，还要让它们更加鲜活起来，走进寻常百姓家。

三

公元2016年11月30日，金山岭。

在国家文物局主办的《长城保护条例》实施10周年纪年活动中，作为"长城资源保护管理信息系统"组成部分的中国长城遗产网（http://www.greatwallheritage.cn）正式改版上线。国家长城资源调查与认定数据第一次比较系统地展现在公众面前。

长城资源调查工作不仅让我们对长城的认识有了质的飞跃，也锻炼了专业队伍，促使长城保护力量从弱到强，从保守封闭走向自信开放。掌握第一手长城资料的专业文物干部开始尝试着与社会分享长城和他们自己的故事。中国长城遗产网的上线，是这种转变的一个重要体现。

社会公众对长城从来不缺乏关注，他们所缺乏的是对长城具体内涵和科学保护理念的认识。可喜的是，这些知识正渐渐得到普及，作为旁观者的社会公众，正成长为长城保护的重要参与者。

文物干部走出去，社会力量请进来。

全国数十个民间团体和有社会责任心的企业长期为长城保护积极贡献着力量。他们通过设立专项基金，开展社会公募的方式为长城保护项目提供资金支持。他们积极传播长城文化，支持长城保护事业，成为长城保护宣传战线上的一道道靓丽风景线。

金山岭长城

"长城保护　加我一个"公募活动

　　长城保护工程的经费使用，一直是比照建设工程进行安排和审计。但由于长城地处偏远，部分段落交通非常困难，运输成本要大大高于建设工程本身，难以按照建设工程的标准取费。而社会资金的使用相对灵活，能够对促进长城保护修缮的顺利实施提供很大的便利。

　　2016年，中国文物保护基金会主办，并与腾讯公益慈善基金会合作发起的"保护长城　加我一个"公募活动正式启动。项目通过线上募集与线下筹款相结合的方式，向社会公开筹集资金，专门用于长城保护修缮。

　　长城保护专项基金目前已经资助了河北迁西潘家口长城、北京怀柔箭扣长城和山西山阴新广武长城等多个长城段落的修缮。

　　腾讯公益慈善基金会累计已为长城保护专项基金投入超过5000万元，除了支持长城保护工程，还积极举办各类宣传活动，开发文创产品，努力扩大长城文化的影响，创造社会效益。

云游长城

　　2022年6月上线的"云游长城"微信小程序是由中国文物保护基金会和腾讯公益慈善基金会携手各界用游戏技术打造的"数字长城"，沉浸式体验"爬、学、修长城"，是"科技＋文保＋公益"的标志性范例。

办实事的长城小站

1999 年 5 月 8 日，我驻南联盟使馆遭到北约军队野蛮轰炸，全国人民发出了愤怒的吼声。在这样的背景下，几个热血青年在互联网上发起成立了旨在弘扬长城精神的"长城小站"组织，并迅速得到了广大网友的积极响应。素不相识的人们怀着一颗爱国之心，在长城的召唤下，从四面八方会聚而来。这其中有退役的将军、国企的退休高管、著名摄影家，也有教师、公司职员和各行各业的普通人，当然也少不了专业的长城研究人员和民间长城发烧友。

很快，他们发现弘扬长城精神不能只是空洞的口号。在专业人员的引领下，长城小站开始致力于长城文化的传播与保护宣传。他们邀请专业人员和户外达人分享长城知识和长城人生，协助文物部门监督长城违法破坏行为，为长城保护工作提出有益的意见和建议，与北京市和长城沿线各县域文物部门合作开展长城保护员培训。他们注意到长城大多分布在欠发达地区，于是发起了"家住长城边"助学活动和长城保护员资助行动，为生活在长城脚下的人提供力所能及的帮助，同时也向他们宣传长城，启迪他们对家乡的热爱。

长城小站成立 20 多年来，为长城办了很多实事，引起了不小的社会反响，也获得了专业长城保护管理机构的认可。2017 年，长城小站荣获中国文物保护基金会主办的第九届"薪火相传——讲好中国文物故事杰出团队"奖。

长城守护者

长城保护战线，不仅有罗哲文这样的知名专家，更有千千万万默默奉献的基层文物干部和普通长城保护员。

一

2016年，西北某省。

老郭是县文物管理所所长兼县博物馆馆长。那一年，他从名牌大学历史学专业毕业，出于对家乡的热爱和对文史的兴趣，放弃了大城市的工作机会，回到县文管所成为一名基层文物保护工作者，一干就是30年。

直到3年前，他还是全市十几个区县文物系统唯一的大学生。他学历高、能力强，干活踏实又有责任心，全县的不可移动文物他如数家珍。

古文化遗址、古墓葬、古建筑、石窟寺、石刻、壁画、近代现代重要史迹和代表性建筑等不可移动文物，根据它们的历史、艺术、科学价值，可以分别确定为全国重点文物保护单位，省级文物保护单位，市、县级文物保护单位。

——《中华人民共和国文物保护法》第三条

为了保证完成每年对全县文物的巡查任务，他和同事们终年巡查。这个县有一半的面积是戈壁滩，有几座烽火台位于戈壁深处，去看一趟，开越野车要一整天。于是他带了帐篷，后备箱常备几箱泡面，每次出门都要在外面露宿几日。30年来，在他们的努力下，全县文物从未出过重大安全隐患。

长城所在地县级文物主管部门、执法机构每年应制定本行政区域内的长城执法巡查工作方案并负责实施，每年对全部长城段落至少巡查一次。

——国家文物局《长城执法巡查办法》第五条

2018年，快退休的老郭决心利用事业单位改革的机会，为县文管所增加编制而努力，长城遗址巡查工作亟需增加人员。

这时正值雨季，又有很多文物点受灾了。国家文物局派了人下来检查受灾情况。他趁陪同检查的机会，主动找到县文旅局的主管领导汇报工作。县文旅局主管文物的副局长新上任不久，是个有想法又开明的人。他听了老郭充满激情的汇报，自己也感到热血沸腾，决定给他以支持。他把老郭介绍给同行的国家文物局工作人员和县政府领导。老郭一面细致地介绍着全线文物和长城资源的情况，一面畅谈改革的愿景。老郭还想趁这次机会，多争取些经费，把那些有隐患的长城点段的抢险方案也一起报上去。

长城所在地县级以上地方人民政府应当将长城保护经费纳入本级财政预算。

——《长城保护条例》第五条

有时候为了证明保护项目的必要性，文物部门会组织专家到现场来调研。

每一次，县里都会指定老郭来陪同。他可是全县最了解文物情况的人。老郭一遍一遍耐心地介绍着长城的情况，诚恳地向每个人提出改进文物工作的希望和建议。

老郭对工作始终充满了热情，也坚守着文物工作者的原则和底线。他用身体阻挡过破坏文物的铲车，也因为工作意见不同和主管领导发生争执。老郭并不是一个人在战斗。一路上，他碰到了不少支持他工作又有担当的领导。不光是文物系统，很多其他部门的干部也敬佩他的为人，尽可能地支持他的工作。

全国有十几万像老郭这样的基层干部守护着神州大地上76万余处不可移动文物。其中直接从事长城保护相关工作的大约有几千人。为了把这座伟大的遗产安

负重前行的基层文物人　张依萌摄

据统计，全国16万文博行业从业人员守护着超过76万余处不可移动文物。其中5000余人守护着2万千米的长城。

全地留给下一代，他们流汗、流血，甚至有人付出了宝贵的生命。

他们的付出没有白费，基层的长城保护工作环境悄然发生着积极的变化。近年来，国家对长城保护工作日益重视。地方政府对长城保护工作的态度也更加积极，从经费和人员上都给予了越来越多的支持。各地还纷纷成立专门的长城保护管理机构。更可喜的是，新一代长城保护者也逐渐成长起来，他们有着和老郭一样的热情和更高的专业技能。他们走出校园，走向田野，扎根基层，迎接长城保护的春天。

在老郭退休的前一年，文管所扩编了，当年还招来了4个刚毕业的大学生。当他带领这些年轻人踏上长城巡查之路的时候，内心充满了喜悦。

二

2016年，凌晨四点，北方某县。

小赵已经上山了，他要去自家后山的长城。

三年前，县文旅局从长城沿线的村子里聘请了20名长城保护员，小赵就是其中之一。他负责巡护大约10千米的长城，任务是定期巡查，做好记录，发现隐患和破坏情况，及时向县文物局汇报。

长城保护员应当履行下列工作职责：

（一）巡查、看护长城本体及其历史环境风貌、长城保护标志和有关长城防护设施。

（二）定期向长城所在地县级文物主管部门报告长城保护状况和工作情况；及时报告长城自然损坏或者遭受环境地质灾害情况。

（三）发现破坏长城本体，在长城保护范围和建设控制地带内违法建设，擅自移除、破坏长城保护标志和其他有关防护设施，盗窃长城构件等违法犯罪行为，以及法律法规禁止在长城上从事的活动，及时向长城所在地县级文物主管部门或者公安机关报告，并积极协助做好相关工作。

（四）协助长城所在地县级文物主管部门做好长城日常养护、长城保护宣传等工作。

（五）编写工作日志，如实记录长城巡查、看护情况以及发现的问题。

（六）按照聘请约定应当履行的其他工作职责。

——国家文物局《长城保护员管理办法》第八条

禁止攀爬未开发长城段的警示牌　张依萌摄

这几年，他几乎每隔三五天就要上山巡查一次。儿时，他常在长城上和小伙伴们一起玩耍，长大后才知道，自己的游戏场所原来是国家的宝贝。长城保护员每个月可以领到一笔补助，小赵所在的县起初补助标准是100元。钱不多，但小

长城保护员在查看长城病害 张依萌摄

赵感到很光荣，他觉得自己是在为国家做事。他穿着县里统一配发的制服，带着手电筒和一根木棍，在山林间穿行。如果是夏天，他还会带上一把镰刀，随时砍断挡住小路的枝叶。他轻车熟路，很快找到了那块半埋在土里的石碑。碑上记录了他的石匠祖先在当地修长城的事迹。小赵家世代居住在这里，已经有500年了。

借助手电的光线，他看到一路上很多树枝被绑上了布条，上面写着"××公司"。看来这两天又有人到长城上来搞"团建"，还留下了标记，以便下次再来能找到路。小赵把这些布条全都解下来。这里的长城是未开放段落，按照法律规定，禁止有组织的攀爬。

走了两个多小时，小赵终于来到长城前，这时天已经蒙蒙亮了。他看到不远处县文管所不久前拉起的铁丝网又被人剪断了，旁边的长城保护标志牌上又多了一行"×××到此一游"的刻划。他们还算"手下留情"，没有把字直接刻在古老的长城砖上。周围还散落着新扔在这里的垃圾和烤火的痕迹。看来这些人还在这里野炊过。现在天气这么干燥，万一引发了山火问题就大了。

　　禁止在长城上从事下列活动：

　　（一）取土、取砖（石）或者种植作物；

　　（二）刻画、涂污；

　　（三）架设、安装与长城保护无关的设施、设备；

　　（四）驾驶交通工具，或者利用交通工具等跨越长城；

　　（五）展示可能损坏长城的器具；

　　（六）有组织地在未辟为参观游览区的长城段落举行活动；

　　（七）文物保护法禁止的其他活动。

——《长城保护条例》第十八条

早上6点半，小赵带上山的编织袋里已经装满了垃圾。他走进一座敌台，看到敌台一角有几块砖掉落下来，他拿出3天前拍的照片，在同样的角度进行拍照记录，把这些砖进行了简单的归位，然后登上台顶。一轮朝阳升起，长城显得格外壮美。这样的景色，小赵已经看了二十几年，但每次都满心欢喜，总是看不够。前面的另一座敌台上有一个人张开双臂，向他大声地喊着什么。

他连忙赶过去，原来是一位国际友人。这偏僻的山沟里，常有世界各国的游客到访。像这样零星的游人，法律是不做限制的，而且也限制不了。别看小赵只有初中文化水平，但他已经学会了用四种语言和外国人打招呼。

为了给这些游客提供便利，他在自家院子里收拾出一个房间，供他们歇脚、居住，收取很少的费用。他家接待过各式各样的人，有著名摄影师、退休的将军、好莱坞大片的导演，等等。他们不约而同来到这个偏僻的小山村，只为一睹长城的风采。屋里的墙上挂着小赵和他们的合影，还有一些民间长城保护组织和旅游赠送的锦旗。

小赵家的院子里，就像一个长城博物馆。这里摆放着他在巡查路上采回的石炮、残碑、瓷片和各种兵器。有一次，一位考古学教授来到这里，他对小赵面授机宜，从此以后，他再也不随便往回捡东西。已经捡回来的，也认认真真地做了标签记录，一些能回忆起来的还写上了采集位置。后来，他和这位教授也成了好朋友。

在窗台上，和这些长城文物共同展出的是他几年来穿坏的十几双胶鞋。和大多数长城保护员一样，小赵的经济条件并不好。但为了巡查长城，他自费买了一捆胶鞋备用。后来，在县文旅局的努力下，县财政拨出专款，为长城保护员购买服装鞋帽和一些必要的装备。

后来，又有了新的政策，从2017年开始，长城保护员的补助按照最低工资标准发放。这样一来，长城保护员身份就不止是荣誉，也可以切实改善他们的生活了。

2017年起，长城保护员补助按照本地最低工资标准发放。

早上8点左右，小赵完成了村东5千米长城的巡查回到家稍事休息，他一边啃着干粮，一边浏览着手机里今天拍的照片。他准备下午再去村西的山上完成剩下的5千米长城巡查。

眼看月底到了，晚上他还要把一天的调查记录和这些照片一起整理好，等着文旅局的领导

千万基层干部和长城保护员撑起了长城保护的一片天　李鹏摄

来检查。

　　目前，全国长城沿线各地的文旅和文物部门已经聘请了超过5 000名长城保护员，巡查范围基本覆盖了全国的长城。他们和小赵一起用平凡的行动支撑着长城保护管理的大厦。

　　2021年，中国长城的保护状况报告被世界遗产委员会评为保护管理示范案例。这荣誉的背后，也有小赵和他的战友们的一份功劳。

长城大舞台

长城以其独特的魅力和影响力，吸引着世界各地的朝圣者，日益成为国际友好交往的平台。人们从五洲四海会聚而来，在这里展示风采，实现个人、民族乃至国家的梦想。

一

1907年，北京。

人类历史上首次跨洲际汽车赛事——北京—巴黎汽车拉力赛正式开赛。这一年，斯坦因在敦煌大漠的烽燧前找到了汉代的宝藏。而在长城的另一端，大清国都城万人空巷，百姓争相观看着新鲜的西洋景。东交民巷法国公使馆前红白蓝三色旗迎风招展，5辆汽车的发动机启动声与鞭炮声齐鸣。它们从这里出发，驶向14 000千米外的终点。

在赛事启动之初，曾有25名选手报名。清政府虽然同意举办比赛，但外务部给主办方巴黎汽车联合会的批文采取了十分

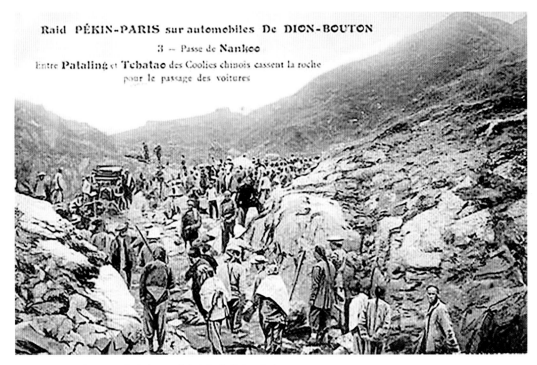

20世纪初明信片：1907年北京—巴黎汽车拉力赛途经长城

谨慎保守的态度，要求将参赛规模控制在8辆车以内，并规定赛事期间，无论出现何等危险，中国政府概不负责，且如果发生伤害中国人民生命财产的情况，一律由主办方负责赔偿。

　　根据赛事的安排，中国赛段的路线是从北京到察哈尔（今张家口和内蒙古东南部），然后进入外蒙古。这条路虽然已经是成熟的商道，可当时还没有修建公路，并且詹天佑的京张铁路也还没有竣工，汽车很难通行。严格的限制和巨大的风险，让很多选手望而却步，但最后仍然有11位选手和5辆赛车选择了来华参赛。

　　为了保证赛程顺利，意大利亲王西庇奥尼·博盖塞（Prince Scorpione Borghese）提前数周就来到北京，亲自考察了南口到八达岭之间的道路情况。那幽深崎岖的河谷，骑马通过尚可，开车几乎没有可能。但这也没有动摇参赛者们完成比赛的决心。也许是山顶的万里长城给了博盖塞亲王克服困难的动力，他竟然用一根与他的爱车宽度相当的杆子实地丈量了行车路线上最窄的地方，确保能够通过。比赛的第二天，到达南口的各国选手雇用了民夫，用马拉人抬的方式，将5辆赛车抬过了居庸关和八达岭。

三个月后，博盖塞亲王的汽车出现在巴黎街头。他比其他选手提前半个月完成了比赛，毫无悬念地获得了冠军。最终，有3辆赛车完成了横跨亚欧的壮举。

这场开始于长城脚下的国际汽车拉力赛虽然规模不大，却联通了世界，连接了古今。它的成功也开启了人类新的交通时代。

时隔112年，2019年5月27日，第三届北京—巴黎老爷车拉力赛从居庸关长城发车。参赛的车辆已经从1个多世纪前的5辆增加到了134辆，它们行驶在宽阔平坦的京藏高速上，再也无须马拉人扛。博盖塞亲王骑马和驾车两次走过的京张古道，如今已经成为中国国际名城经典车拉力赛的固定赛段。农业时代兴起的长城，为象征工业成就的现代交通工具敞开了大门，留下了人类文明发展进步的辉煌印记。

二

2015年7月31日，张家口。

大境门广场上人头攒动，彩旗飞舞。一块大屏幕吸引了无数充满期待的目光。国际奥委会第128次会议正在紧张地进行，2022年冬季奥林匹克运动会的主办城市即将在会上揭晓。

电视画面中，国际奥委会主席巴赫走向了主席团，嘈杂的人群顿时安静下来。他缓缓打开一个信封，取出写有获得举办权城市名称的卡片，从容地读出了那两个字：北京。

现场沸腾了。北京获得2022年冬季奥林匹克运动会举办权，成为史上第一座既举办过夏季奥运会

2015年7月31日，北京申报2022年冬季奥运会成功。张家口这座由一个明长城普通军堡发展而来的现代都市，成为北京冬奥会的联合主办城市。本届冬奥会上，张家口赛区共产生了51枚金牌。

金秋独石口初雪

又举办冬季奥运会的城市。张家口人有理由为之骄傲，因为本届冬奥会将由他们的家乡与北京携手承办。

奥运落户是机缘，也是历史的选择。这座因长城而兴的城市，骨子里透着大气。它曾锁钥京畿，战云常聚，却从来不失开放和维新的精神。这里曾有大明最繁荣的马市，也是大清最著名的国际贸易口岸之一。20世纪初，它迎来中国人自主设计修建的第一条铁路，参与了世界最早的洲际汽车拉力赛。如今，大境门张开臂膀，拥抱各国奥运健儿。

张家口人喊出了"长城脚下看奥运"的口号，就连奥运场馆也建在了长城边。与此同时，在八达岭，北京延庆人也用一场主题为"长城之魅　冬奥之约"的文化节，迎接这一场体育盛会。作为北京冬奥三大赛区之一的北京延庆赛区，有着不输张家口的丰富长城资源。他们和张家口人一样珍视自己的历史文化，长城是他们的骄傲，他们也努力将长城融入冬奥文化，使之成为后者的一个组成部分。

长城与体育
北京奥运会会徽元素
广州亚运圣火采集地
见证"双奥之城"的诞生
知名国际马拉松赛事举办地

事实上，从1990年第11届亚运会以来，长城在中国举办的国际体育赛事中几乎是一个必不可少的元素。它不只是一个概念，更是一个舞台。

在金山岭和黄崖关，每年举办的国际马拉松赛都吸引着成百上千的参赛者；2010年广州亚运会的圣火，从居庸关采集；多哈亚运会、北京奥运会的火炬，也在长城上传递。

长城环绕的竞技场上，华夏健儿传递着"更高、更快、更强、更团结"的奥运精神，也传递着中国人的坚强、自信与豪迈。他们在欢呼雀跃中憧憬着光明的前途，在拼搏中迸发出创造美好生活的无限能量。

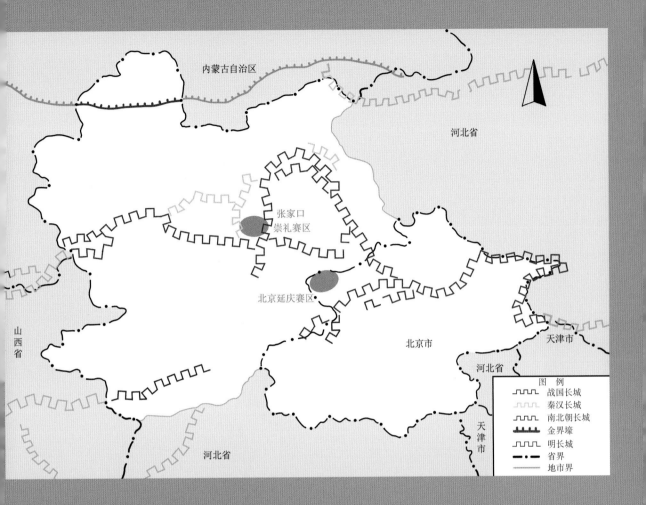

内蒙古自治区

河北省

张家口
崇礼赛区

北京延庆赛区

山西省

北京市

天津市

河北省

天津市

图　例

战国长城
秦汉长城
南北朝长城
金界壕
明长城
省界
地市界

河北省

2022年北京冬奥会张家口、延庆赛区位置示意图

长城为家

> 多少曾经重兵把守的要塞和大军纵横的疆场，在今天都已是中国人的幸福之乡。硝烟散尽的长城，托起繁华都市的浮光掠影和美丽乡村的绿水青山。

一

大雨落幽燕，白浪滔天，秦皇岛外打鱼船。一片汪洋都不见，知向谁边？

往事越千年，魏武挥鞭，东临碣石有遗篇。萧瑟秋风今又是，换了人间。

——毛泽东《浪淘沙·北戴河》

1954年，山海关。

毛泽东此行并不专为凭吊古人，而是为了更好地对资本主义工商业实行社会主义改造而进行调研。四年前，他出访苏联回京途中曾在此逗留，当时的山海关城垣残破，城市衰败。如今，刚刚在爱国卫生运动中获得"卫生模范"称号的山海关变得干净整洁，山海关城楼已经整修一新，城内曾经泥泞的土路铺上了柏油，城市建设日新月异，一派生机。毛泽东欣喜地说道："这儿真的变了。"

不仅是山海关，长城沿线各地都在陆续发生可喜的变化。1949年5月，有"煤都"之称的山西大同解放，人民政权组建了大同矿务局。1950—1952年间，国家在极其困难的条件下，投资2 000多万元，支持主要矿井先后恢复生产，为国民经济的迅速恢复作出了重要贡献。

1955年，镜铁山铁矿的发现，让明长城西端的嘉峪关从默默无闻的边陲小镇在国家"一五"期间名声大噪。1958—1965年，为配合酒泉钢铁公司建设，以此为基础，甘肃省从酒泉县、肃南县划出部分辖地与原嘉峪关镇合并设立嘉峪关市，并一跃成为西北钢铁工业中心。曾经承担过国家边防重任的长城重镇，又成为国民经济发展的支柱和先锋。

进入21世纪后，随着国家资源结构调整和环保、遗产保护意识深入人心，这些以长城边镇为基础建成的重工业城市，也开始进行发展战略调整，放弃高污染高消耗的产业模式，转而大力开发历史文化资源，有的取得了良好效果，而有的却略显失调。嘉峪关成为世界文化遗产后，陆续迁走了遗产区和缓冲区内的重污染企业，又在荒芜的戈壁上设置了些许水面和植被，呈现出生机盎然的点点绿意。大同市则斥巨资复建了明清城墙城门，城内规划大面积的仿古建筑。新的景观不可谓不壮观，只是这改变有些过于急躁，改变了"历史"应有的厚重氛围。

多彩长城之乡
工业之乡
商旅之乡
语言之乡
民族融合之乡
绿色生态之乡
移民之乡
美食之乡
艺术与非遗之乡

人民对美好生活的向往与历史文化的传承并不矛盾，为了找到一条二者协调的更好出路，长城两边的居民不断探索和尝试，只是我们还没有全然得其要领。要知道刻意的雕琢往往不如顺势而为来得亲切。仔细比对古今地图，你会发现长城沿线2 000多处关隘城堡，有一大半都发展成为现代聚落。一旦失去

修葺一新的大同古城今日新旧相间的面貌

军事控制，这些要塞和塞下广阔的无人区便顺应环境条件、资源禀赋和本地文化习俗，开始自发生长，也就自然而然地形成了各自的特色。

　　煤都大同，南北朝时期就有煤炭开采的记载，历经唐宋至民国，矿冶逐渐繁盛。工业资源，也是历史文化资源。2018年，大同煤矿成功列入中国工业遗产保护名录。在近代中国，煤是大同的生命，而商贸是张家口的灵魂。从京西驿路的要津到明蒙互市的中心，再到万里茶道的枢纽，茶马之利引着人们代代会聚新的热土。以山西方言为基础的张家口话表明了它是主要经济移民的来源地。同样是因为移民，中国"普通话之乡"的桂冠落在金山岭长城所处的承德市滦平县。在清代皇家避暑山庄的带动下，前朝的军事禁区开始布满八旗贵族的"口外庄田"。在滦平，新的精英阶层操着北京官话，又不断加入满蒙语素，今天的汉语普通话便诞生了。语言融合的背后，是民族血缘与文化的融合。在华北，满蒙汉的融合不过数百年，而在西北，华夏与戎狄从几千年前就已经开始了交流碰撞，创造出异常优秀的基因。"米脂的婆姨绥德的汉"，延绥一带的民谚少了火药味儿，多了人情味儿。

长城边上的耕作

　　然而无论中心城市、贵族田庄，还是俊男靓女之乡，在长城沿线都是凤毛麟角。更多的是普通人居住的村落。譬如月亮门前的新旧广武，历经几个世纪格局未变，只是滚滚狼烟换作了袅袅炊烟。新旧广武这样的"城中村"数以千计。其山西天镇县的李二口村也是这样的一个长城脚下的村庄。广武人让月亮门恢复旧貌，李二口人则把他们的长城装点进绿水青山。

　　"绿水青山就是金山银山"。2019年，李二口全村147户347人中还有贫困人口33户91人，到第二年的夏天，就已经凭借长城旅游和绿色生态观光游实现了整体脱贫。

　　长城家园，那片曾经边远、肃杀、荒芜和艰险的土地，如今处处充满了希望。

二

明隆庆三年（1569），蓟镇。

三千南兵从浙江抗倭前线调防北疆，从此再未南返。此后，南兵不断北上，他们携妻儿居住在敌台中，以长城为家。同来的石匠将南方的花卉图案雕刻在敌台上，寄托对故土的思念之情。他们中的大多数都在当地驻守一生。退役之后，他们又参与华北地区的屯垦和水利建设，为当地的农业发展和军事后勤保障作出了贡献，最后在当地安家落户，死后就葬在敌台脚下。如今，在河北长城沿线分

慕田峪长城远眺北京城

安塞腰鼓

布着无数义乌人后代聚居的自然村落。这些来自南方的戍边英雄后裔如今成了地道的河北农民，但生活的细节中却保留着很多来自江南的风俗，他们的故事也与当地文化杂糅在一起，难分彼此。

山海关有一种特色小吃，称为"椵椤叶饼"。传说南兵一开始吃不惯北方的粗粮，于是他们用面粉、玉米面做皮儿包裹馅料，再采集关城边遍布的椵椤树叶包裹蒸熟，创造出味道清香、携带方便的家乡风味美食。实际上，椵椤叶饼是由东北的满族特色食品"椵叶饽饽"演变而来的，可能是伴随清军来到的山海关，但山海关人更愿意相信它是蓟镇长城的产物。真假莫辨的传说，却真实地反映了他们内心对长城之乡的热爱与自豪。

除了敌台雕花和特色小吃，长城沿线的乡土文化，有很多元素都更加直接地源于古代军旅，如今已是当地人民日常生活的一部分。

在河北省西北部，坐落于明宣府镇和真保镇长城之间的名城蔚县，明代是京师侧翼和宣府、大同两镇的纵深要冲。出于安全考虑，蔚县人建起了号称"八佰庄堡"的古堡群落。如今蔚县的乡村大多还保留着城墙和城门遗迹。

河北张家口非遗文化传承人表演"打树花"

　　在世界的东方，存在着两个奇迹，一个是中国的万里长城，另一个就是蔚县的古堡。

——罗哲文

　　这里是宣府镇的后方，不但城堡林立，还曾经遍布制铁作坊。它们为长城守军提供兵器，也为当地百姓制作生产工具。每年正月十五夜的社火表演中，铁匠们会扬起铁水助兴。超过1 500摄氏度的铁水在空中如烟花般四散，绚丽夺目。蔚县暖泉古镇的北官堡正月"打树花"的习俗一直保留到今天，成了国家级非物质文化遗产。

　　再往西的陕北古延绥镇，配合烽火燃放和军阵开合的战鼓，曾经是边塞安

全的保障。现在，融入了武术、民族舞蹈与音乐艺术的安塞腰鼓仍然渗透了陕北人彪悍与粗犷的性格，伴随领鼓人的哨音，一队鼓手挥起鼓槌跳跃腾挪。鼓槌尾部的红绸漫天飞舞，如军旗招展；整齐划一的舞步和号子，仿佛千军万马的行进与呐喊。

21世纪的长城，在以另一种方式守护着它的人民。它曾经如父亲般坚毅，用结实的臂膀拦住准备破门而入的豺狼。如今它更像慈母，让亿万人民依偎在怀中，伴随他们成长，又目送他们奔向美好生活。人民接受它的哺育和滋养，从最激烈的战号中寻找柔美的旋律，在坚硬的砖石间安放温柔的乡愁。过去的长城保卫一个国，今天的长城造福千万家。

长城国家文化公园

　　　　铭记过往、立足当下、引领未来的长城国家
　　文化公园，将遗产保护、文化传承和地区发
　展紧密结合，让遗产与人互为表里，历史与现实
交相辉映，人文与自然生态景观和谐统一，个人
情感与家国情怀水乳交融。

　　加大文物和文化遗产保护力度，加强城乡建设中历史文化保护传承，建好用好国家文化公园。

　　——习近平在中国共产党第二十次全国代表大会上的报告（2022年10月16日）

　　2019年，北京。

　　7月24日，中共中央总书记、国家主席、中央军委主席习近平主持召开中央全面深化改革委员会会议，审议通过了《长城、大运河、长征国家文化公园建设方案》（以下简称《方案》）。12月5日，中央办公厅、国务院办公厅联合印发了《方

（左页）怀柔黄花城水库

哈德良长城切斯特要塞（Chesters）遗址中的一个圆筒装置 张依萌摄
从这里望向远方，圆筒中的玻璃上印着的城门与远方的遗址完美契合，仿佛还屹立在那里。

案》，并发出通知，要求各地区各部门结合实际认真贯彻落实。在军事功能沉寂了大半个世纪之后，长城的主题已经不再是战争与和平，而是文化遗产的价值挖掘、科学保护、世代传承和合理利用。

一时间，长城吸引了各行各业的决策者和研究者的目光。人们思考着共同的问题：长城国家文化公园应当怎样建设？它与其他的公园应当有何不同，有何特色，又能给我们带来哪些收获？答案就在"长城国家文化公园"这8个字中。

这第一个关键词，就是"长城"。没有长城，也就无所谓长城国家文化公园。

在这里，我们领略全国各地的长城风光。我们能够了解到，长城不只是八达岭那样，还有各类石材干垒或砌筑的城墙和设施，我们能看到黄土夯筑和红柳夹沙的墙体、烽燧和戍堡傲立沙漠戈壁，西北的汉宋壕堑和草原上宽阔的界壕如何令游牧骑兵望而却步，进而总览布局科学、防守严密的长城军事体系，理解它如何发挥作用。我们可以从丰富的长城景观中，体会古人的智慧，体会他们因地制宜的理念、高超的建造技艺和富于想象力的布局设计。

您希望在这里了解长城的知识，但并不想仔细研究那些严肃冗长的说明。您到公园，是"寓学于玩"的。因此，您会读到通俗易懂的阐释文字，看到形象的图解，或者用虚拟现实（VR）技术再现的历史景观。它能让您直观地了解到这处遗址原来的样子、它的功能，您仿佛看到千百年前、几百年前驻守在这里的士兵正鲜活地站在您面前。或许您只记住了说明牌中的一句话或者一个数据，但您记住了，并且愿意把它当作饭后的谈资，把它讲给别人听。总之，一切都以长城为中心展开。

长城国家文化公园的第二个关键词是"公园"。公园属于大众，是一个老少咸宜的休闲、休憩场所。

您会愿意约上好友或带上家人来到这里游玩，并且度过一段愉快的时光。身处这座公园，我们沿着指路牌，可以轻松地来到长城脚下。在长城遗迹跟前，说明牌能够帮您定位，并且告诉您这一段长城的走向，您能直观地了解它在全国，至少是当地长城中的位置。这是一个简单的愿望，但遗憾的是，目前全国现有的近百处长城景区中，绝大部分都还做不到这一点。

公园里设施完备，但不会喧宾夺主。您的脚下是可以从容行走的道路，它与长城近在咫尺，平整而朴素，即使在长城边，您也不会觉得突兀。但您不会被巨大的雕像、宏大的剧场、喷泉或购物场所吸引。如果您孤身一人，可以在一个能够俯瞰长城全景的咖啡厅消磨一个下午。如果您带着孩子，他们可以在这里参与长城戍守游戏，买到长城相关历史人物的卡通人偶和绘本。这里是长城的国家文化公园，无论何时，都必须强调这一点。

长城是中国的一张金色名片。目前它已接待过超过500位外国元首和8 000多位部长级以上的各国官员，向全世界展示了中国的风采。长城旅游也带来了可观的经济收益，不断将人民向往的美好生活变成现实。全国已有的近百个长城旅游景区，每年接待数以千万计的海内外游客，旅游总收入常年居全国文物类旅游景区前列。2016—2018年，慕田峪长城更是连续跻身全球知名旅游网站"猫途鹰（Trip Advisor）"评选的"旅行者之选"全球最佳地标榜单。长城国家文化公园理应成为中国对外开放的窗口，继续发挥长城旅游的潜力，提升旅游品质。

长城国家文化公园的内容
以长城为主题
以公众为对象
以文化为中心
以国家为依托

位于山西省宁武县芦芽山风景名胜区内的北齐长城遗迹 张依萌摄
景区在长城遗址旁边设置了步道，可惜还没有关于长城的任何阐释措施，游客并不知道他们看到的是什么。

　　"文化"是长城国家文化公园的第三个关键词。

　　长城是中华优秀传统文化、革命文化和当代的社会主义先进文化的重要载体，也是长城国家文化公园的灵魂和底蕴。

　　如果您是一个博物馆爱好者，长城国家文化公园正合您的口味儿。它本身就是一座巨大的博物馆。您可能是作家，或是军人，再或者就是一个普通上班族。您可能已经走过很多的博物馆，看惯了不无雷同的通史陈列和宏大叙事。在这里，您更想了解当地长城的特色，渴望读到一个普通、朴素但让人印象深刻的故事，或

　　一个平凡但性格鲜明的历史人物，那个故事和那个人撩拨着您的情感，让您感慨不已。

　　在古济水南岸，您仿佛看到战国时代齐国先人垒起长城的第一块基石；在阴山脚下，您与蒙恬将军一起谋划防御匈奴的战略；在居延故塞，您目送霍去病的大军远征，迎接他们凯旋；您与余子俊和杨一清一起踏遍陕北的三十六营堡，跟随伟大领袖看红旗如何在六盘山头漫卷西风，在会宁城头，感受红军长征胜利的喜悦；您置身喜峰口和潘家口，叹息日本侵略者留下的累累弹痕；在雁门关、平型关、紫

山西偏关万家寨老牛湾

荆关、倒马关和山海关，您可想象自己与古今将士并肩作战；您可以赴山西偏关老牛湾，看长城与黄河握手；站在河西走廊的尽头，您听到西出阳关的驼铃声声。最后，心潮澎湃的您，不禁会像苏东坡登临赤壁那样，吟唱起"故垒西边"……

如果您追求高端的体验，长城国家文化公园将为您提供精彩而不媚俗的展演、文化名家的讲座，还有底蕴深厚的研学活动。长城国家文化公园不是一个封闭的景区，而是一个全国各地环环相扣、层次分明的文化旅游体系，它不但能够满足您的审美需要，还可以支持您的学术追求，提升您的文化素养。

长城国家文化公园的目的

弘扬传统文化

传承红色基因

表达国家意志

总结当代成就

贡献中国智慧

提出中国方案

提升文化素养

融合绿色生态

长城是中国全面脱贫与环境整治伟大成就的集中体现。长城行经404县域，其中贫困县一度多达四分之一以上。2021年2月25日，习近平总书记在全国脱贫攻坚总结表彰大会上庄严宣告，经过全党全国各族人民共同努力，在迎来中国共产党成立一百周年的重要时刻，我国脱贫攻坚战取得了全面胜利。世代生活在长城关堡中的人们，第一次彻底告别了绝对贫困。他们在长城精神的感召下，用自己的双手完成了命运的转变。经济和文化需求的满足，都只是美好生活的一部分。更高的生活品质，要求更加舒适的人居和旅游环境，这其中就包括良好的自然环境。

今天的长城沿线，已不需要烧荒，主动的生态涵养代替了"龙兴之地"的封禁。栖身三北防护林区的长城已与当代的"绿色长城"融为一体，退耕退牧还林还草运动已经让长城披上了绿装，变成一条生态长廊，山清水秀，鸟语花香。

最后，长城国家文化公园还有一个最核心的关键词，那就是"国家"。

国家文化公园建设，体现了国家意志，彰显的是国家的历史、民族的文化。我们将以长城为线索，总结中华民族多元一体格局的形成与发展过程。长城国家文化公园的建设需要跨行业和部门的综合设计，也离不开国家层面的统筹协调。

早在2017—2018年，北京、山西等省市已经对长城的保护发展进行了综合考虑与规划，为《方案》的出台积累了经验。2019年，《方案》进一步聚合现有资源，实现了从国家层面对长城文化保护传承的整体安排。

2021年8月，为深入贯彻落实习近平总书记重要指示批示精神，全面贯彻落实党中央、国务院关于国家文化公园建设的决策部署，扎实推进长城国家文化公园建设，国家文化公园建设工作领导小组按照《方案》要求，编制印发了《长城国家文化公园建设保护规划》（以下简称"《规划》"），提出"建立符合新时代要求的长城保护传承利用体系，着力将长城国家文化公园打造为弘扬民族精神、传承中华文明的重要标志"的目标。

《规划》以习近平新时代中国特色社会主义思想为指导，全面贯彻党的十九大精神，严格按照《建设方案》要求，明确了重点建设管控保护、主题展示、文旅融合、传统利用四类主体功能区和保护传承、研究发掘、环境配套、文旅融合、数字再现五个关键领域基础工程的具体任务。

我们坚信，在党的二十大报告精神指引下，长城国家文化公园建设一定会更好地实现中华优秀传统文化、革命文化和当代的社会主义先进文化的创造性转化、创新性发展。到2035年，长城国家文化公园全面建成，符合新时代要求的长城保护传承利用体系全面建立。到那时，以保护为基础、展示为导向、传承为目的、发展为愿景的长城国家文化公园，将如一盏明灯，以长城无穷的精神力量化作信念之光，照耀着亿万中华儿女更加自信地昂首走在民族复兴之路上，高唱胜利之歌，续写东方辉煌。

哈德良长城朝圣活动

"哈德良长城朝圣"活动（The Hadrian's Wall Pilgrimage）是一项面向考古学家和哈德良长城爱好者的公众活动，是全世界最古老的面向考古学家的学术活动之一。1849年，纽卡斯尔人约翰·柯林伍德·布鲁斯（John Collingwood Bruce）首次完成了哈德良长城的全线徒步考察，并根据第一手材料写成了《罗马长城手册（Handbook to the Roman Wall）》一书，开启了哈德良长城的系统研究。为了纪念他，自1859年起，纽卡斯尔文物学会（The Society of Antiquaries of Newcastle Upon Tyne）组织哈德良长城考古专家和爱好者每10年开展一次"朝圣"活动，重走布鲁斯之路，并了解最新考古研究成果。除两次世界大战期间曾短暂中断外，哈德良长城朝圣活动一直延续至今，已有170年历史，业已成为哈德良长城的品牌公众学术活动。

张家口大境门内 张依萌摄

北京市长城文化带

北京市长城文化带横贯北京北部生态涵养区，覆盖北京市域约30%的面积。

2017年9月，经中共中央、国务院批复同意，北京市人民政府正式发布《北京城市总体规划（2016—2035年）》，其中明确提出了建设大运河、西山和长城三个文化带的要求。

2019年4月，《北京市长城文化带保护发展规划（2018—2035）》正式公布实施。该规划明确了北京市长城文化带"以燕山和太行山两大山脉为基底，以潮白河、永定河、温榆河和沟河四大水系为脉络，以长城墙体为主线"的资源构成和"长城遗产、相关文化和生态资源"等三大价值主题分类和"一线五片多点"的空间布局结构。

规划以"发挥北京市长城文化带见证历史、弘扬传统的重要功能，增强民族凝聚力，提高民族自信心，进一步发挥其对北京北部山区社会、文化、经济的整体带动作用"，落实北京城市总体规划提出的"坚持绿色发展，建设宜居宜业宜游的生态发展示范区、展现北京历史文化和美丽自然山水的典范区"为目标；遵循"文化遗产保护与生态涵养并重"的原则；提出"有计划推进重点长城段落维护修缮，加强未开放长城的管理。严守生态保护红线，对长城保护范围及建设控制地带内的城乡建设实施严格监管。以优化生态环境、展示长城文化为重点，打造生态长城，展现长城作为拱卫都城重要军事防御系统的历史文

化及景观价值"的基本思路；确定了"保护长城遗产、修复长城生态、传承长城文化、增进民生福祉"等四大类工作内容，并对长城文化带内的建设提出了管控要求。

山西省长城旅游板块

2018 年，山西省人民政府办公厅印发了《山西省黄河、长城、太行三大板块旅游发展总体规划》，其中《山西省长城板块旅游发展总体规划（2018—2025 年）》以分布于全省 8 市 39 县（市、区）的外长城、内长城、黄河边长城、太行边长城四大遗址带为规划对象；确定了长城板块"一主、一副、多点"和"两轴、一带、四片"的空间建构；以"创新、协调、绿色、开放、共享"的发展理念为指导；提出"充分挖掘古长城文化价值，梳理景点景区资源、旅游交通资源、旅游品牌资源、相关产业资源，进一步提升山西旅游的产业地位，助力山西成为世界知名、全国一流的旅游大省，构建多元融合旅游产业发展总体框架，推动全省经济社会转型发展"的目标；遵循"现状原则、保护先行原则、市场原则、个性与统筹发展原则、共建共享原则"；结合乡村扶贫旅游和生态环境保护，构建相关的产品体系和项目体系，力图打造"山西世界级文化遗产旅游目的地"和"山西长城生态文化旅游经济带"。

嘉峪关

延伸阅读

第一章　长城安天下

　　长城不是突然出现在中华大地上的。它因华夏民族的安全需求而生，有着漫长的孕育过程。苏秉琦先生在他的文章《象征中华的辽宁重大文化史迹》（收录于《华人·龙的传人·中国人——考古寻根记》，辽宁大学出版社，1994年）中提出北方早期青铜文化（夏家店下层文化）的石城带是长城的"原型"。徐光冀的《赤峰英金河、阴河流域的石城遗址》（《〈中国考古学研究〉夏鼐先生考古五十年纪念论文集》，文物出版社，1986年）、韩建业的《试论作为长城"原型"的北方早期石城带》（《华夏考古》2008年第1期）则对其分布、功能、形成原因进行了深入分析；而另一位考古学家童恩正先生则是"半月形地带"概念的提出者，详见他所撰写的论文《试论我国从东北至西南的边地半月形文化传播带》（《文物与考古论集》，文物出版社，1986年12月）。

　　关于明长城的兴建成本，及其与当时社会经济的相互影响，赖建诚的《边镇粮饷——明代中后期的边防经费与国家财政危机（1531—1602）》用详实的数据重构了明代中后期北部边防开支剧增情况。著名经济史专家吴承明先生的著作《市场·近代化·经济史论》（云南大学出版社，1996年）中收录的《16与17世纪的中国市场》一文，以及美国历史学家黄仁宇著《十六世纪明代中国之财政与税收》（生活·读书·新知三联书店，2001年）对于明代的人口、赋税、物价等有较详细的介绍。

　　景爱先生的《中国长城史》（上海人民出版社，2006年）对中国历史文献中长城相关记载进行了系统梳理，全面总结了历代长城的兴建者、年代、走向、长度等，是长城研究不可或缺的重要作品；华夏子的《明长城考实》则基于实地踏查，对明长城作了详细考证。

　　如果您想深入了解本章中所提及的历史事件，南宋李焘的《续资治通鉴长编》收录了由沈括撰写的《乙卯入国奏请》中的大量文字，其中对宋辽勘界谈判的这段轶事有十分详尽的记录；清代学者谷应泰在《明史纪事本末》（中华书局，1977年）第32卷中，将明史各纪、传中关于土木之变的记载按照事件发展的时间顺序加以摘录编纂，对这段历史感兴趣的朋友，通过阅读可以迅速了解事件的发展梗概。

第二章　长城绘河山

明代辽东长城的经营，以刘谦的著作《明辽东镇长城及防御考》（文物出版社，1989年）研究最为深入；清朝人杨宾编写的《柳边纪略》对明末清初辽东地区的山川地理、物产风俗、建制沿革、名胜古迹有着详实的记载，其中不乏明长城和清代柳条边的描述；关于柳条边的当代研究成果，还可参见杨树森的《清代柳条边》（辽宁人民出版社，1978年）。

关于北方游牧民族南迁与气候变化关系的讨论，以竺可桢的《中国近五千年来气候变迁的初步研究》（《考古学报》1972年第1期）和王会昌的《2000年来中国北方游牧民族南迁与气候变化》（《地理科学》1996年第3期）为经典。海外学人的研究，可以参见亨廷顿的《亚洲的脉博》（新疆人民出版社，2001年）和汤因比的《历史研究》（上海人民出版社，2010年）。

第三章　长城兴工程

京杭大运河对明长城起到了重要的后勤支撑作用，赖建诚的《边镇粮饷》（浙江大学出版社，2010年）和王尊旺的《明代九边军费考论》（天津古籍出版社，2015年）对此有比较详细的介绍。

现藏国家博物馆的《蓟镇图》目前未公开展出。杨文和先生是少数有机会近距离接触这幅古地图的专家之一。他的《明长城蓟镇图考略》（《中国国家博物馆馆刊》1987年刊）和《长城蓟镇图（续）》（《中国国家博物馆馆刊》1989年刊）对《蓟镇图》的内容和功能都有深入的探讨，是《蓟镇图》珍贵的研究成果。

关于本章中提到的一些重要人物的事迹，杨一清的奏疏集《杨一清集》（中华书局，2001年）让我们有幸直面500年前一代名臣波澜壮阔的一生。大到他对明长城的精心规划建设，周全守御，兵马粮秣；小到诸如"转关遮板"的设计，全部跃然纸上，值得明史和长城爱好者细细品味。戚继光之子戚祚国《戚少保年谱耆编》（中华书局，2003年）则详细梳理了戚继光波澜壮阔的一生；詹天佑以京张铁路工程记录为基础写成的《京张铁路工程纪略》（文华祥印务局，1915年）内容翔实，文字严谨而不失浪漫，充分展现了他的才华、工程的天才设计，以及那个特殊年代的实业之艰难。《京张路工撮影（上、下卷）》（上海同生照相馆1909年发行）则用一幅幅照片为我们直观展现了一个世纪前，中国人自主设计修建的第一条铁路如何与万里长城"牵手"；罗哲文先生与长城结缘一生，几乎是中华人民共和国成立以来70年间，与长城有关的全部重大事件的亲历者。如果您想了解他与长城之间的故事，敬请阅读晨舟撰写的人物传记《罗哲文》（文物出版社，2006年）。

第四章　长城战与守

很多学者通过简牍对汉代长城守御制度、西北边塞的社会生活进行了复原研究。前者如李均明先生的《汉代烽燧守御术略考》（《秦汉研究》2008年）；后者有李振宏的《居延汉简与汉代社会》（中华书局，2003年）、邢义田的《地不爱宝——汉代的简牍》（中华书局，2011年）和赵兰香、朱奎泽的《汉代河西屯戍吏卒衣食住行研究》（中国社会科学出版社，2015年）等。

关于明长城烽火台、敌台的考古研究，尚珩的《火路墩考》（《万里长城》2008年第1期）系统整理了明代烽火制度。本书执笔人曾对明长城砖砌空心敌台的时代特点做过深入研究，参见《明长城砖砌空心敌台类型与分期研究》（《故宫博物院院刊》2019年第2期）。要想了解更多明代长城后勤支持方面的信息，推荐阅读王毓铨的《明代的军屯》（中华书局，2009年）和杨正泰的《明代驿站考》（上海古籍出版社，2006年版）。

关于长城军事史的研究，杨泓的《中国古代兵器论丛》（中国社会科学出版社，2007年）对中国古代冷兵器发展史作了全面的介绍；钟少异先生的《古兵雕虫》（中西书局，2015年）中对火器的发展史和技术应用作了深入探讨。台湾三军大学编著的《中国历代战争史》（中信出版社，2013年）则以图文并茂的方式系统整理了长城沿线爆发的历次著名战役的经过。

第五章　长城连内外

《戚少保年谱耆编》（中华书局，2003年）中记录了很多南兵的生动故事。如果您想对这个群体有更多了解，还可以阅读辛德勇的《述明代戍卫长城之南兵》（《中国历史研究》2004年第4期）。

中国人习惯于以中原为中心来审视长城。美国汉学家欧文·拉铁摩尔（Owen Lattimore）的《中国的亚洲内陆边疆》（*Inner Asian Frontiers of China*，江苏人民出版社，2017年）和法国法兰西学院院士阿兰·佩雷菲特（Alain Peyrefitte）的《停滞的帝国——两个世界的撞击》（*L'empire immobile ou le choc des mondes*，生活·读书·新知三联书店，1995年）则为长城两侧的交流互动提供了更客观的视角。他们作为旁观者，在研究中不用考虑民族情感的禁忌与约束，有助于中国读者开阔思路。

第六章　长城古今观

想要了解孟姜女的前世今生，请不要错过阅读顾颉刚先生编著的《孟姜女故事研究集》（上海古籍出版社，1984年）。《崔溥漂海录校注》（上海人民出版社，2013年）则让我们和崔溥一起游历明朝。

乔治·马戛尔尼撰写的《1793乾隆英使谒见记》（重庆出版社，2008年）和乔治·斯当东的《英使谒见乾隆皇帝纪实》（上海图书出版社，2005年）是对英国使团来华经历的第一手记录；英国学者爱尼斯·安德逊（Aeneas Anderson）的《在大清帝国的航行：英国人眼中的乾隆盛世》（电子工业出版社，2015年）和沈艾娣（Henrietta Harrison）的《翻译的危险》（*The Perils of Interpreting: The Extraordinary Lives of Two Translators*，普林斯顿大学出版社，2021年）能够让我们了解当代英国人是怎样看待这段历史的。

第七章　长城的新生

斯坦因的《西域考古记》（商务印书馆，2013年）和《亚洲腹地考古记》（广西师范大学出版社，2004年）详细记录了他在1906年和1914年两次长城探险的收获；英国记者安娜贝尔·沃克（Annabel Walker）撰写的人物传记《奥莱尔·斯坦因：丝绸之路的先锋》[*Aurel Stein: Pioneer of the Silk Road*，约翰穆雷出版公司（John Murray Publishers Ltd.），1995年]是了解斯坦因考古生涯的经典读物。关于中国长城考古的发展历程，段清波、徐伟民编著的《中国时代长城发现与研究》（科学出版社，2016年）和《中国考古学百年史：1921—2021（第四卷）》（文物出版社，2021年）中本书执笔人撰写的《长城考古发现与研究》章节有详细的介绍。

中国文化遗产研究院编《爱我中华　护我长城——长城保护2006—2016》（文物出版社，2013年）对"长城保护工程（2005—2014）"的实施过程与成果有很好的总结。

意大利记者吕吉·巴津尼（Luigi Barzini）对1907年北京—巴黎汽车拉力赛进行了跟踪报道，并著有畅销书《北京—巴黎汽车拉力赛》（*Peking-Paris im Automobil*）。2015年，中国画报出版社出版了中译本《西洋镜：1907，北京—巴黎汽车拉力赛》。

哈德良长城官网http://hadrianswallcountry.co.uk提供有关英国哈德良长城研究、保护、旅游等各方面的信息，您还可以从网站全文查询《哈德良长城保护管理规划》（*Hadrian's Wall Management Plan*）。